AF154336

SONJA BOHLEN

Hilda VOM HOF

Ein Leben in der Landwirtschaft

novum 📖 pro

Dieses Buch ist auch als
e-book
erhältlich.

Bibliografische Information
der Deutschen Nationalbibliothek:

Die Deutsche Nationalbibliothek
verzeichnet diese Publikation in
der Deutschen Nationalbibliografie.
Detaillierte bibliografische Daten
sind im Internet über
http://www.d-nb.de abrufbar.

Gedruckt in der Europäischen Union
auf umweltfreundlichem, chlor- und
säurefrei gebleichtem Papier.

© 2025 novum publishing gmbh
Rathausgasse 73, A-7311 Neckenmarkt
office@novumverlag.com

ISBN 978-3-7116-0127-8
Lektorat: Mag. Eva-Maria Peidelstein
Umschlagfoto: Monja Bohlen
Umschlaggestaltung, Layout & Satz:
novum Verlag

www.novumverlag.com

Druckprodukt mit finanziellem
Klimabeitrag
ClimatePartner.com/16547-2311-1001

Inhaltsverzeichnis

Einleitung

Meine Geschichte basiert auf wahren Begebenheiten, wie sie in meinem eigenen Leben bzw. meiner Familie geschehen sind. So steckt ein wenig von mir in Hilda, aber auch in Anni. Die psychische Erkrankung, die ich Hilda zugeschrieben habe, ist meine eigene Erkrankung. Vieles, was Hilda und ihre Familie in ihrem Leben auf dem Hof erlebten, sind Erlebnisse, wie sie mein eigener Ehemann in seiner Jugend auf dem elterlichen Hof machte, aber auch Ereignisse aus der Zeit, seit ich in den Hof meines Mannes hineingeheiratet habe. Mir war und ist es ein großes Bedürfnis, dem Leser nahezubringen, wie anstrengend, zeitraubend und oft undankbar das Leben auf einem Milchviehbetrieb ist. Auch ein wenig von mir steckt in Tina, der es als Landwirtsfrau ermöglicht ist weiterhin im eigenen Beruf arbeiten zu können und daher nicht das Bild abgibt wie es schon seit je her war und auch weiterhin sein sollte. Ich bin seit jeher leidenschaftliche Leserin, es ist seit Langem mein Traum, ein eigenes Buch zu schreiben, und die jetzige Vollendung dieses Traumes macht mich ungemein glücklich.

1.

Hilda betrachtete das kleine Kätzchen, das sich hungrig über die Schüssel mit frisch gemolkener Kuhmilch hermachte. Sie hatte die Milch vorher sorgfältig und mit höchster Achtsamkeit nichts zu verschütten in die kleine Porzellanschüssel gefüllt, die nun das Objekt der Begierde dieses kleinen Wesens wurde. „Hilda, was kauerst du hier faul auf dem Boden herum? Sieh zu, dass die Kälber gefüttert werden!" Die schrille Stimme der Mutter ließ beide ruckartig in Deckung gehen, Kind sowohl als auch Kätzchen. Hilda sprang wortlos auf und rannte hinüber zur Milchkammer, der Schreck dieser lautstarken Attacke rief sie zur Flucht. „Faules Ding!", hörte sie die Mutter noch rufen. Während Hilda nun die zwei schweren Milchkannen, die vom Vater zuvor mit frischer Kuhmilch befüllt worden waren, auf den alten Bollerwagen wuchtete, um sie rüber zum Kälberstall zu bringen, dachte sie traurig an den Streit der Eltern, den es am Morgen wieder einmal gegeben hatte. Es war die tägliche, nicht enden wollende Arbeit auf dem Hof, die Versorgung der Tiere, die nun im Sommer hinzukommende Arbeit auf den Feldern. Es raubte den Eltern die Lebensqualität, so hatte Sinas Mutter es Hilda erklärt. Sina war Hildas beste Freundin und die zwei gingen gemeinsam in die vierte Schulklasse der Grundschule im kleinen Wohnort der beiden. Sinas Familie, dazu gehörten die Eltern und der drei Jahre ältere Bruder Sven, lebten auch auf einem Bauernhof. Doch da gab es noch den Andi, der Sinas Familie bei der Hofarbeit half, und auch Sinas Großeltern lebten und arbeiteten mit auf dem Hof. Vielleicht war das auch der Grund, warum Sinas Mutter in ihrem Beruf arbeiten gehen konnte. Hildas Mutter behauptete zwar immer wieder in abfälligem Ton, Sinas Mutter sei zu faul, um im Stall mitzuarbeiten, aber Hilda war überzeugt, dass dies nicht der Fall war. Sinas Mama war überhaupt nicht faul, im Gegenteil, Hilda bewunderte immer wieder aufs Neue das herrlich ordentliche und saubere Haus der Familie, und das Beste überhaupt war, es gab keine Fliegen im Haus; es war Hilda ein Rätsel, wie Sinas Mutter es schaffte, diese lästigen kleinen Insekten außerhalb des Hauses zu halten. In ihrem eigenen Elternhaus gehörten diese kleinen Störenfriede im Sommer zum Alltag dazu und Hilda war jedes Mal beinahe froh, wenn der Sommer sich langsam dem Herbst neigte und die kältere Jahreszeit diesen Plagegeistern den Garaus machte.

Nun beobachtete Hilda das kleine Kälbchen, das genüsslich am Nuckel saugte und hungrig die noch warme Milch genoss. Die Kälbchen wurden gleich nach der Geburt von der Mutterkuh getrennt, damit sie sich gar nicht erst daran gewöhnen konnten, am Euter zu trinken. Danach wären sie nämlich sehr schwer an den Nuckel des Nuckeleimers zu gewöhnen. Heute früh waren es acht Kälbchen, die es zu versorgen galt. Hilda liebte es, die süßen Kälber zu versorgen. Sie wollte natürlich ihr Möglichstes tun, um die Stimmung der Eltern wieder etwas zu heben, und da war jede Arbeit, die zur Zufriedenheit erledigt war, natürlich ein Vorteil. Außerdem versprach es heute ein wunderbarer Tag zu werden. Es war zwar Sonntag und Sonntage waren in ihrem Zuhause generell keine guten Tage. Sonntags war die Laune der Eltern immer noch etwas schlechter: Da hieß es immer, Sonntag hin oder her, bei uns ist eh jeder Tag gleich. Doch heute waren sie, Hilda und Sina, eingeladen zur Geburtstagsfeier der Zwillinge Lisa und Lena aus dem Nachbarort. Die vier Mädchen kannten sich bereits seit dem Kindergarten.

Der Vormittag zog sich qualvoll lange hin. Da die Eltern auf dem Feld beschäftigt waren, das gemähte Gras zu wenden, damit es zu Heu trocknen konnte, bereitete Hilda sich ein Butterbrot gegen den Hunger. Sie betrachtete die zwei fein verpackten Päckchen, die sie mit angestrengter Sorgfalt für die Zwillinge zurecht gemacht hatte, und dachte sich, dass die beiden sich ganz sicher sehr freuen würden.

Der Ruf der Freundin aus der Ferne riss Hilda aus ihren Gedanken. Sie sah zur Straße hinunter, wo Sina ihr freudig zuwinkend auf sie zu fuhr. Es war ein warmer Sommertag und die Vorfreude der Kinder war groß.

Ein lautstarkes Durcheinander drang nun, nachdem hastig Geschenke geöffnet, Papier zerrissen und anschließend wohlschmeckender Geburtstagskuchen vernascht wurde, aus der alten Scheune, die bunt geschmückt kurzerhand zum Partyraum umfunktioniert worden war. Die Kinder einigten sich auf ein Versteckspiel, welches auf dem gesamten Hofgelände galt. Die Familie der Zwillinge bewohnte einen Resthof, welchen die Eltern noch vor ihrer Geburt aufgekauft hatten, um sich den Traum vom Pferdehof zu erfüllen. Der Vater war Manager in einer großen Firma, gutverdienend, somit konnte großzügig investiert werden, und es entstand ein wohl ansehnliches Anwesen.

Die kleine Geburtstagsgruppe interessierte sich nun aber in erster Linie für die Heu- und Strohhalle, wo es viele Versteckmöglichkeiten gab. Sie schien perfekt für ihr Vorhaben. Der Nachmittag entwickelte sich zu einem fröhlichen Rennen, Toben und Fangen, und natürlich wurde herrlich im Heu und Stroh getobt und nicht wenig Stroh vom oberen Strohlager, welches die Kinder über die sichere Treppe nach oben erklommen hatten, war über das Geländer hinaus bis nach unten auf den Laufgang geflogen. Hilda und Sina hatten sich schon eine ganze Weile in einem sicheren Versteck verschanzt und kicherten immer wieder über dicht vorbeirennende Suchtrupps, als plötzlich eine lautschallende Männerstimme durch die Strohhalle dröhnte. „Verdammt, was macht ihr hier? Wie sieht das hier aus? Sofort antanzen hier, alle!"

Der Vater der Zwillinge hatte die Halle betreten und die Verwüstung, die sich ihm dort bot, verursachte einen so plötzlichen Wutausbruch, der jegliche Vernunft erlöschen ließ, sodass er sich beinahe vergaß. Die Kinder hielten so abrupt inne in ihren wilden Aktionen, dass sie Mühe hatten, zu Atem zu kommen, um die Lage zu deuten, in die sie sich völlig unbemerkt begeben hatten. „Wir haben Verstecken gespielt, Papa", kam die dünne Stimme der mutigeren der beiden Zwillinge. Lisa nahm in diesem Moment erst wahr, wie die Scheune ver-

wüstet worden war, und sah beklommen zur Schwester hinüber, die sich derweil im Hintergrund verschanzt hatte. Es war
schon heftig gewütet worden, teilweise waren ganze Strohballen heruntergefallen. „Das wird sofort wieder aufgeräumt hier,
die Party ist somit vorbei. Ich schließe euch hier ein und infor-
miere eure Eltern, die können herkommen und anschauen, was
ihr angerichtet habt. Zur Not packen die noch mit an!" Die Kinder erschraken, dass sie nun hier eingeschlossen werden sollten und auch noch die Eltern informiert würden. Nicht wenige
begannen zu weinen. Hilda und Sina, die sich inzwischen auch
aus ihrem Versteck hervorgetraut hatten, schauten sich ängstlich um und wussten nicht recht, was sie nun tun sollten. Hilda
war sich sicher, dass ihre Eltern nicht herkommen würden; sie
wusste, dass die Arbeit auf dem Feld fertig werden musste, und
das würde bis in den Abend hinein oder länger dauern. Als der
Vater der Zwillinge die Halle im schnellen Schritt und mit vor
Wut hochrotem Gesicht wieder verlassen hatte und die Kinder
tatsächlich vernommen hatten, wie das Hallentor verschlossen
wurde, machte sich eine bedrückte, ängstliche Stimmung breit.

Die Kinder machten sich eingeschüchtert und steifgliedrig an
die Arbeit, wussten aber zunächst nicht wirklich, wo sie anfangen und wie sie die zerstörten Strohballen wieder zusammen-
bringen sollten. Während der dürftigen Versuche beschuldigten
sie sich nun vermehrt untereinander und es entwickelten sich
heftige Streitigkeiten. Während einige frustriert Strohballen
stapelten oder leere Getränketüten und Saftflaschen aufsam-
melten, werkelten die anderen mit Besen und Kehrschaufel.
Lautstarke Anschuldigungen und Beschimpfungen begleiteten
die Arbeiten. Doch noch bevor die ganze Situation zu eskalie-
ren drohte, hörte man plötzlich, wie das Schloss des Hallento-
res wieder geöffnet wurde. Erste Gesprächsfetzen drangen nun
an die Ohren der Kinder. „Seht euch den Mist an, den eure Kinder hier angerichtet haben." Zuerst trat der Vater der Zwillinge
in die Halle ein. Hilda erkannte nun auch die Stimme von Sinas Mutter, die mit deutlichen Worten klar machte, was sie von
der ganzen Situation hielt. „Sorry, Thomas, aber es ist in mei-

nen Augen absolut nicht in Ordnung, dass du die Kinder hier eingeschlossen hast, das sind immer noch Kinder", sprach sie wütend. Der Vater der Zwillinge fuhr sich mit der Hand durchs Haar und faselte etwas von „Sicherungen durchgebrannt" und „versetzt euch in meine Situation". Während der verbalen Auseinandersetzungen sah Hilda ihre Mutter in die Halle schreiten und erschrak bis ins Mark. „Hilda wo steckst du? Sofort herkommen!" Hildas Mutter wirkte bedrohlich und alle Anwesenden richteten nun die Aufmerksamkeit auf die fast schon raubtierähnlich hereinstürzende Person. Hilda war einer Ohnmacht nahe, ihr wurden die Knie weich und alle Farbe wich aus ihrem Gesicht. Langsam und mit dem Kopf zum Boden geneigt löste sie sich aus der Kindergruppe und lief zögernd auf ihre Mutter zu. „Du undankbares Stück du", schrie diese das Kind an. „Du weißt ganz genau, dass wir keine Zeit für so einen Dreck haben!" Die Mutter holte kräftig aus und schlug dem Mädchen ins Gesicht, dass es zu Boden fiel. „Du räumst den Mist hier auf und danach hilfst du uns mit dem Heu, hast du verstanden?", schrie sie dem Kind entgegen, welches sich langsam erhob und die blutende Nase hielt. Die versammelte Gruppe beobachtete mit Entsetzen, was sich soeben abgespielt hatte, und niemand wusste zunächst zu reagieren. Während der Vater der Zwillinge mit den Händen in die Seiten gestemmt nervös in die Runde blickte, hatte sich Sinas Mutter als Erste wieder gefasst und lief der nun hastig wieder aus der Halle tretenden Mutter von Hilda hinterher. „Tut mir leid, Anni, aber ich bin entsetzt über deine Aktion hier soeben!" Hildas Mutter drehte sich ruckartig um und sah Sinas Mutter angriffslustig ins Gesicht. „Du hör mir mal gut zu, Tina, wie ich mit meinem Kind umgehe, das ist immer noch meine Sache, und wenn Hilda sich nicht benehmen kann, dann hat sie es nicht besser verdient", bellte sie ihr entgegen. Sinas Mutter hatte sich wieder etwas gesammelt und erwiderte nun mit sachlicher Stimme: „In meinen Augen liegt das eigentliche Problem hier wieder einmal bei den Erwachsenen. Thomas und Sabine hätten ihren Töchtern und auch der Geburtstagsgruppe deutlich machen müssen, was okay ist und wo Grenzen sind, daher sind die Eltern der Geburtstagskinder mit schuld! Ich glaube nicht, dass deine Hilda oder auch die anderen Kinder dieses angerichtet hätten, wenn es von vornherein deutlich verboten worden wäre!" Hildas Mutter bebte vor Aufregung und Zorn, doch auch Hilflosigkeit bezeugte ihre Körperhaltung. „Es ist nun einmal geschehen und es wird in Ordnung gebracht, ich habe weiß Gott keine Zeit für so einen Mist, mein Mann braucht mich auf dem Feld!", erwiderte sie emotionslos und verließ das Grundstück.

Sinas Mutter sah Hildas Mutter hinterher. Sie fasste sich resigniert an die Stirn; Traurigkeit und Fassungslosigkeit zugleich machten sich in ihr breit. Manche Kinder hatten ein hartes Los mit den Eltern. Wie sollten junge, heranwachsende Menschen es lernen, einordnen zu können, was richtig oder falsch war? Die meisten Erwachsenen waren doch viel zu sehr mit sich selbst beschäftigt und achteten überhaupt nicht auf die Gefühlswelt der jungen, heranwachsenden. Mit Bestrafungen war man doch oft sehr schnell bei der Hand, doch die Situation erklären, dem Heranwachsenden verständlich machen, worum es ging, das war für viele Erwachsene dann doch zu anstrengend.

Nun lief Sinas Mutter nachdenklich in die Halle zurück, um nach Hilda zu sehen. Sie sah, dass die Zwillinge und ihre Sina sich um Hilda versammelt hatten, ihr Tücher für die blutende Nase reichten und beruhigend und tröstend auf sie einredeten. Sinas Mutter bemerkte mit mulmigem Gefühl im Bauch, dass das Kind keine Träne vergossen hatte. Im Gegenteil: Hilda stand tapfer in der Mitte der kleinen Gruppe und winkte immer wieder beschwichtigend ab. „Mama hat es nicht so gemeint, sie hat überreagiert. Das Heu muss ja fertig gepresst werden vor dem Regen, ihr wisst ja, wie das ist!" Sie hob beschwichtigend die Hände. „Sie wird sich später bei mir entschuldigen!", sprach Hilda und nickte mit dem Kopf, so als müsse sie ihre Worte damit bekräftigen. Sinas Mutter sah das Kind nun versöhnend lächeln und ein beklemmendes Gefühl machte sich in ihrer Brust breit. Das Verhalten des Mädchens wies in ihren Augen darauf hin, dass es wohl oft mit ähnlichen Situationen konfrontiert war und es sich auch durchaus als Schuldige sah; sie befürchtete sogar, das Kind sah sich als zusätzliche Belastung für die Eltern. Sinas Mutter fühlte nun starkes Mitleid mit Hilda, sie betrachtete das Kind noch eine Weile. Hilda war im Vergleich zu ihren gleichaltrigen Freundinnen schon ein Stück weit erwachsener. Das führte Sinas Mutter darauf zurück, dass das Kind oft auf sich allein gestellt war und es für sein Alter schon sehr viele Aufgaben auf dem elterlichen Hof zu erfüllen hatte, somit auch viel Verantwortung trug. Mit seinen goldblonden, gelockten Haaren, der geraden Nase, dem Mund mit den vollen Lippen und den hellblauen Augen, die dem Gesicht etwas Sanftmütiges verliehen, war es ein überdurchschnittlich hübsches Mädchen, dachte sie bei sich, und sehr tüchtig in der Schule war es auch, wie sie von Sina des Öfteren hörte. Es war schon schade, dass es von zu Hause aus keine Unterstützung erhielt, dort stand der Hof im Fokus und ließ keinen Platz für das Familienleben.

Hilda war das Verhalten ihrer Mutter sehr peinlich gewesen. Vor den ganzen Anwesenden von der eigenen Mutter ins Gesicht geschlagen zu werden, war ihr äußerst unangenehm gewesen, und dann blutete auch noch die Nase und plötzlich war es so still in der Halle gewesen, dass sie kaum gewagt hatte zu schlucken. Nun war sie froh, dass das Bluten der Nase gestoppt war und alle sich aufs Aufräumen konzentrierten. Zwar schmerzte die Nase und fühlte sich geschwollen an und auch ihre linke Wange war heiß und brannte vom kräftigen Schlag, doch sie packte eifrig mit an, die Verwüstung wieder in Ordnung zu bringen. Hilda bemerkte schon, dass die Blicke der Arbeitenden immer wieder auf sie fielen, auch der Vater der Zwillinge, der, wie es ihr schien, etwas mit seinem schlechten Gewissen haderte, sah immer mal zu ihr rüber. Es lag Unmut in der Luft. Schnellstmöglich die Sache erledigen und dann verschwinden. Niemand wollte hier noch groß herumdiskutieren: Das würde am Ende zu nichts führen. Nachdem dann endlich alles zur Zufriedenheit des Hallenbesitzers wieder hergerichtet war, machten sich die Eltern und Kinder fast wortlos auf den Heimweg. Nur die Kinder untereinander tauschten sich noch aus und verabredeten sich für den morgigen Schulweg. Hilda und Sina fuhren nun gemeinsam mit dem Fahrrad die bekannte Strecke zurück, auf der sie am frühen Nachmittag noch so fröhlich hergefahren waren. „Total gemein von Thomas, uns dort einzuschließen und auch noch unsere Eltern zu informieren. Lisa und Lena können einem leidtun mit so einem Vater", meinte Sina wütend. „Ja und ich habe ehrlich geglaubt, die Zwillinge hätten die Erlaubnis zum Versteckspiel in der Halle", antwortete Hilda ihrer Freundin mit voller Überzeugung. „Wie geht es deiner Nase jetzt, Hilda? Ich habe mich fürchterlich erschrocken, als deine Mutter zugeschlagen hat", fragte Sina nun die Freundin und blickte voller Fürsorge zu ihr hinüber. Hilda sah nachdenklich auf den Weg, den sie fuhren, und erklärte ihrer Freundin dann, dass es wohl vorkommen konnte, dass der Mutter die Hand ausrutschte. „Würde meine Mutter doch auch außerhalb arbeiten gehen können, so wie deine Mutter, ich denke, dann wäre sie glücklicher und hätte bessere Laune!" „Das hat meine Mutter auch schon gesagt und sie denkt auch, dass deine Mutter vielleicht auch gerne Abwechslung vom Hof hätte", antwortete die Freundin aus voller Überzeugung. „Deine Mutter kann froh sein, dass ihr Mann so modern eingestellt ist und sie arbeiten gehen darf. Ich mag mir gar nicht vorstellen, was bei uns los wäre, wenn meine Mutter das Thema ansprechen würde!", sprach Hilda und sah seufzend zu Sina hinüber. Die Freundinnen lächelten sich resigniert an.

Am nächsten Morgen wartete Sina schon am vereinbarten Ort auf die Freundin, um sich gemeinsam mit ihr auf den Schulweg zu machen. Hilda war die Müdigkeit und Abgeschlagenheit ins Gesicht geschrieben und es fiel ihr schwer, die Freundin freundlich zu begrüßen. Es war am vergangenen Abend sehr spät geworden auf dem Feld, aber trotz aller Bemühungen war es der kleinen Familie nicht gelungen, die gesamte Heuernte vor dem Regen unter Dach zu bringen. Nachdem zwischenzeitlich der Motor des Traktors gestreikt hatte, was der Vater durch Ersetzen des Dieselfilters zum Glück schnell behoben hatte, war dann später das Hinterrad des Hängers, auf dem die HD-Ballen transportiert wurden, geplatzt. Da in dem Moment schon leichter Regen einsetzte, entschied man sich, den vollbeladenen Hänger vor Ort auf dem Feld provisorisch mit einer Plane abzudecken. Zusätzlich stapelten die drei, so schnell es möglich war, die restlichen Ballen auf dem Feld zusammen und zogen auch hier zum Schutz eine Plane darüber. Die harte Arbeit war für Hilda aber gar nicht so schlimm gewesen. Viel schlimmer war die Missachtung der Eltern gewesen, die nur barsche Anweisungen gaben und ansonsten Hilda kaum Beachtung schenkten. Es muss schon bald Mitternacht gewesen sein, als Hilda durchnässt von dem immer stärker werdenden Regen mit dem Fahrrad zuhause ankam. Die Eltern fuhren noch Traktor und Hoflader in den alten Gulf, der als Stellplatz für die Arbeitsgeräte diente. Für eine Maschinenhalle hatte es bisher nicht gereicht. Der niedrige Preis pro Liter Milch, den der Milchviehbetrieb der Familie von der Molkerei erhielt, die diese jeden zweiten Tag frisch vom Hof abholte, reichte gerade so zum Überleben. Hinzu kam, dass man nicht planen konnte: Der Milchpreis schwankte immer wieder und man wusste nicht, wie die Situation in einem halben Jahr sein würde. „Der Weltmarkt bestimmt den Preis", hörte Hilda den Vater oft sagen. „Wir Landwirte müssen halt mit dem zurechtkommen, was man uns gibt", waren sehr oft seine resignierten Worte. Er würde am liebsten alles hinschmeißen und etwas anderes machen, nur hingen halt zu viele Verbindlichkeiten an dem Hof, die es galt, abzubezahlen. In kleinen Raten, Stück für Stück, Jahr für Jahr, wie es halt finanziell möglich war. Wenn er dann wieder vom Jahr zweitausendneun sprach, wo der Milchpreis ins Bodenlose gestürzt war, sodass der Betrieb neue Kredite aufnehmen musste, um überhaupt wirtschaftlich zu bleiben, dann lag auch immer eine enorme Wut in seiner Stimme. „Wieso lässt der Staat uns Bauern hängen, warum nur hat unsere Arbeit in der Gesellschaft so einen schlechten Stellenwert?", waren dann seine verzweifelten Worte. „Gut essen und trinken wollen alle, doch fährt der Bauer die Gülle zum Düngen aufs Feld, dann wird wegen Geruchsbelästigung geschimpft!" Eine beklemmende Ratlosigkeit machte sich dann immer breit, ein Gefühl, der Abschaum der Gesellschaft zu sein. Hilda war mit dem Bewusstsein aufgewachsen, täglich alles geben zu müssen, um den familiären Betrieb aufrecht zu erhalten, und sich zugleich in der Gesellschaft auf der untersten Stufe zu befinden. Wenn man bedachte, dass in der Landwirtschaft dreihundertfünfundsechzig Tage im Jahr rund um die Uhr gearbeitet wurde, dann war das ein echtes Armutszeugnis. Wollte man mal ein paar Tage Urlaub machen, dann musste für vertrauenswürdige Ersatzkräfte gesorgt werden, die natürlich auch entlohnt werden wollten.

Während die beiden Mädchen nun gemeinsam zur Schule fuhren, berichtete Hilda, dass sie nach der Anstrengung mit dem Heu hundemüde ins Bett gefallen war und, ohne auch nur noch einen Happen gegessen zu haben, direkt eingeschlafen war, worüber sie am Morgen wiederum sehr froh gewesen war, da sie durchweg die meisten Nächte mit Lesen oder Bemalen ihrer Bücher verbrachte. Dieses dumme Gefühl war schuld, diese innere Angst, die sich in ihr ausbreitete, sobald sie allein war und kein Geräusch oder Ähnliches sie ablenken konnte; dann war es plötzlich so, als sähe sie sich selber von außen, hörte sich sprechen, sie konnte dieses schlimme Geschehen aber auch nicht richtig erklären, nur ging es erst wieder weg, wenn sie sich ablenkte. Somit blieb ihr nichts anderes übrig, als bei dem kleinen Nachtlicht auf ihrem Nachttisch irgendwann über ihrem Tun und Machen einzuschlafen. Heute Morgen hatte sie sich dann sehr gefreut, als sie in der Küche ihre mit belegten Broten gefüllte Brotdose entdeckt hatte, und hatte sich direkt hungrig über eines der Brote her gemacht. Es war für sie ein versöhnliches Zeichen der Mutter gewesen und dieses Gefühl hatte das belegte Brot daher gleich doppelt gut schmecken lassen.

Der Schulvormittag zog sich ewig hin und die Müdigkeit machte Hilda zu schaffen. Es gelang ihr nur mit sehr viel Mühe, die Augen offen zu halten, und der Nachmittag versprach zudem noch einiges an Vorbereitungen für die 3 Schularbeiten, die in dieser Woche noch anstanden.

Es war nicht mehr lange bis zu den Sommerferien und damit für die Kinder auch das Ende der Grundschulzeit. Hilda war bisher immer eine fleißige und ehrgeizige Schülerin gewesen und somit würde es für sie mit der Gymnasialempfehlung nach den Ferien in die Stadt auf das Gymnasium gehen. Sie hoffte sehr, dass es für Sina auch zum Gymnasium reichen würde. Dies beruhte natürlich auf Gegenseitigkeit, die Mädchen konnten sich im Leben nicht vorstellen getrennt zu werden. Sina hatte im letzten Halbjahr hart gearbeitet und konnte sich verbessern, nun hofften die Freundinnen sehr, dass die Bemühungen erfolgreich waren.

Hilda war nun froh, dass die Pausenglocke erklang, was für ihre Klasse den Schulschluss für heute bedeutete. Sie hatte sich vorgenommen, nach dem Mittagessen ein kurzes Nickerchen zu machen, um sich danach eifrig an die Schulaufgaben zu machen. Während die beiden Mädchen nun mit dem Fahrrad auf dem Heimweg waren, unterhielten sie sich über die Zwillinge, die sich nach der durchaus misslungenen gestrigen Geburtstagsparty in der Schulpause merkwürdig verhielten, wie es beide Freundinnen bemerkt hatten.

Anscheinend hatte der Zwillingsvater die Töchter beeinflusst, nicht weiter über das Geschehene zu reden, die zwei hatten sich in einer Ecke des Pausenhofes verdrückt und unterhielten sich angeregt. Es schien, als wollten sie nicht angesprochen werden. Es war ja auch eine unangenehme Geschichte gewesen, für alle Beteiligten.

Sina bemerkte mit überzeugter Miene: „Meine Mutter hatte aber doch wirklich recht mit ihrer Äußerung, es hätten Regeln festgelegt werden müssen. Es hat doch niemand von uns ahnen können, dass die Zwillinge ohne Erlaubnis die Halle zum Versteckspiel gewählt haben, also mir schien es so geplant zu sein!" „Mir aber auch, ohne Zweifel", bestätigte ihr Hilda. An der wohlbekannten Gabelung der Straße, welche seit jeher als Treffpunkt galt, trennte sich nun wieder der gemeinsame Schulweg und die Mädchen wünschten sich noch mit rollenden Augen und übertriebenem Seufzen gegenseitig viel Spaß bei den zu erledigenden Schulaufgaben. Mit einem zufriedenen Lächeln auf dem Gesicht fuhren sie nun die kurze Reststrecke bis zu ihrem jeweiligen Zuhause.

Hilda parkte ihr Fahrrad in dem alten, schon bruchfälligen Holzschuppen, der lange schon hätte repariert werden sollen, doch da die Zeit und zudem das Geld fehlte, wurde es immer wieder hinausgeschoben. Sie betrat das Haus wie immer durch den Seiteneingang, der über einen kleinen Flur direkt in die Küche führte. Es duftete nach Möhreneintopf und sofort bemerkte Hilda ihren unbändigen Hunger. Sie hätte am liebsten sofort von dem Eintopf probiert, aber das sah man hier im Hause nicht gern, man aß immer gemeinsam, wenn alle am Tisch saßen, und vorher wurde als Dank für die guten Gaben auf dem Mittagstisch noch ein Gebet gesprochen. Hierfür war meist die Mutter zuständig. Die Mutter rief nun aus dem Schlafzimmer, wo sie mit Bügelarbeiten beschäftigt war: „Hilda bist du es? Deck doch schon mal den Tisch, dein Vater müsste auch gleich hier sein!"

„Bin schon dabei", rief Hilda zurück und nahm das Essgeschirr aus dem Schrank. Das alte Bauernhaus, das sie in dritter Generation bewohnten, wurde Anfang des zwanzigsten Jahrhunderts von den Vorfahren erbaut und seither hatte sich baulich kaum etwas verändert. Die Küche mit der bis zu drei Meter hohen Decke war Dreh- und Angelpunkt des Hauses. Hier spielte sich alles ab, was so den Alltag betraf, was natürlich auch daran lag, dass hier der alte Stangenofen stand, auf dem nicht nur gekocht wurde, sondern womit auch das Haus beheizt wurde. Zudem stand hier der einzige Fernseher im Haus, ein kleiner Flachbildfernseher mit Fernbedienung; der alte Röhrenfernseher hatte im letzten Jahr seinen Geist aufgegeben, da hatte man ihn zu Weihnachten durch einen neuen ersetzt. Die Fernbedienung des Gerätes war seitdem der meistgelobte Gegenstand im Haushalt. Es war schon immer lästig gewesen, am Gerät zu stehen und so lange herumzuschalten, bis ein zufriedenstellender Sender gefunden war. Zumeist war es Hilda gewesen, die am Gerät stand, und natürlich war sie auch für die Regelung der Lautstärke zuständig gewesen, die zwischenzeitlich auch immer mal wieder verändert werden wollte. Es war für Hilda aber schon Routine und sie tat es immer gerne für die Eltern. Die erste Zeit mit der Fernbedienung fühlte sich für sie daher ungewohnt, ja sogar etwas unbehaglich an, es fehlte etwas. Mittlerweile aber konnte man sich kaum noch vorstellen, wie es ohne Fernbedienung gewesen war, und der neue Fernseher hatte eine so tolle Bildqualität und auch der Ton war viel satter, natürlicher, dass die kleine Familie es immer wieder wortreich lobte, es sei das beste Weihnachtsgeschenk überhaupt gewesen. Der Fernseher stand auf der schon sehr in die Jahre gekommenen Anbauküche, die schon zur Kinderzeit des Vaters existierte. Er war hier in diesem Haus geboren und aufgewachsen. Da er das einzige überlebende Kind der Großeltern war – es hatte noch einen älteren Sohn gegeben, dessen Leben aber auf tragische Weise mit gerade einmal einundzwanzig Jahren geendet hatte –, war von vornherein klar gewesen, dass er in die Fußstapfen des Vaters treten würde. Da er aber auch nie etwas anderes kennengelernt hatte als die Arbeit auf dem Hof, war es letztendlich auch das, was er machen wollte, wusste Hilda aus zahlreichen Gesprächen der Eltern, die sie so oft schon belauscht hatte. Hildas Vater war ein eher klein geratener, sehr hagerer Mann mit eher zurückhaltendem Wesen. Mit seiner Halbglatze und den vermehrt auffallenden Fältchen im Gesicht wirkte er älter als die sechsundvierzig Jahre, die er mittlerweile zählte. Im Vergleich zu allen anderen Vätern, die Hilda so kannte, war er eher still und hielt sich immer im Hintergrund. Nur wenn er gestresst war oder etwas Schlimmes passiert war, was auf einem Bauernhof mit vielen Tieren und Maschinen nun einmal sehr oft vorkommen konnte, dann konnte er auch sehr laut und aufbrausend werden.

Während des gemeinsamen Mittagessens wurde wie üblich nicht viel gesprochen, der Vater erwähnte einige Arbeiten, die er noch vor dem abendlichen Melken erledigen wollte, und die Mutter wurde von einer starken Migräne geplagt, weshalb sie eine Schmerztablette nehmen wollte und sich dann zur Mittagsstunde ins Bett legen würde. Hilda hatte nach dem Mittagessen auch erst vorgehabt sich etwas auszuruhen, aber sie fühlte sich plötzlich wieder so wach, dass sie direkt die Schulsachen aus dem Ranzen nahm und loslegte. Während sie nun nach geraumer Zeit konzentriert in einer Sachaufgabe las, tief eingetaucht in Überlegungen der Sachlage dieser Aufgabe, wurde plötzlich mit solcher Kraft die Küchentür aufgeschlagen, dass sie laut gegen die Wand knallte. Hilda fiel vor Schreck das Buch zu Boden, sie sah ihren Vater mit weit aufgerissenen Augen und vor Wut rot angelaufenem Gesicht hereinstürmen. Er schrie so laut und kreischend, dass sie im ersten Moment gar nicht verstand, was passiert war. Seine Stimme begann zu beben, während er gefahrvoll die Arme hochriss. „Dieses Ungeheuer rennt mich platt und kein Mensch hilft mir, verdammt, ihr sitzt hier herum und ich schrei' mir die Seele aus'm Leib." Hilda sprang sofort auf. „Papa, hätte ich etwas gehört, ich wäre sofort zu dir geeilt." Nun fiel ihr sein blutiges Bein auf. Der Vater bemerkte ihren Blick und sah kurz herab zu seiner Verletzung. Der schwere Deckbulle war ihm entwischt und während er versucht hatte, ihn zurück in seine Box zu scheuchen, war das Tier auf ihn losgegangen. Er hatte noch im letzten Moment zur Seite springen können, dabei hatte das Tier ihn noch am Schienbein erwischt. Er winkte abwehrend mit der Hand. „Das ist nur ein Kratzer. Bring deine Mutter mit, das Vieh läuft noch hinten frei herum, wir müssen ihn einfangen", hörte sie seine immer noch wutentbrannte Stimme aus dem Flur rufen. Hildas Mutter hatte vom Schlafzimmer aus alles mitangehört und war nun zu ihr in die Küche getreten. „Los, schnell, wir müssen ihm helfen", sagte sie mit besorgter Miene. Die Mutter war vorausgegangen und als sie den Gulf betreten wollte, sah sie den wuchtigen Bullen auf sich zu rennen. „Der Bulle läuft frei im Gulf herum", drehte sich die Mutter erschrocken zu Hilda um. „Er sollte die rindernden Kühe decken, dabei muss er Heinz entwischt sein", sagte sie mehr zu sich selbst und sah ängstlich zur Tür, deren Klinke sie immer noch hielt. Nun klang die Stimme des Vaters aus dem Gulf: „Kommt schnell her, macht das Gatter zu, ich hab ihn in die Box getrieben!" Sofort riss die Mutter die Tür auf und beide rannten durch den Gulf auf den Vater zu, den sie nun mit ausgestreckten Armen, mahnend und in Schach haltend vor dem Tier stehen sahen. Hildas Mutter griff nach dem Gatter, ließ den Vater noch heraushuschen und zog es blitzschnell zu. Gemeinsam schoben sie den Riegel vor. Schwer atmend sahen die drei sich an, der Schreck stand ihnen ins Gesicht geschrieben. Es war nun fast ein Jahr her, dass der Nachbarbauer von seinem Deckbullen gegen die Stallmauer gedrückt worden war, der arme Mann hatte mehrere Knochenbrüche und Organquetschungen erlitten. Monatelange Krankenhausaufenthalte und mehrere Operationen hatte er über sich ergehen lassen müssen, und er nahm immer noch starke Schmerzmittel, ohne die es kaum erträglich war zu gehen. Mit der Erkenntnis, noch einmal unwahrscheinliches Glück gehabt zu haben, wandten sie sich erschöpft in Richtung Wohngebäude, um sich mit einer Tasse Tee von dem Schrecken zu erholen. Das Schienbein des Vaters pochte nun vor Schmerzen. Es raubte ihm fast die Sinne und er konnte sich kaum noch auf den Beinen halten. Die Mutter bemerkte sein Schwanken und griff erschrocken nach seinem Arm. „Was ist mit dir? Gott, du blutest ja wie ein Schwein". Nun erst bemerkte sie sein verletztes Bein. „Mir wird übel, ich muss mich setzen", erwiderte er mit bleichen Lippen. In der Küche angekommen bugsierte man den Vater auf das alte Ostfriesensofa und schälte ihn vorsichtig aus der Arbeitshose, um die Wunde zu untersuchen. Was sich den Augen von Mutter und Tochter nun bot, war alles andere als harmlos. Eine etwa faustgroße Platzwunde seitlich des rechten Schienbeines zeigte sich ihren entsetzten Blicken, die Mutter fasste sich erschrocken an die Brust. „Wir fahren sofort ins Krankenhaus, das muss genäht werden", befahl sie mit Nachdruck, denn sie wusste, was ihr Ehemann von Krankenhäusern und generell von Ärzten hielt. Der aber war vor Schmerzen nun einer Ohnmacht nah, kreidebleich war er und es hatten sich Schweißperlen auf seiner Stirn gebildet. Er merkte, wie sein Kreislauf versagte, und er glaubte, kaum aufstehen zu können. Kurz überlegte die Mutter, ob es besser wäre, einen Krankenwagen zu rufen, verwarf es dann aber wieder mit der Zuversicht, ihn schneller versorgt zu wissen, wenn sie selbst direkt mit ihm losfahren würde. Es war ein Kraftakt gewesen, den vor Schmerzen schreienden und sich kaum auf den Beinen halten könnenden Vater ins Auto zu verfrachten. Hilda hatte hastig den Beifahrersitz in die Liegeposition gebracht und gemeinsam halfen Mutter und Tochter dem Vater ins Auto. Schwer atmend lag er nun auf dem Beifahrersitz, die Mutter gab Hilda noch Anweisung, die Kühe von der Weide zum Melken in den Stall zu bringen und schonmal mit dem Melken zu beginnen, dann fuhren sie vom Hof. Hilda blickte ihnen aufgewühlt und zugleich besorgt hinterher. Es war für sie kaum zu ertragen gewesen, den Vater unter solchen Schmerzen zu erleben, nun aber galt es, sich zusammenzureißen und zuhause die Stellung zu halten.

2.

Hilda und ihre Mutter saßen am Frühstückstisch, die beklemmende Stille, die im Raum herrschte, ließ die ganze Situation für Hilda noch unerträglicher erscheinen. Der Vater war, nachdem sich die Wunde am Schienbein entzündet hatte und er hohes Fieber bekommen hatte, auf die Intensivstation verlegt worden. Man hatte die Wunde operativ gesäubert und einen kleinen Plastikschlauch hineingelegt. Wie eine Art Drainage wurde so immer wieder Eiter heraus gespült. Da beim Unfall Dreck mit in die Wunde gelangt war, hatte sich natürlich eine Wundinfektion gebildet, die es galt, in den Griff zu bekommen, um eine Sepsis zu verhindern. Die Ärzte hatten Hildas Mutter schonungslos mitgeteilt, wie ernst es um den Vater stand. Die nächsten Stunden würden zeigen, ob eine Sepsis abgewendet werden könne, im schlimmsten Fall musste der Unterschenkel amputiert werden. Man fühlte sich wie in einem schlechten Film, einem Albtraum. Hilda beobachtete, wie sich die Mutter nun mit zitternder Hand die Milch in den Kaffee schüttete. Die generell schon immer nervöse und unruhige Mutter war in den letzten Tagen zum Nervenbündel geworden, so schien es ihr. Auch musste sie mit Besorgnis feststellen, dass die Mutter kaum etwas gegessen hatte, wobei sie doch schon so dürr war, dass man meinen konnte, sie würde ihre Kaffeetasse, die sie nun mit zitternden Händen umfasste, kaum halten können. Sie war ein Stück größer als der Vater und mit ihren 49 Jahren drei Jahre älter als dieser. Die beiden waren schon seit der Jugendzeit ein Paar gewesen, wusste Hilda aus Erzählungen. Es waren wohl die vielen Schicksalsschläge gewesen, dachte sie bei sich, die ihre Eltern hatten so gefrustet werden lassen. Natürlich auch die eintönigen Tage auf dem Hof, die nicht enden wollende Arbeit zerstörte so oft jedes Gefühl von Glücklichsein. Nach mehreren Fehlgeburten, die das junge Paar hatte erleiden und durchleben müssen, war dann vor nun schon fast zehn Jahren sie, Hilda, geboren und für eine gewisse Zeit schien doch noch etwas Glück ins Haus zu ziehen. Doch jeder weitere Kinderwunsch blieb unerfüllt und es hatte sich mit der Zeit ein Alltagstrott entwickelt, wo nicht auch nur der Hauch von Glück Platz fand.

Für Hildas Mutter war es kein leichtes Leben mit der ganzen Arbeit und der Verantwortung, die der Bauernhof mit sich brachte. Hildas Großeltern väterlicherseits waren schon verstorben, bevor Hilda geboren wurde, und der Hof, den sie dem einzigen Sohn, Hildas Vater, hinterlassen hatten, war auf altem Stand gewesen. Nie war in Modernisierung investiert worden, die wenigen Milchkühe standen noch auf Anbindung und wurden auch dort jeden Morgen und jeden Abend gemolken. Abgefüllt in große Kannen oder „Bummen", wie man hier in Hildas Heimat Ostfriesland auch sagte, wurde die Rohmilch von einer Molkerei abgeholt und weiterverarbeitet. Die Eltern hatten in den ersten Jahren der Hofübernahme sehr viel Geld in die Hand genommen, um den Hof für die Zukunft wirtschaftlich zu erhalten, was die Großeltern damals als unsinnig beschimpften. Sie hätten doch nie hungern müssen, hätten immer Arbeit gehabt und wären zufrieden gewesen mit dem, was sie hatten. Da wäre es doch Unsinn, etwas zu verändern und dafür auch noch so viel Geld zu verschleudern. Es hatte immer wieder nervenraubende Streitigkeiten zwischen den beiden Generationen gegeben, wusste Hilda aus Erzählungen. „Waren wir dumm, uns das alles anzutun!", waren schon oft die Worte der Mutter; der Vater warf dann eher beschwichtigende Worte ein und war meist der Ansicht, dass man sich Vorwürfe gemacht hätte, wenn man es nicht versucht hätte, und sowieso hatte von vornherein außer Frage gestanden, dass er den Familienbetrieb fortführen würde.

Mit dem Fischgrätenmelkstand, in den die Eltern dann investiert hatten, war auch die Kuhherde gewachsen, zudem musste ein Laufstall gebaut werden, in dem sich dieser Melkstand befand. Die Kühe stehen darin zu fünft auf jeder Seite schräg angereiht wie bei Fischgräten, mit der Kehrseite zur Mitte, wo sich ein etwa einen halben Meter tiefer Laufgang befindet. In dem Laufgang hängt das Melkgeschirr, mit dem man von hinten an das Euter herangeht, um die Kuh zu melken. Die Kühe bewegen sich frei in dem Laufstall, wo sich zudem für jede Kuh eine Liegebox befindet. Der Laufgang besteht aus Spaltenboden; der Güllekeller, der sich unter diesem Spaltenboden befindet, ist mit Betonspalten belegt, durch die etwa fünf Zentimeter breiten Freiräume, die zwischen jeder Spalte gelassen wurden, fällt die ausgeschiedene Gülle der Tiere direkt in den Güllekeller.

Mit diesen Veränderungen konnte die Kuhherde von vorher gerade einmal fünfzehn Tieren auf mittlerweile sechzig Stück aufgestockt werden, wodurch sich natürlich die Milchliefermenge enorm gesteigert hatte, auf der anderen Seite aber natürlich auch alle anderen Arbeiten und Aufwendungen, die damit verbunden waren. Das fing an mit den vermehrten Abkalbungen, der vergrößerten Jungviehaufzucht, über das damit verbundene Gesundheitsmanagement bis hin zu dem umfangreichen Fütterungsprogramm. Alles ging Hand in Hand und musste bestmöglich gemanagt werden, um somit auch das bestmögliche aus den Tieren herauszuholen.

Hildas Vater war ausgebildeter Landwirt, in seiner dreijährigen Ausbildung auf unterschiedlichen Höfen hatte er verschiedenste Formen von Haltungsarten sowie Fütterungseigenschaften kennengelernt und das aus seiner Sicht passende für seinen Betrieb angewandt.

Er fehlte nun an allen Ecken und Enden. Die Mutter und auch Hilda selbst hatten von den meisten Abläufen keine Ahnung. Alles, was das Melken und auch die Kälberfütterung betraf, war kein Problem, doch damit hörte es auch schon auf. Deshalb war schon am nächsten Morgen nach dem Unglückstag ein Betriebshelfer vom Maschinenring zur Unterstützung geschickt worden. Der Maschinenring, das war ein Zusammenschluss von zum Teil landwirtschaftlichen Fachkräften, darauf spezialisiert einzuspringen, wenn es zu Ausfällen kam, wie es nun in Hildas Familie der Fall war. Den netten älteren Mann, der für die kommenden Wochen im gewissen Sinne zum Familienmitglied wurde, da er täglich, wie es in der Landwirtschaft so üblich war, mit am Esstisch saß, kannte Hilda noch von einem früheren Einsatz in ihrem familiären Betrieb. Er war ein angenehmer Mensch, redete nur, wenn man ihn ansprach, und saß nie zu lange mit am Tisch. Das befand auch Hildas Mutter als angenehm. Es war immer ein etwas unbehagliches Gefühl, dauerhaft mit jemand Fremden den Alltag zu bestreiten. Man gab sich natürlich nicht so vertraut, wie wenn man unter sich war, und sprach auch keine vertrauten Themen an, wie man es sonst tat. Aber das war nun einmal so in der Landwirtschaft, da kam es ja öfter mal vor, dass fremde Aushilfskräfte mit am Esstisch saßen; man gewöhnte sich mit der Zeit daran. Da Hildas Eltern, vor allem der Vater, sehr zurückhaltende Menschen waren und beide Eltern den Kontakt zu Mitmenschen weitestgehend mieden, versuchte man immer das meistmögliche an Arbeit allein zu bewältigen. Da hatte man seine Ruhe. „Hilda, lässt du für den Betriebshelfer die Teekanne auf dem Stangenofen, damit der Tee heiß bleibt? Ich hab' ihm gesagt, dass für ihn Frühstück auf dem Tisch steht. Da ich nun ins Krankenhaus fahre und du zur Schule gehst, muss er sich heute Morgen mal selbst versorgen", sprach nun die Mutter und erhob sich vom Stuhl, um ihre Kaffeetasse in die Spülmaschine zu bringen. „Das mache ich." Hilda wollte noch hinzufügen, dass sie ja heute am letzten Schultag vor den Sommerferien schon früher wieder zuhause sein würde, da es die Zeugnisse gab und somit schon um elf Uhr Schulschluss war, sie wurde aber vom Klingelton des Telefons unterbrochen.

„Wer ruft denn so früh schon an?" Hildas Mutter wandte sich zum Flur, wo das Telefon stand. Hilda trank den letzten Schluck ihrer heißen Schokolade, während sie aufmerksam dem Telefonat aus dem Flur lauschte. Eine heftige Angstwelle durchfuhr schlagartig ihren Körper, als sie den panisch fragenden Worten der Mutter lauschte. „Nein ... oh mein Gott ... wie konnte ...? Was ist geschehen, die Wunde sah doch gestern noch gut aus?" Hilda sprang panisch auf und ging mit bleichem, vor Schreck verzehrtem Gesicht zur Mutter in den Flur. Sie wagte kaum zu atmen, während sie sich unmittelbar neben ihre Mutter positionierte, um den Worten aus dem Telefonhörer zu lauschen. Hilda sah in das aschgraue Gesicht ihrer Mutter, nahm mit Schrecken die Panik in deren Augen wahr.

„Ist er schon ansprechbar? Ich meine ... können wir gleich zu ihm?", hörte Hilda nun die Mutter fragen und die eiserne Hand der Angst, die ihren Körper so plötzlich und unerträglich gepackt hatte, löste sich ein ganz klein wenig, und es fühlte sich so erlösend an, dass ihr die Tränen kamen.

„Wir machen uns gleich auf den Weg", sprach die Mutter noch und legte den Hörer wieder auf. Sie sah Hilda eine Weile in die Augen, wobei ihr Tränen in die eigenen stiegen. Sie ging einen Schritt auf die Tochter zu und schloss diese in die Arme. Die zwei standen eine gefühlte Ewigkeit so da, die Mutter wiegte Hilda kaum spürbar, aber doch tröstend, und beide ließen den Tränen nun freien Lauf.

Es war, als suche die Mutter Halt bei der Tochter. Hilda konnte sich kaum erinnern, der Mutter einmal so nah gewesen zu sein. Ängstlich fragte sie nun, was mit dem Vater geschehen sei.

„Hilda, dein Papa wurde notoperiert, es ist doch zur Blutvergiftung gekommen, das Bein musste amputiert werden!" Die Lippen der Mutter bebten. „Wie soll er das verkraften? Ich weiß gar nicht, wie es weitergehen soll." Sie ließ die Hände schwer über die Arme der Tochter herabgleiten bis zu deren Handgelenken, die sie nun kraftsuchend hielt. „Das ist ein Albtraum, ein schrecklicher Albtraum", murmelte sie, „wie soll es nur werden?" Hilda sah hilflos auf die Hände ihrer Mutter hinunter, die immer noch ihre Handgelenke hielten. „Hauptsache, er steht das alles gut durch, Mama. Ich dachte im ersten Moment das Schlimmste", sprach Hilda unter Tränen. „Ich hatte schreckliche Angst, Papa kommt nicht wieder. Wir schaffen das schon." Nun fasste sie die Hände der Mutter und schüttelte diese in bekräftigender Geste. „Ich möchte unbedingt jetzt mit zu ihm." „Du hast recht, Kind, nur Papa zählt jetzt, alles andere ist unwichtig." Mit einem Ruck wirkte Hildas Mutter gestärkt und überzeugt, sie straffte die Schultern und ihr Gesicht hellte sich etwas auf. Hilda rief nun ihre Freundin Sina an, um zu berichten was geschehen war und sie zu bitten, sie in der Schule zu entschuldigen. Es fiel ihr schwer, die Stimme zu halten, zumal sie nun die erschrockene Stimme der so vertrauten Freundin vernahm, auch hörte sie Sinas Mutter im Hintergrund besorgte Fragen stellen. Am liebsten wäre sie durchs Telefon gekrochen und hätte die zwei gedrückt.

Nun standen Hilda und ihre Mutter auf dem Flur der Intensivstation, zuvor hatte man ihnen Schutzkleidung und Haarbedeckung zum Überziehen gereicht, auch einen Mundschutz zogen sie an, um den Vater vor zusätzlichen Infektionen zu schützen. Man hatte den Patienten kurz nach dessen Erwachen über den Eingriff informiert. Er hätte es natürlich mit Entsetzen aufgenommen, sich dann aber doch relativ schnell wieder beruhigt, nachdem man ihm dann auch deutlich gemacht hätte, dass es um sein Überleben gegangen war, berichtete ihnen nun die Krankenschwester und lief mit Mutter und Tochter zur Zimmertür des Vaters. Die Schwester klopfte einmal an und öffnete dann die Tür, um Mutter und Tochter hineinzulassen. „Herr Ihben, hier ist Besuch für Sie." Freundlich lächelnd trat sie an das Bett des Patienten heran und prüfte zugleich die Dosierung des Tropfes an dessen Handgelenk. Hilda hatte einen Kloß im Hals, als sie ihren Vater so verloren in den weißen Laken liegen sah, zur Überwachung und Versorgung mit Schläuchen und Kabeln verbunden, im Hintergrund auf einem Rollwagen ein Monitor, auf dem seine Lebensfunktionen angezeigt wurden. Die Schwester schien mit dem kurzen Checkup zufrieden und sagte freundlich: „Ich lasse Sie drei nun mal alleine!" Sie zwinkerte Mutter und Tochter noch einmal zu und verließ den Raum.

Mit Tränen gefüllten Augen und bebenden Lippen sah der Vater nun seine Frau und die Tochter an sein Bett herantreten. Auch die beiden konnten nun die Tränen nicht mehr halten, Hilda schluchzte laut und streichelte vorsichtig über den Arm des Vaters, peinlich bedacht, ja keinen der Schläuche zu berühren, um dem Vater keine zusätzlichen Schmerzen zu bereiten. Seine Augen wanderten von der Tochter zu seiner Frau, die nun seine Hand ergriff und sprach: „Alles wird gut, Heinz, alles wird gut, du wirst wieder gesund, alles andere ist unwichtig." Beinahe brach ihr die Stimme.

Er sah seiner Frau eine Zeit lang mit den Worten ringend in die Augen, nun flackerte sein Blick hilfesuchend hin und her. „Wie soll denn alles gut werden, Anni?" Verzweifelt schloss er die Augen und wandte den Kopf von ihr ab. „Wie soll ich als Krüppel die Arbeit auf dem Hof schaffen?" Hildas Mutter setzte sich vorsichtig auf die Bettkante und wandte sich leicht zu ihm herab. „Das wird jetzt nicht deine Sorge sein, verstehst du? Der Hans ist da als Betriebshelfer und der wird verdammt nochmal so lange bleiben, wie es nottut, er kennt unseren Hof und er hat alles im Griff, also hör bitte auf, dir darüber Gedanken zu machen!" Ihre Worte waren streng, aber auch voller Fürsorge. Angsterfüllt sah ihr Ehemann sie wieder an und erneut liefen ihm die Tränen übers Gesicht. „Du hast ja recht, ich bin froh, dass ihr hier seid." Er sah kurz zu Hilda rüber und dann wieder zu seiner Frau. „Ich bin so froh, dass ich euch habe. Ich habe Angst vor der Zukunft, ich brauche euch, eure Unterstützung, allein pack ich das nicht", sprach er verzweifelt und wieder bebten seine Lippen. „Wir sind bei dir, Heinz, gemeinsam schaffen wir alles", sagte Hildas Mutter, beugte sich weiter herunter zu ihrem Mann und strich ihm zärtlich über die Stirn. Hilda rückte nun auch näher heran, lehnte sich leicht gegen die Bettkante und streichelte sacht die Schulter ihres Vaters. Die Krankenschwester hatte im Vorfeld darauf hingewiesen, den Besuch weitestgehend kurz zu halten, da es vor allem in den ersten Stunden nach der Operation galt, den Patienten möglichst ruhig zu halten und keinen Anstrengungen auszusetzen. Doch als sie nun nach ungefähr einer halben Stunde wieder das Zimmer betrat und nochmals auf diese Anweisung hinwies, fühlte es sich für sie alle drei doch viel zu kurz an. Hilda hätte ihren Vater am liebsten gar nicht mehr verlassen, aber letztendlich galt es, den Vater zu schonen, und beide, Mutter und auch Tochter, bekräftigten mehrfach, gleich nach dem Mittag wieder bei ihm zu sein.

Hildas Mutter hatte den Rest des Vormittags damit verbracht, im Maschinenring Bescheid zu geben, dass die Hilfe des

Betriebshelfers längere Zeit vonnöten sein würde, und auch mit dem Betriebshelfer selbst gesprochen, der sehr betroffen reagiert und sofort eindeutig bekräftigt hatte, voll und ganz zur Verfügung zu stehen. Sie ging gedanklich die Arbeiten auf dem Hof durch, stellte sich vor, wie diese mit nur einem Bein zu bewältigen sein würden, fragte sich dann, ob eine Prothese als Beinersatz möglich sei; dies hatte man ja schon oft im Fernsehen beim Behindertensport gesehen, wie diese Menschen trotz ihrer jeweiligen Behinderungen mit solchen Prothesen fast uneingeschränkt Hochleistung brachten, ja sogar oft Rekorde brachen. Nach langen Überlegungen schalt sie sich dann aber als übereifriges Dummchen. Sie hatte doch selbst mahnend auf den Ehemann eingeredet, nun in erster Linie an die eigene Gesundheit zu denken und nicht daran, wie es werden soll, und schon gar nicht an die Arbeit auf dem Hof. Nun sinnierte sie selber auch darüber nach, was sie ihm doch so eindringlich verboten hatte, aber so war das halt mit so einer Landwirtschaft am Hals, dachte sie nun wütend, ja, die die Lebensqualität raubende Landwirtschaft, darum drehte sich immer alles in ihrem Leben, seitdem sie hier zu ihrem Mann gezogen war, auf seinen Bauernhof, der seitdem ihr Leben bestimmte, wie seit seiner Kindheit schon das ihres Mannes.

Hilda war währenddessen mit dem Fahrrad zu Sina rübergefahren, um ihr Zeugnis abzuholen, welches die Freundin ihr von der Schule mitgebracht hatte. Die Freude der Mädchen war groß gewesen, nachdem sie Gewissheit hatten, nach den Sommerferien gemeinsam das Gymnasium besuchen zu können. Sina hatte genau wie Hilda auch eine Gymnasialempfehlung erhalten; als die Lehrerin es vorab verkündet hatte, waren die beiden sich in die Arme gefallen. Es war ein großes Glücksgefühl gewesen, ab nun würden sie unzertrennlich sein.

Nun saßen beide Mädchen bei Sinas Mutter in der Küche vor einem Becher Orangensaft. Die Mutter hatte sich kurz zu den beiden gesetzt und erkundigte sich nach Hildas Vater. Hilda berichtete von dem Besuch auf der Intensivstation, wie entsetzlich blass der Vater ausgesehen hatte, und beschrieb die Angst und

Verzweiflung, die ihn umgab. Sie dachte bei sich, wie sie sich immer wieder dabei ertappt hatte, wie sie den Blick auf die Bettdecke richtete, um eine Kontur oder Ähnliches vom abgetrennten Bein erkennen zu können. Im gleichen Moment hatte sie sich dafür geschämt, dass diese unerhörte Neugier in ihr aufgestiegen war, aber sie konnte es sich nicht vorstellen, dass dem Vater ein Bein abgetrennt worden war. Und wo war es wohl abgetrennt, hatte sie sich gefragt, ob das Knie noch erhalten war? Nun schämte sie sich erneut, dass diese Gedanken an dem Bett des leidenden Vaters in ihr aufgestiegen waren.

Die fragende Stimme von Sinas Mutter, die sich nun erkundigte, wer denn vom Maschinenring zur Unterstützung geschickt worden war, riss Hilda aus ihren Gedanken. „Der Hans Willts ist da, der ist schon einmal bei uns gewesen, daher kennt er die Abläufe einigermaßen!", antwortete Hilda. „Das ist gut", meinte Sinas Mutter. „Die ersten sechs Wochen werden ja von der Landwirtschaftlichen Krankenkasse übernommen. Dein Vater wird aber ganz sicher in diesem Jahr nicht mehr an die Arbeit kommen, da werdet ihr wohl über kurz oder lang nicht ohne zusätzliche Arbeitskraft auskommen!", verkündete sie und setzte verärgert hinzu, dass man es sich ja in der Landwirtschaft kaum leisten könne, für längere Zeit auszufallen, da war man doppelt bestraft, so eine Arbeitskraft belastete finanziell enorm. „Im Falle deines Vaters handelt es sich aber ja um einen Arbeitsunfall, da greift die Landwirtschaftliche Berufsgenossenschaft, da seid ihr Gott sei Dank weitestgehend abgesichert", meinte sie dann. Hilda war bisher nicht bewusst gewesen, dass den Eltern im Falle eines Ausfalles nur für kurze Zeit eine Ersatzkraft bezahlt wurde. Dies hatte sie aus einem Gespräch ihrer Mutter mit Hans, dem Betriebshelfer erfahren, da hatte der Hans auch von der Berufsgenossenschaft gesprochen und Hildas Mutter damit wieder etwas Mut gemacht. In der Selbstständigkeit musste man sich schon selbst versichern, was mit sehr hohen Ausgaben verbunden war, allein von der Berufsgenossenschaft wurden jährlich hohe Summen eingezogen. Hilda hoffte, dass dies ihren Eltern nun wenigstens zugutekommen würde. Plötzlich fiel ihr die Geschichte von dem Metzger aus dem Nachbarort ein, der sich beim Zerlegen eines Schlachttieres in die Hand geschnitten hatte und sich so schwer verletzt hatte, dass er mehrere Monate arbeitsunfähig gewesen war. Der Metzger hatte aber natürlich mehrere Mitarbeiter und somit lief die Produktion reibungslos weiter, das war halt in der Landwirtschaft ganz anders, da arbeitete die ganze Familie mit, nur selten gab es Höfe mit Angestellten, wenn, dann waren es meist Auszubildende, und dies waren dann in der Regel auch größere Betriebe als der kleine Betrieb ihrer Familie.

Überhaupt fragte Hilda sich in letzter Zeit immer öfter, warum sie und ihre Eltern so ärmlich leben mussten. Die Eltern investierten so unglaublich viel Zeit in die Arbeit auf dem Hof. Wer fleißig war und hart arbeitete, der musste doch eigentlich auch gut leben können. Ihre Eltern standen jeden Morgen von sechs Uhr früh bis 9 Uhr und jeden Abend von halb fünf bis sieben Uhr im Melkstand zum Melken und anschließenden Reinigen des Melkstandes. Jetzt im Sommer bei der Wärme war es zusätzlich anstrengend, da die Kühe selbst auch Wärme ausstrahlten, und Schutzkleidung und Gummihandschuhe waren von Vorteil schon alleine, weil die Verdauung der Kühe durch den Stress und die Bewegungen des Treibens zum Melkstand so richtig in Gang kam und somit den Melkern, in diesem Fall ihren Eltern und auch schon oft genug Hilda selber, die Kuhscheiße sprichwörtlich um die Ohren flog. Hilda und ihre Mutter trugen beim Melken zusätzlich immer noch ein Kopftuch, um die Haare zu schützen, dann natürlich noch die hohen Gummistiefel mit Stahlkappe als Zehenschutz, falls mal unglücklicherweise eine Kuh darauf tritt. Zu guter Letzt trug man noch eine bis zu den Füßen reichende Melkerschürze als Nässeschutz, Da immer wieder zwischendurch gereinigt werden musste, vor allem das Euter der Tiere, hingen zwei Wasserschläuche in Griffhöhe von der Decke herab, die man komfortabel mit nur einer Hand greifen und bedienen konnte, da die andere Hand auch meist nicht frei war. Es waren sehr viele kleine Arbeitsgänge notwendig während des Melkens, da galt es zum Beispiel, Zitzenbecher mit Stopfen zu schließen bei Dreistrich Melkenden, das waren die Kühe, die eventuell entzündungsbedingt nur noch aus drei Euterzitzen Milch gaben. Damit diese Becher während des jeweiligen Melkvorganges keinen Dreck ansogen, mussten sie verstopft werden. Dann wurde jede einzelne Zitze, natürlich jeder einzelnen Kuh, nach dem Melkvorgang mit Dippmittel in einem Dippbecher desinfiziert und natürlich wurden auch kranke Tiere bei der Gelegenheit, sie während des Melkens dicht vor sich zu haben, direkt verarztet. Da wurde Salbe oder Wundspray aufgetragen oder auch intravenös behandelt.

Hinzu kamen dann noch die ganzen Fliegen, die in Schwärmen die Kühe belagerten, wodurch diese natürlich durch Trippeln und Schlagen mit Beinen und Schwanz versuchten, sie abzuwehren. Da galt höchste Vorsicht, nicht selten hatte man schmerzende Blutergüsse zumeist an den Armen davongetragen, weil man nicht mehr schnell genug hatte zurückweichen können. Hilda erinnerte sich daran, wie die Mutter tagelang ein dickes, entzündetes Auge gehabt hatte, nachdem der fliegenabwehrende Schwanz eines Tieres ihr peitschend in dieses hineingeschlagen war. Zudem raubte einem der scharfe Ammoniakgeruch in der stickigen Melkstandluft auch noch den Atem. Müde und abgeschlagen beklagte sich ihre Mutter dann oft über diese, wie sie es nannte, Strafarbeit. Dann war es besser in der kalten Jahreszeit, auch wenn einem dann oft Hände und Füße einfroren, aber man konnte durchatmen, die Luft war frischer im Melkstand und die Tiere waren viel ruhiger, da nur wenige Fliegen quälten.

Hilda verglich sich und ihre Familie mit anderen Familien, die sie so kannte, hier bei ihrer Freundin Sina zum Beispiel melkte meist der Andi zusammen mit Sinas Großvater. Andi war schon volljährig, das wusste Hilda wohl, da er schon ewig daran saß, den Autoführerschein zu erlangen, doch immer wieder scheiterte, aber wie alt genau er war, das konnte sie nicht sagen. Er war in der Schule lernschwach gewesen, hatte ihr Sina erzählt. Nachdem er auf dem Hof von Sinas Familie eine erfolgreiche Werkerausbildung abgeschlossen hatte, war er daher mächtig stolz gewesen und hatte mit Freude eingewilligt, als die Familie ihm weiterhin einen Arbeitsplatz angeboten hatte. Vielleicht würden ihre Eltern für die Zukunft auch so einen Mitarbeiter wie den Andi finden, das wäre sicherlich eine gute Sache, dachte Hilda. Ach, solche Sorgen hatten all die anderen Familien ihrer Mitschüler nicht, wenn die Eltern krank waren, dann waren sie krankgeschrieben und konnten sich zuhause ausruhen, und wenn sie Urlaub hatten, dann konnten sie in den Urlaub fahren, ohne zu organisieren, dass sich jemand zuhause kümmerte. Vielleicht mussten mal die Blumen versorgt werden, das war es in den meisten Fällen aber auch schon. Zudem machten die meisten auch tolle Reisen und waren nicht selten vierzehn Tage unterwegs, wie Hilda es oft aus Erzählungen im traditionellen Stuhlkreis nach den Ferien erfahren hatte.

Sinas Familie fuhr jedes Jahr in den Harz, währenddessen machten Andi und die Großeltern den Hof. Sina hatte Hilda schon sehr viel vom Urlaub im Harz berichtet und Hilda hatte sich vorgenommen, diese schöne Gegend und die hohen Berge, wie es ihr die Freundin beschrieb, auch mal mit eigenen Augen zu sehen. In Urlaub gefahren war Hilda noch nie mit den Eltern, es hatte zeitlich nie gepasst, aber im Frühjahr war sie mit der Schulklasse auf der Nordseeinsel Borkum zur Klassenfahrt gewesen. Leider hatte es die gesamten fünf Tage geregnet und kalt war es gewesen, doch die Abende waren sehr schön gewesen mit tollen Spielen und am letzten Abend sogar eine wilde Kinderdisco. Hilda fühlte plötzlich eine tiefe Traurigkeit in sich aufkommen und eine Wut auf die Landwirtschaft breitete sich in ihr aus, so viele gemeinsame Momente mit der Familie, mit den Liebsten, was das Leben doch ausmachte, das ihren Mitmenschen beschert war und ihr und ihrer Familie verwehrt blieb, das war gemein, dachte sie. Sie wollte für sich und ihre Eltern so gerne ein Stückchen davon abhaben. Ihr armer Vater, nun lag er dort auf der Intensivstation, hatte bisher nichts vom Leben gehabt außer Arbeit und wurde nun so elendig bestraft. Zudem tat ihr auch die Mutter leid, die sich für den Ehemann aufgeopfert hatte, sich quasi in ihr Schicksal ergeben hatte, dachte Hilda und sie gab auch dieser Aufopferung der Mutter die Schuld an dem tagtäglichen Frust, den diese ausstrahlte. Die Mutter wirkte unglücklich und oft sehr traurig. Hilda wusste ganz genau, dass sie deshalb leicht aus der Haut fuhr und mit bösen Schimpfwörtern nicht sparte. So ließ sie ihren Frust ab und nicht selten war es Hilda, die dies zu spüren bekam. Bei ihrer Mutter musste Hilda immer auf der Hut sein. Mittlerweile konnte sie es aber schon ganz gut einschätzen, wann sie diese ansprechen durfte und wann sie ihr lieber aus dem Weg ging.

Erschrocken vernahm Hilda durch das offene Küchenfenster die Kirchenglocken, die zur Mittagsstunde schlugen. Nun musste sie sich sputen, denn die Mutter wollte gleich nach dem Mittag wieder ins Krankenhaus fahren, um anschließend noch ein paar Lebensmittel einzukaufen. Viel Zeit blieb da nicht bis zum Melkabend, wie das Melken am Abend genannt wurde.

3.

Der Vater hatte ein seelisches Tief gehabt, hatte kaum gesprochen, und wenn, dann beklagte er sich über dieses und jenes, man solle ihm einen Rollstuhl bringen und dann wolle er raus hier, nach Hause, dort könne er dann für den Rest des Lebens vor sich hinvegetieren. Hilda hatte während des halbstündigen Besuchs kein Wort gesprochen, nur die Mutter hatte ihn immer wieder leicht zurechtgewiesen, er solle sich zusammenreißen, man hätte ihm schließlich sein Leben erhalten, die Amputation sei ja kein Todesurteil, es wäre nicht fair von ihm, so zu reden. Der Vater hatte sich dann immer wieder abgewandt und nichts erwidert. Anschließend hatte Hildas Mutter noch mit dem behandelnden Arzt gesprochen. Hilda hatte während des Gespräches auf dem Gang warten müssen, ihre Mutter hatte ihr, nachdem sie das Krankenhaus wieder verlassen hatten, erklärt, dass der Vater zeitnah in eine Reha gehen würde, wo er unter anderem auch speziell psychotherapeutisch behandelt würde, so eine Amputation sei immer sehr schwer psychisch zu verkraften, was sich natürlich von Mensch zu Mensch unterschiedlich äußerte.

Der behandelnde Arzt war ein Durchgangsarzt, ergänzte ihre Mutter, der arbeitete quasi Hand in Hand mit der Berufsgenossenschaft und die würden dafür sorgen, dass der Vater die bestmögliche Nachsorge bekommen würde. Je nachdem, wie schnell die Wundheilung vorankam, würde man mit einer Reha beginnen können. Die Mutter wirkte zuversichtlich. Das gab Hilda etwas Trost in ihrer Sorge.

Mutter und Tochter schoben nun gemeinsam den Einkaufswagen durch den Lebensmittelmarkt und suchten wie selbstverständlich die günstigsten Angebote heraus, was für Hilda Routine war, denn sie hatte nie etwas anderes kennengelernt als sparsam zu sein, sei es beim Einkauf oder in ihrem Zuhause mit Strom und Wasser. Nicht selten benutzten die Eltern die Toilettenspülung nur nach dem großen Geschäft, was Hilda, als

sie älter wurde und es bei Freunden zuhause anders kennenlernte, unangenehm war und als sehr peinlich empfand, vor allem
wenn Freunde sie in ihrem Zuhause besuchten, was dann mit
der Zeit aus diesem Grund und auch wegen ihrer im Vergleich
ärmlichen Wohnsituation immer seltener wurde. Die Mutter
blieb vor dem Regal mit der haltbaren Milch stehen und schüttelte ungläubig den Kopf. „Neunundfünfzig Cent kostet der Liter H-Milch mit 1,5 % Fettgehalt. Das ist eine bodenlose Unver-
schämtheit bei der ganzen Arbeit, die darin steckt." Mit traurigen
Augen blickte sie zur Tochter hinüber. „Ich bin mir sicher, der
Großteil der Verbraucher weiß um diesen unermüdlichen, lei-
denschaftlichen Einsatz in der Landwirtschaft Bescheid und ist
gewillt, für diese wertvollen Produkte den gebührenden Preis
zu zahlen, leider will unsere Politik billige Lebensmittel", fügte
sie resigniert hinzu. „Das dürfen wir Landwirte uns doch nicht
gefallen lassen", beschwerte sich Hilda aufgebracht. Die Mutter sah sie an, entschuldigend lächelnd, ihrer kindlichen Naivi-
tät. „Wir sind eine kleine Minderheit, mein Kind, da gibt es viel
größere Branchen, die der Politik weitaus wichtiger sind!", be-
lehrte sie die Tochter. Schweigend machten sie sich weiter über
die Liste der zu besorgenden Waren her, jede von beiden in den
eigenen Gedanken versunken.

Ein Werbeplakat für einen Malwettbewerb fiel Hilda ins Auge.
Wir lieben Ostfriesland, stand in großen Buchstaben ganz oben.
Die Verbrauchermarktkette rief in Zusammenarbeit mit dem
Landkreis alle Kinder bis zur Vollendung des zwölften Lebens-
jahres dazu auf, ein Bild zu malen und bis zum Ende der Ferien
einzureichen. Das Motto war Ostfriesland, die Region, in der
Hilda lebte, und was war so typisch für Ostfriesland? Natürlich
ihre Kühe, dachte sie und schmunzelte, sie liebte es, ihre Kühe
zu malen, und sie zeigte sehr viel Talent, wie ihr Kunstlehrer
sie oft gelobt hatte. Hilda nahm sich vor, an dem Malwettbewerb teilzunehmen, zumal der Hauptpreis ein Familienurlaub
im Heidepark in der Lüneburger Heide war. Hilda war noch nie
in einem Freizeitpark gewesen und dachte sich, dass es eine
wunderbare Sache wäre, wenn sie diese schlimme Zeit hinter

sich hätten. Im ersten Moment wollte sie ihre Mutter auf das Plakat aufmerksam machen, ließ es dann aber sein, als sie bemerkte, wie angespannt und sorgenvoll die Mutter wirkte. Da wäre ganz sicher keine positive Reaktion zu erwarten und außerdem, dachte Hilda sich, wäre es dann sicher eine schöne Überraschung für die Eltern, falls sie gewinnen würde. Es war bereits nach sechzehn Uhr, als Hilda und ihre Mutter zuhause auf die Auffahrt fuhren, und Hilda sprang sogleich aus dem Auto, um sich blitzschnell für die Stallarbeit umzuziehen.

Hildas Mutter brachte noch die Besorgungen ins Haus und machte sich dann auch fertig fürs Melken. Es war ein warmer Sommertag Ende Juni und Hilda genoss es, bei dem herrlichen Wetter über die Weide der Kuhherde entgegenzulaufen. Aus dem Augenwinkel sah sie auch schon Hans, den Betriebshelfer, auf den Hof fahren; der würde nun als erstes schon einmal den Melkstand fürs Melken vorbereiten und die schweren Eisenpforten zum Sortieren der Kühe aufstellen. Die Kühe, die Hilda nun von der Weide in den Stall trieb, die durften natürlich nur in den Wartebereich vor dem Melkstand gelangen, von hier aus wurden sie dann zu jeweils fünf an der Zahl in den Melkstand getrieben, wobei hier bei den meisten Tieren gar nicht getrieben werden musste, denn die Tiere wussten ja, dass im Melkstand leckeres Kraftfutter auf sie wartete. Sie wurden auch akustisch immer wieder daran erinnert, indem der Melkende im Melkstand an der Kraftfutterschnur zog, wodurch sich ein Schieber öffnete und die Kraftfutterkörner geräuschvoll in den aus Hartplastik bestehenden Futtertrog rieseln ließ. Je fünf solcher Futtervorrichtungen für die fünf Kuhplätze im Melkstand sorgten somit für akustischen Lockstoff.

Ein Melkdurchgang dauerte im Allgemeinen nicht länger als zehn Minuten, wobei es hier noch unterschiedlich war. Beim morgendlichen Melken war die Zeitspanne seit der letzten Melkung der Nachtruhe wegen höher, und somit war das Euter der Kuh zum morgendlichen Melken voller als am Melkabend und die reine Melkzeit dadurch länger. Die fertig gemolkenen Kühe wurden dann durch den hinteren Ausgang in einen mit Eisenpforten vom Wartebereich abgetrennten Bereich des Laufstalls hinausgelassen. „Los, Mädels, auf geht's, hoppa, hoppa!" Neben Hildas Rufen klatschte sie immer wieder in die Hände und brachte somit die schwerfälligen Tiere zum Aufstehen und in Bewegung. Dabei gab es unter ihnen, wie auch bei den Menschen, ganz unterschiedliche Charaktere: Einige sprangen sofort auf und rannten teils hüpfend über die Weide. Sie wirkten dabei fast wie junge Rinder, die das erste Mal hinaus auf die Weide kamen. Bei anderen wiederum hätte Hilda ein Megafon benutzen können, um dem Tier das Hoppa ins Gehör zu rufen, und es begab sich trotzdem zeitlupenhaft und natürlich weiterhin genüsslich kauend, was draußen auf der Weide sowieso die Lieblingsbeschäftigung der Kühe war, in Bewegung, und wenn sie dann endlich einmal auf allen Vieren standen, dann galt es zunächst in aller Ruhe einen schönen, großen Kuhfladen fallen zu lassen.

Hilda mochte diese ruhigen Artgenossen lieber als die Schreckhaften, auch wenn es manchmal zum Haareraufen war, mit welch zeitraubender Gemütlichkeit diese Tiere sich bewegten. Berta, ihre Lieblingskuh, war so was wie das Vorbild der Gemütlichkeit. Bei dem Tempo, mit dem die Berta unterwegs war, könnte man ihr leicht noch nebenbei die Klauen schneiden, kam es Hilda oft schmunzelnd in den Sinn, wenn sie hinter ihr herlief. Zudem war die Berta eine der intelligentesten Kühe in der Herde, sie hatte es schon des Öfteren geschafft, mit der Nase den Riegel zum Verschließen der Stalltür zu öffnen, und war dann auf Wanderschaft über den Hof gezogen, wobei sie ja nicht weit kam bei ihrer Geschwindigkeit. Seit Neuestem zog sie mit den Zähnen an der Kraftfutterschnur, während sie gemolken wurde, um so Futternachschub zu erlangen. Wenn sie dann fertig gemolken war und heraus sollte, weigerte sie sich natürlich, weil sie noch genüsslich am Fressen war, während alle anderen ihre Ration längst verputzt hatten.

Hilda musste auch heute wieder etlichen Einzelgängern hinterherrennen, die ihren eigenen Kopf hatten, und nicht Richtung Laufstall liefen, wie sie sollten, was sie natürlich auch genau wussten, sondern in alle Richtungen verstreut, um die Zeit auf der Weide noch so lange wie möglich auszukosten und dabei hastig noch so viel frisches Gras wie möglich zu fressen.

Es war schon lustig, zu beobachten, wie die Tiere dann demonstrativ mit dem Hinterteil zu Hilda gewandt hastig das Gras zupften und dann auch noch die Augen schlossen, wenn sie klatschend neben ihnen stand und ihr ‚Hoppa' rief. Wahrscheinlich dachten sie, wenn sie Hilda nicht sahen, würde diese sie auch nicht sehen.

Am Ende aber hatte Hilda sich wieder einmal durchgesetzt und alle Tiere erfolgreich in den Stall getrieben. Nachdem sie die Stalltür hinter sich verschlossen hatte, lief sie über den Spaltenboden rüber zum Melkstand, wo ihre Mutter und der Hans schon mit dem Melken begonnen hatten. Sie lief die enge Metalltreppe in den Melkstandkeller hinunter und begrüßte den Hans, der mit ihrer Mutter in ein Gespräch vertieft war. „Na Hilda, du strahlst ja heute mit der Sonne um die Wette", grüßte der stets freundliche Betriebshelfer zurück. „Bei dem schönen Wetter macht es Spaß, die Kühe in den Stall zu treiben", meinte Hilda fröhlich. „Na ja, wenn man die nächsten zwei Stunden im stickigen Melkstand stehen muss, ist die Begeisterung gleich bedeutend geringer", gab die Mutter von sich und wirkte dabei alles andere als fröhlich. „Es ist wirklich unerträglich, bei der Hitze melken zu müssen, einige Betriebe, auf denen ich schon gemolken habe, hatten sich einen großen Ventilator an die Melkstanddecke montiert oder einfach einen Standventilator hinein gestellt. Der erfrischt und der nicht unerhebliche Nebeneffekt ist, dass der Windzug die Fliegen stört und diese dadurch weitaus weniger quälen", meinte der Betriebshelfer und fügte hinzu: „Ich habe zuhause noch einen stehen, den könnte ich morgen mal mitbringen." „Das klingt gut, ich würde mich sehr freuen", antwortete Hildas Mutter und war gleich etwas positiver gestimmt. Sie dachte bei sich, dass man manchmal doch mit nur wenig Aufwand eine nicht unerhebliche Erleichterung erzielen konnte. Sie selber hatte immer nur funktioniert und mit der Zeit gelernt, ihrem Mann nicht mit zusätzlichen Fragen oder Ideen zu kommen. Da seine Arbeitsbelastung immer am Limit war, hatte er schon von vornherein immer gleich ge-stöhnt und erschöpft die Hände in die Hüften stemmend, an-klagend gefragt: „Was soll ich denn noch alles?" „Ich kann auch nicht mehr als arbeiten", kam auch oft hinterher. Dieses nieder-schmetternde Gefühl, das sie dann überkam, der Frust der to-talen Überlastung, den der Ehemann in solchen Momenten an seiner Frau abgelassen hatte, führte mit dazu, dass man immer mehr nur noch funktionierte und nebeneinanderher lebte. Nun bemerkte sie, dass sie sich freier fühlte mit dem Betriebshelfer als Mitarbeiter statt ihres Gatten. Sie spürte nicht diese An-spannung, diese Angst, so würde sie es auch fast benennen. Sie hatte einfach keine beleidigende Antwort oder Äußerung zu er-warten, und das war ein gutes Gefühl. Zum ersten Mal seit dem schrecklichen Unfall überlegte sie, ob das Geschehene vielleicht sogar eine positive Wendung in ihrem Leben bewirken konn-te, und dachte sich: Mal sehen, was die Zukunft noch bringt.

Hilda hatte in den Tagen, seit der Vater nicht mehr zusammen mit ihrer Mutter und ihr den Alltag bestritt, deutlich bemerkt, dass ihre Mutter sich mehr und mehr veränderte. Sie war bedeu-tend ruhiger geworden und zeigte nicht mehr sofort explosive Ausbrüche, wenn es Probleme oder Schwierigkeiten gab. Solan-ge sie denken konnte, waren die Eltern tagtäglich zusammen. Hilda konnte sich nicht daran entsinnen, dass dies einmal an-ders gewesen war, daher überlegte sie, ob die Veränderung der Mutter mit dem Vater zu tun haben könnte. Vielleicht war es aber auch die plötzliche Abwechslung vom Alltagstrott. In den letzten Tagen kam ihre Mutter deutlich mehr hinaus in die zi-vilisierte Welt, wie die Mutter es selber einmal genannt hatte.

Sie sprach nun oft mit Ärzten und Schwestern, kümmerte sich um den Schriftverkehr mit dem Maschinenring und hat-te zudem mit der zuständigen Versicherung gesprochen, da ihr beim Durchsuchen der Unterlagen die Police einer Arbeitsunfä-higkeitsversicherung ihres Mannes in die Hände gefallen war.

Hildas Mutter hatte plötzlich sehr häufig sozialen Kontakt, jedenfalls im Vergleich zu ihrem bisherigen Leben, und anschei-nend tat ihr diese Abwechslung sehr gut. Hilda schnappte sich nun den alten Bollerwagen mit den beiden Milchbummen darauf, die der Betriebshelfer ihr zuvor mit frischer Milch befüllt und daraufgesetzt hatte, und zog ihn hinüber in den Kälberstall, wo sich die hungrigen Kälber schon lauthals bemerkbar machten. Während sie nach und nach die einzelnen Nuckeleimer befüllte und die Kälber gierig an den Nuckeln sogen, wurde es leiser im Stall und man hörte nur noch das Klappern der Nuckelventile, die sich beim Saugen öffneten und zum Auslaufschutz wieder schlossen, wenn nicht daran gesogen wurde. Ein beruhigendes Klappern, wie Hilda fand, nach dem lautstarken, ohrenbetäubenden, Blöken der Kälber nach der geliebten Milch.

Als Hilda nach einer Weile mit den ersten geleerten Nuckeleimern am Waschbecken stand, um diese zu reinigen, sah sie ihre Hände plötzlich unnatürlich weit entfernt. Es war wieder so eine Wahrnehmungsstörung, die ihren Geist ganz plötzlich ergriff und ihren Puls schlagartig in die Höhe schnellen ließ. Sie schlug die Hände blitzartig hinter den Rücken und trat aus der Kammer hinaus auf den Hof, um mehrmals tief Luft zu holen. Dabei lief ihr der Betriebshelfer über den Weg. „Hilda, alles gut mit dir? Du siehst so erschrocken aus!", fragte er und wandte sich ihr zu. So plötzlich, wie dieses angsteinflößende Geschehen sie wieder ergriffen hatte, so plötzlich war es nun auch wieder verschwunden, während der Betriebshelfer besorgt vor ihr stand. Ihr Puls beruhigte sich wieder, sie spürte nur noch eine Hitze über Schultern und Brust und dieses Kribbeln auf der Haut, wie wenn sich Wunderkerzenfunken darauf niederließen. „Schon wieder gut." Hilda winkte beschwichtigend ab. „Manchmal habe ich plötzlich so ein dummes Angstgefühl und oft sehe ich mein Umfeld dann verrückt verzerrt." Schulterzuckend fügte sie hinzu: „Wenn ich dann durch etwas abgelenkt werde, dann geht es sofort wieder weg!" „Wissen deine Eltern davon?", fragte der Betriebshelfer. „Manchmal erzähle ich davon. Mama meint, es wären Kreislaufprobleme." „Vielleicht solltest du dich mal von einem Arzt untersuchen lassen!" Nachdenklich sah der Betriebshelfer das Mädchen an.

Hilda zuckte mit den Schultern und ging wieder zurück zum Waschbecken. Wegen der unterschwelligen Angst, diese dumme Attacke würde gleich wieder starten, befüllte Hilda schnell einen Nuckeleimer mit Reinigungswasser und trat damit eilig auf den Hof hinaus, um in dem befüllten Eimer ihre Reinigung fortzusetzen. Hier im Freien fühlte sie sich sicherer. Der Betriebshelfer beobachtete ihr Tun aus der Ferne und nahm sich vor, Hildas Mutter darauf anzusprechen.

4.

Hilda saß auf der alten Holzbank mit der Inschrift „Zur Hochzeit, Anni und Heinz" in der Rückenlehne. Die Schrift war schon sehr verwittert. Wer nicht wusste, was dort eingraviert stand, der würde es nicht mehr lesen können. Hilda aber saß, seit sie klein war, gern auf dieser Bank, und als sie dann Lesen lernte, hatte sie irgendwann glücklich zu den Eltern gesagt: „Die Bank ist euer Hochzeitsgeschenk, ich habe es gelesen!" „Ich glaub', wir haben noch nie darauf gesessen, da bleibt keine Zeit dafür!", hatte ihre Mutter damals abfällig geantwortet. Diese Antwort hatte Hilda nicht erwartet, traurig hatte sie erwidert: „Ich wohl." Im Nachhinein hatte Hilda die Aussage der Mutter sich als aus Frust gesteuert erklärt, denn sie hatte die Eltern dort schon sitzen sehen, irgendwann und lange her, aber sie hatten schon darauf gesessen.

Nun schob sie aber ihre Gedanken beiseite und betrachtete das weiße Blatt Papier, das vor ihr auf dem kleinen Gartentisch aus Plastik lag, den sie sich vor die Holzbank gestellt hatte. Seit dem Unfall des Vaters waren bereits drei Wochen vergangen, seit einer Woche war der Vater nun schon wieder bei ihnen zuhause und morgen würden ihre Eltern sich auf den Weg zu der Rehaklinik machen, in der ihr Vater in den nächsten Wochen rehabilitiert und therapiert werden würde. Endlich hatte es Hilda nun geschafft, sich an ihr Gemälde für den Malwettbewerb zu machen. Nun zeichnete sie gut gelaunt drauflos. Sie hatte eine kleine Kuhfotografie neben sich liegen, welche sie als Vorlage gewählt hatte. Ihre Augen flogen in stetigem Wechsel zur Fotografie und wieder zum Blatt, während sie schraffierend mit dem Bleistift ihr Blatt bearbeitete.

Hildas ehemaliger Kunstlehrer auf der Grundschule hatte Hilda einmal gesagt, sie hätte ein fotografisches Gedächtnis. Hilda hatte verwirrt darüber nachgedacht, wie dies gemeint sein konnte. Der Lehrer hatte wohl ihre Verwirrtheit bemerkt und ihr erklärt, dass damit gemeint sei, dass sie wie beim Fotografieren Dinge mit den Augen aufnahm und diese originalgetreu zu Papier bringen konnte. Seitdem der Lehrer es ihr so erklärt hatte, setzte sie gedanklich ihr Betrachten des zu zeichnenden Objektes mit dem Fotografieren gleich und stellte sich dabei einen kleinen Fotoapparat in ihrem Gehirn vor. Hilda hatte im letzten Schuljahr ihre Grundschule gezeichnet. Der Kunstlehrer war enorm beeindruckt gewesen und hatte die Zeichnung dem Schulleiter gezeigt, der wiederum hatte sie mit Hildas Erlaubnis einrahmen lassen und in seinem Büro an die Wand gehängt. Hilda hatte sich geehrt gefühlt und es ihren Eltern erzählt. Die Mutter hatte gemeint, sie hätte Geld verlangen sollen für ihr Kunstwerk, doch Hilda war viel zu stolz gewesen und dieses Gefühl des Lobes zudem war berauschend. Niemals war ihr in den Sinn gekommen, Geld dafür zu verlangen. Wahrscheinlich hatte es die Mutter auch nur im Scherz gesagt. Gesehen hatten die Eltern das Bild aber bisher nicht. Elternabende oder Sprechtage versäumten sie in der Regel: Es kam immer etwas dazwischen, sei es eine Abkalbung oder ein verletztes Tier, das auf einer Gummimatte oder einem großen Holzbrett, das hinter den Radlader gespannt wurde, aus dem Laufstall in die Strohbox gezogen werden musste, wenn es nicht mehr auf den eigenen Beinen stehen konnte, oder es waren wieder einmal einige Rinder durch den Weidezaun gebrochen, dann galt es natürlich, diese Tiere, die meist schon in alle Himmelsrichtungen verschwunden waren, wieder einzufangen und den Zaun zu reparieren.

Hilda betrachtete zufrieden den Grundriss ihrer Zeichnung. Zu Beginn einer Zeichnung zog sie immer erst grobe Grundrisse und bestimmte die passenden Abstände des zu zeichnenden Objektes. Nach und nach begann sie dann, die Grundrisse zu vertiefen und mit Schattierungen Vorgehobenes von im Hintergrund Bleibendem zu unterscheiden. Dies mochte sie am liebsten beim Zeichnen, dadurch bekam das Bild ganz leicht Charakter und Lebendigkeit. Sie zeichnete immer mit Bleistift und am liebsten schwarz-weiß. Falls sie mal etwas Farbe miteinbrachte, dann ganz gering, mit Buntstiften. Sie hatte Angst, die Lebendigkeit des fertigen Bildes mit dick aufgetragener Farbe zu zerstören. Schon oft hatte sie diese wunderbaren Ölgemälde oder solche in Akryl bewundert und hatte sich gefragt, ob sie dies auch lernen könnte. Da wurde auch mit Licht und Schatten Charakter erzeugt. Ewig konnte sie so ein Gemälde betrachten, sie versank förmlich in die Technik des Malers.

Ihre Zeichnung zeigte hauptsächlich den Kopf, aber auch einen Teil des Rumpfes einer treu blickenden Kuh. Hilda war zufrieden mit dem vorläufigen Ergebnis, sie würde aber noch einmal nachbessern. Nun aber war es Zeit, die Kühe zum Melkabend in den Stall zu treiben. In der Küche traf sie auf ihren Vater, der in seinem alten Stuhl am Kopfende des Küchentisches saß. Hilda seufzte innerlich bei dem Anblick des gebrochenen Mannes, der von ihrem Vater übriggeblieben war, und sie hatte ein mulmiges Gefühl im Magen bei dem Gedanken, ob er sich jemals wieder erholen würde oder auch nur ansatzweise wieder der werden konnte, der er einmal gewesen war. Mutlos ließ er die Schultern hängen, seine Augen wirkten tief und müde in seinem eingefallenen, weißen Gesicht, das sich nun in Hildas Richtung neigte. „Na Hilda, hast du die Sonne genossen?", fragte er so schwach, als würde er die Worte nur mit allergrößter Mühe herausbringen. „Ich habe draußen ein wenig gezeichnet", antwortete Hilda und sprach weiter: „Und nun hole ich die Kühe von der Weide!" Sie schenkte ihm ein Lächeln. „Das werde ich wohl niemals mehr machen können!" Er lächelte traurig zurück. „Du wirst sehen, Papa, wenn du erst einmal eine Prothese hast, dann wirst du in Windeseile damit herumlaufen können und alles tun und machen können wie vorher, du bist stark, das weiß ich!", sprach sie ihm aus vollster Überzeugung Mut zu. „Der Stumpf hier vorne", er ballte die rechte Hand zur Faust und schlug leicht auf die Armlehne des Stuhls, „der ist so empfindlich, da schmerzt selbst der leichte Verband, Hilda. Wie soll ich da jemals mit einer Prothese gehen können?" Resigniert starrte er auf das, was übrig war von seinem Bein. Das geschädigte Gewebe, verursacht durch die verunreinigte Wunde, hatte bis etwa eine Handbreit unter dem Knie entfernt werden müssen.

Somit hatte man das Knie erhalten können. In solchen Fällen war die Wahrscheinlichkeit größer, mit der Zeit ein höchstmöglich uneingeschränktes und mobiles Leben zu führen, hatten die Ärzte dem Vater erklärt.

Die Empfindlichkeit des Stumpfes würde mit der Zeit und nach verschiedenen Behandlungen immer geringer werden. Ob sie ganz verschwinden würde und welchen Zeitraum eine komplette Heilung benötigen würde, war von Patient zu Patient unterschiedlich. Hildas Mutter war, nachdem sie alle zu erledigenden Formalitäten und Organisatorisches für die kommende Zeit erfolgreich abgearbeitet hatte, mit einem freudigen Gefühl im Bauch zu ihrem Mann ins Krankenhaus gefahren, um ihm nun, da die Zukunft abgesichert schien, persönlich die guten Neuigkeiten zu berichten. Solange Hildas Vater arbeitsunfähig sein würde, stand ihm eine nicht gerade unerhebliche Arbeitsunfähigkeitsrente zu, und aus der Deutschen Rentenversicherung kam auch noch eine kleine Rente hinzu. So standen sie zumindest finanziell viel besser da und konnten sich voll auf die Genesung des Vaters konzentrieren. Der Vater war schon überrascht gewesen. Diese Arbeitsunfähigkeitsversicherung hatte er vor langer Zeit bei Eintritt in die Ausbildung abgeschlossen. Er hatte gar nicht mehr daran gedacht und dankte seiner Frau für die ganzen Bemühungen, verfiel aber kurze Zeit später wieder in sein depressives Grübeln. Seine Frau und auch die Pflegekräfte im Umfeld des Vaters sprachen diesem immer wieder Mut zu und baten ihn, Geduld zu bewahren. Mehr konnte man ja auch nicht tun. Es galt nun einfach in erster Linie, die langwierige Rehabilitation durchzustehen, und dann würde sich zeigen, wie es in Zukunft werden konnte.

„Du weißt doch, du musst Geduld haben, Papa!", redete Hilda auf den frustrierten Vater ein. „Es ist doch alles noch ganz frisch." „Du hast ja recht, aber es fällt so verdammt schwer!", antwortete er.

Kurze Zeit später trat Hilda über die Wiese zu den Kühen. Sie genoss die warmen Sonnenstrahlen, so zufrieden, wie sie sich sonst aber oft fühlte, wenn sie diese Arbeit erledigte, fühlte sie sich nun nicht. Die Niedergeschlagenheit ihres Vaters bedrückte auch sie.

Am nächsten Morgen wollten sich Hildas Eltern in aller Frühe mit dem Auto auf den Weg ins Ruhrgebiet nach Duisburg machen. Die Rehaklinik der Berufsgenossenschaft war speziell als für die Bedürfnisse des Vaters eingerichtet empfohlen worden und würde nun für die nächsten Monate laut dem behandelnden Arzt des Vaters die bestmöglichen Therapien und Behandlungsmethoden bieten, die erforderlich seien. Von neun bis zehn Uhr war die Anmeldezeit für neue Patienten, daher wollten die Eltern sich frühzeitig auf den Weg machen. Hilda war zeitig mit aufgestanden, um sie noch zu verabschieden und danach dem Betriebshelfer mit der Stallarbeit zu helfen. Hildas Mutter hatte sich für eine Übernachtung im Zimmer ihres Mannes mit einbuchen können. So konnte sie in den ersten Stunden des Ankommens bei ihrem Mann sein und ihn unterstützen. Seit seinem Unfall wirkte der Vater oft verwirrt und nicht bei der Sache, er machte einen hilflosen Eindruck und konnte sich auch nicht mehr auf wichtige Dinge konzentrieren. Daher war es besser, wenn seine Frau bei ihm war. Hilda würde die Nacht bei Sina verbringen und die beiden Mädchen hatten schon freudig Pläne gemacht. Zelten und Stockbrot am Lagerfeuer stand ganz oben auf ihrer Liste, vielleicht noch eine kurze Taschenlampenwanderung in der Dämmerung, aber dies musste noch vorerst mit Sinas Eltern abgesprochen werden. Vielleicht würden sie in Kauf nehmen müssen, Sinas älteren Bruder als Beschützer dabeizuhaben.

Auf dem Grundstück des Bauernhofs von Sinas Familie gab es ein altes Backhaus aus früheren Zeiten, welches zu einer gemütlichen Gartenlaube umfunktioniert worden war. Hier hatten die Mädchen schon oft Zuflucht gefunden bei früheren verregneten Übernachtungen, die eigentlich im Zelt hätten stattfinden sollen. Schon während sie aus ihrem Zimmer in den Flur trat, vernahm Hilda die streitenden Stimmen ihrer Eltern. Ihrem Vater gefiel es ganz und gar nicht, den Hof, die gewohnte, vertraute Umgebung und seine Familie wieder verlassen zu müssen. „Der zweite Schnitt für die Grassilage steht an, die nächsten drei, vier Tage soll es trocken bleiben, da muss dringend gemäht werden, Anni, das weißt du so gut wie ich, wie soll das denn laufen ohne uns, ohne mich, wer soll sich denn um alles kümmern? Hilda ist noch viel zu jung dafür. Auch wenn der Hans sagt, dass er alles im Griff hat, er kennt nicht einmal die Lage sämtlicher Flächen, die gemäht werden sollen!", hörte sie die aufgebrachte Stimme des Vaters. „Heinz, das wird diesmal in keiner Weise deine Sorge sein, ich bin mit dem Hans alle Flächen abgefahren und habe alles mit ihm besprochen. Du selbst hast ihm noch die Einzelheiten erläutert und wie eventuelle Probleme mit den Maschinen zu beheben seien, und in der Not kontaktiert er uns. Zudem weiß Hilda auch schon sehr gut Bescheid, was die Abläufe betrifft!", erwiderte ihre Mutter. „Und dass es hier mal keine Rundumversorgung an Mittagessen, Frühstück und frisch gebackenem Kuchen und Kaffee gibt, das werden die Männer vom Lohnunternehmen überleben, da tut es auch mal eine Brotdose, wie es in anderen Berufen auch üblich ist!", setzte sie streng hinzu.

Hilda wartete noch ein paar Sekunden, bevor sie die Küche betrat. Vorsichtig, darauf bedacht, nicht aufdringlich zu wirken, schob sie die schwere Eichentür auf und begrüßte ihre Eltern. „Guten Morgen, ihr seid ja schon startklar!" „Guten Morgen, Hilda, dein Vater muss nur noch überzeugt werden, dass hier nicht alles zusammenbricht, wenn er fehlt. Dann können wir starten!" „Mach dir mal keine Gedanken, Papa, ich bin ja hier und unterstütze den Hans!" Hilda lächelte ihren Vater an. „Der Hans mag uns und der wird sich alle Mühe geben, uns bestmöglich zu unterstützen, das weißt du doch!" Hildas Vater sah traurig zu Boden. „Ich habe einfach Angst, alleine so weit fort zu sein, und niemand kann mir sagen, wie lange ich fort sein werde!" „Du darfst nicht so viel grübeln, Heinz, lass es einfach auf dich zukommen. Hilda und ich werden dich so oft wie möglich besuchen kommen, Kopf hoch, alles, was neu ist, bereitet nun einmal Unbehagen, das geht uns allen doch so!", sprach Hildas Mutter dazwischen.

Resigniert nahm nun Hildas Vater seine Krücken und erhob sich mit Hilfe seiner Frau vom Stuhl. „Wäre es nur alles so einfach, wie es klingt!", stöhnte er vor der enormen Anstrengung, die es ihn kostete, sich mit den Krücken und der zusätzlichen Unterstützung seiner Frau fortzubewegen. Am Türrahmen der Küchentür lehnend hielt er kurz inne und wandte sich leicht um, seiner Tochter zu, die hinter den Eltern hergelaufen war. „Du passt schön auf, dass alles läuft hier zuhause, ja, mein Kind?", lächelte er Hilda zu. „Ich kann es gar nicht oft genug sagen, wie froh ich bin, euch zwei zu haben!" Sein Blick wanderte nun zu seiner Frau, die sein Lächeln erwiderte.

Nur kurze Zeit später saßen Hildas Eltern im Auto und fuhren, zum Abschied winkend, die Auffahrt hinunter. Hilda sah ihnen noch eine Weile hinterher und fühlte eine Art Erleichterung in sich aufsteigen. Diese andauernde Gemütsschwankung, die das Seelenleben ihres Vaters seit dem Unfall beherrschte, war sehr anstrengend. Die Zeit, während der Vater noch im Krankenhaus war, hatte sie und ihre Mutter ein ganzes Stück weit aneinander rücken lassen, ihr Verhältnis zueinander war so gut, wie es nie zuvor gewesen war, was leider gleich bei der Rückkehr des Vaters wieder nachgelassen hatte. Als sie zurück ins Haus lief und die Küche betrat, um vor der Stallarbeit noch etwas heiße Schokolade zu trinken, blieb sie noch kurz vor der so vertrauten eingerahmten Fotografie an der Küchenwand stehen. Sie kannte jede Einzelheit auf diesem Bild, den gutaussehenden jungen Mann, hinter dem Stuhl stehend, auf dem diese zierliche, rotblonde Frau mit den Sommersprossen im Gesicht saß. Auf dem Schoß der Frau saß ein Kind mit einem Schnuller im Mund und einem Gesicht so pausbackig und rund, dass es so gesund und wohlgenährt wirkte, wie ein Kleinkind nur sein konnte.

Schon so oft stand Hilda vor diesem für sie unermesslich kostbaren Bild und nahm jede noch so winzige, unbedeutende Einzelheit wahr, die sie finden konnte, sah diese geringe Ähnlichkeit des jungen Mannes mit ihrem Vater, dachte wieder einmal darüber nach, wie der kleine Junge heute aussehen mochte, wenn er noch leben würde. Er würde heute schon fast dreizig

Jahre alt sein, aber das Schicksal hatte es anders gewollt. Es war eine schreckliche Tragödie gewesen, die sich damals vor, wie es sich für Hilda anfühlte, ewig langer Zeit abgespielt hatte. Ihre Eltern sprachen oft davon und wiederholten immer wieder Einzelheiten. Hilda war mit dieser Geschichte, die sich immer wieder durch diese schrecklichen Erzählungen der Eltern wiederholte, aufgewachsen und sie hatte sich schon so oft gedanklich damit beschäftigt, wie es so weit hatte kommen können. Warum in Gottes Namen hatte man es nicht verhindern können? Es war so schrecklich traurig, was da passiert war.

Mit Schaudern über den Rücken dachte sie daran, dass der etwa drei Jahre ältere Bruder ihres Vaters sich mit gerade einmal einundzwanzig Jahren das Leben genommen hatte. Er hatte sich hier auf ihrem Hof, hinten im alten Gulf erhängt.

Hilda hatte die drei Menschen auf dem Bild nicht kennengelernt. Sie war damals noch nicht einmal auf der Welt gewesen und doch fühlte sie sich ihnen so nahe und vertraut, dass sie immer wieder Trauer empfand beim Betrachten des Bildes. Wilfried war der ältere Bruder ihres Vaters gewesen, er hatte sich damals Hals über Kopf in die hübsche, rothaarige Greta verliebt, die er auf einem Ausflug mit der Landjugend kennengelernt hatte. Die beiden waren kaum ein Jahr ein Paar gewesen, als Greta schwanger geworden war. Als die zwei dann zusammengezogen waren und der Sohn geboren war, kam es aber immer häufiger zu Streitigkeiten. Greta, die der großen Entfernung zu ihren Eltern und ihrer Familie wegen diese nur noch sehr selten sah, hatte großes Heimweh gehabt, und die Tatsache, dass der Mann an ihrer Seite auch noch sehr jung und unerfahren war, hatte dazu geführt, dass sie sich immer öfter und für immer längere Zeiträume mit dem Auto auf den Weg in die alte Heimat gemacht hatte. Während Wilfried sich in die Arbeit auf dem Hof vergrub und zudem noch von der eigenen Mutter, wie Hilda aus Erwähnungen ihres Vaters diesbezüglich wusste, aufgehetzt wurde, sich von dieser unreifen Person zu trennen und den kleinen Theo, den gemeinsamen Sohn, zu sich zu holen. Die Streitigkeiten zwischen dem jungen Paar wurden immer häufiger und immer brutaler, bis Greta dann eines Tages den Schlussstrich gezogen und ihrem jungen Ehemann die Trennung eröffnet hatte. Sie hatte endgültig ihre Sachen gepackt und auch den gemeinsamen Sohn mitgenommen. Tagelang hatte Wilfried entgeistert und abwesend seine Arbeit verrichtet, hatte kaum noch etwas gegessen und nur gesprochen, wenn man ihn ansprach. Eines Nachts hatte sich Wilfried dann nach ein paar Flaschen Bier unbemerkt, der Rest der Familie hatte schon geschlafen, in den alten Gulf geschlichen und sich dort mit einem Strick am Balken, hoch oben im Giebel erhängt.

Hildas Vater war es gewesen, der den Leichnam des Bruders früh am Morgen hoch oben im Giebel hängen sah. Erst war es nur ein Schatten aus dem Augenwinkel gewesen, der sich nach genauerem Hinsehen schlagartig zum schrecklichen Albtraum entwickelte und dem jüngeren Bruder damals den Boden unter den Füßen weggezogen hatte. Taumelnd und laut heulend war er den Eltern in die Arme gelaufen, die auf dem Weg in den Stall das Schreien des Sohnes vernommen hatten.

Die Mutter war beim Anblick des am Strick hängenden Sohnes zusammengebrochen und während der jüngere Sohn sich heulend an seine am Boden liegende Mutter klammerte, rannte der Vater wie von Sinnen zur Leiter, die in den Giebel hochführte. Oben angekommen hatte er den schon steifen Leichnam seines Sohnes zu sich herangezogen und hatte geschrien wie von Sinnen. Hildas Vater hatte in seinen Erzählungen oft erwähnt, dass es wohl an ein Wunder gegrenzt hatte, dass der Vater damals in seinem Wahn nicht von dem ungesicherten Balken hoch oben gestürzt war. Erst am Tag der Beerdigung hatte sich die Familie dazu durchgerungen, Greta über das entsetzliche Geschehen in Kenntnis zu setzen. Die Fassungslosigkeit und Wut über diese späte Information und zudem natürlich auch der Schock und das Entsetzen über das Geschehene hatte den beiden Familien den endgültigen Bruch beschert. Es waren gerade mal drei Wochen vergangen, als das nächste schreckliche Unglück geschah und Greta zusammen mit dem kleinen Theo bei einem Autounfall ums Leben kam.

Es war dann letztlich Gretas Mutter gewesen, die sich durchgerungen hatte zu entscheiden, dass der kleine Theo bei seinem Vater beerdigt werden sollte. Sie hatte Wilfried von Anfang an ins Herz geschlossen gehabt und hatte sehr unter der Trennung des jungen Paares gelitten. Somit wurde dann Wilfrieds Grab wieder geöffnet und der kleine Kindersarg oben auf den Sarg des Vaters gebettet. Hilda hatte schon oft an dem Grab der beiden gestanden und irgendwann würde sie auch das Grab von Greta besuchen, das hatte sie sich fest vorgenommen. Das junge Paar hatte von vornherein schlechte Karten gehabt, dachte Hilda nicht zum ersten Mal. Der plötzliche Umzug der jungen Frau so fern ihrer vertrauten Heimat, die viele Arbeit des jungen Ehemannes auf dem Hof verhinderte nur allzu oft die so wichtige Zweisamkeit der jungen Beziehung, so hatte es Hildas Vater im Nachhinein oft interpretiert. Er hatte damals einiges an Streitigkeiten des Paares miterlebt und wusste nur zu gut, dass es für die junge Greta sehr schwer gewesen war zu akzeptieren, dass es in ihrer Beziehung nicht nur sie beide gab, die sich, wie es im Normalfall sein sollte, eine gemeinsame Zukunft schafften. Die Arbeit auf einem Bauernhof war nun einmal ein Familienunternehmen und in der Regel blieben die Kinder, meist die Söhne, bis zum Ableben der Eltern mit diesen zusammen. Diese Tatsache führte unwillkürlich dazu, dass sich diese Kinder nie vollkommen abnabelten, die Eltern-Kind-Beziehung, die im Normalfall beim Ausziehen der Kinder ins eigene Leben langsam verlorenging, die blieb in diesen Fällen ein Leben lang bestehen. Da hatte es eine Frau, die hineinheiratete, generell sehr schwer. Wenn dann diese Frau noch sehr jung war und zudem nicht aus der Landwirtschaft kam, dann war es doppelt und dreifach so schwer, diese Hürden zu bewältigen. So hatte Hildas Vater sich oft ausgedrückt und ihre Mutter hatte hinzugefügt, dass sie sich nur allzu gut vorstellen konnte, wie schwer es für die junge Greta gewesen sein musste. Sie selber hatte sich hier auf dem Hof erst richtig entfalten können, als ihre Schwiegereltern nicht mehr waren, so ungern sie dies erwähnte, hatte sie eingewandt, aber es war die Wahrheit.

Dieses wunderschöne, kostbare Bild in der Küche an der Wand war einige Zeit nach den Schicksalsschlägen per Post von Gretas Mutter geschickt worden und hatte seinen Platz hier erst nach Ableben von Hildas Großeltern gefunden. Zu groß waren der Schmerz und die Schuldzuweisung der gebrochenen Eltern gegenüber Greta gewesen, um das Bild täglich ertragen zu können. Hildas Vater, der bis zum heutigen Tage eine tiefe Trauer in sich trug, hatte das Bild wie einen Schatz verwahrt und sich letztlich irgendwann für diesen für alle sichtbaren Ehrenplatz an der Küchenwand entschieden.

Hilda strich noch einmal zärtlich über den Rahmen des Bildes und wandte sich dann ihrer Trinkschokolade zu. Immer noch mit den eigenen Gedanken beschäftigt, betrat sie wenig später den Melkstand, in dem der Hans schon fleißig werkelte und Hilda sogleich mit einem fröhlichen „guten Morgen" begrüßte. Nach kurzer Unterhaltung und dem Bestimmen des Betriebshelfers, Hilda solle am Abend das Zelten mit der Freundin genießen, er würde sich um den Hof kümmern und zu später Stunde nochmal herfahren, um Futter heranzuschieben und nach dem Rechten zu sehen, machte sich Hilda frohen Mutes ans Kälber füttern.

Während Hilda sich nun am späten Nachmittag mit dem Fahrrad auf den Weg zur Freundin machte, betrachtete sie missmutig den Himmel, der sich immer dunkler werdend zusammenzog, und hoffte, dass es schlimmer aussah, als es werden würde. Ein Gewitter wäre sehr ungünstig für ihr gemeinsames Zeltvorhaben. Da würde ihnen nichts anderes übrigbleiben, als aufs Backhaus auszuweichen, und die Taschenlampenaktion war dann wohl auch dahin. Bei Sina angekommen, fand sie diese weitaus optimistischer vor. „Das zieht vorüber!", meinte diese. „Und ein bisschen Regen schreckt uns doch nicht ab!" Schmunzelnd dachte Hilda an die letzte Zeltaktion, als die Freundin sich als ängstlicher Hasenfuß entpuppt hatte, nachdem ein kräftiges Donnern auf einen taghellen Blitz gefolgt war, und Hilda hatte kaum hinterherkommen können, so schnell war die Freundin direkt am Backhaus vorbei ins Haus geflüchtet. Doch nun schien Sina noch recht optimistisch, was das Wetter anging, und werkelte fröhlich im Zelt herum. Nach einigem Hin- und Herpacken und Einrichten saßen die beiden Mädchen nun in dem gemütlichen kleinen Zweimannzelt und unterhielten sich angeregt über ihr Pferdekartenspiel und die unterschiedlichen Rassen, die darauf beschrieben waren.

Sinas Mutter hatte mittlerweile die Feuerschale mit Brennholz bestückt und die zwei verschiedenen Stockbrotteige in Plastikschalen bereitgestellt, einen Teil mit Rosinen und den anderen ohne. Hilda mochte am liebsten den Stockbrotteig mit Rosinen, wohingegen sich Sina vor Rosinen ekelte, was Hilda ein Rätsel war. Schon alleine der Duft der dampfenden Rosinen im frisch gebackenen Stockbrot ließ ihr das Wasser im Mund zusammenlaufen. Nach einer Weile stieg der Geruch von brennendem Holz in die Nasen der Mädchen, was bei beiden sogleich ein leichtes Hungergefühl weckte. Sie legten die Karten zur Seite und krabbelten aus dem Zelt. Ein prüfender Blick zum Himmel zeigte Hilda, dass ihre Freundin recht gehabt hatte, was das Gewitter betraf. Der Himmel zeigte sich strahlend blau und nur ganz hinten am Horizont sah man noch einige sich türmende Gewitterwolken vor dunkelblauem Hintergrund. „Wir haben Glück, die Gewitterfront ist vorbeigezogen, also wo sind eure Stöcke?", rief Sinas Mutter den beiden entgegen und schwenkte herausfordernd mit ihrem eigenen, bereits mit Teig bestückten Stock. Die Mutter von Hildas Freundin hatte einen gemütlichen Halbkreis aus Heuballen unmittelbar vor dem herrlich knackend brennenden Holz hergerichtet. Hilda konnte es nun kaum erwarten, den frischen, leckeren Teig am Stock gewickelt ins Feuer zu halten. Während die drei nun konzentriert ihre Stöcke im Feuer drehten und beobachteten, wie der Teig sich langsam ausdehnte, traten auch Sinas Vater, Andi und Sinas Bruder Sven hinzu, die nach erledigter Stallarbeit von dem Geruch des brennenden Holzes angelockt wurden. Während Sven sich direkt auch einen Stock mit Teig herrichtete und sich zu den dreien setzte, ließen sich die beiden Männer erst einmal eine kühle Flasche Bier schmecken. Sinas Mutter hatte neben dem Feuerkorb auch den Elektrogrill hervorgeholt und nicht nur Stockbrotteig vorbereitet, sondern auch einiges an Grillgut besorgt, was dann schon eher die Aufmerksamkeit der Männer weckte. Der Abend entwickelte sich zum fröhlichen Beieinandersitzen, genussvollen gemeinsamen Essen, tollen und lustigen Gesprächen, und Hilda fühlte sich geborgen und gut aufgehoben bei diesen lieben Menschen.

Sinas Mutter erkundigte sich nun bei Hilda über die Anreise ihrer, Eltern ins Rehazentrum. „Mama hat am Nachmittag vom Telefon auf Papas Zimmer aus angerufen, sie hat mir auch seine Nummer durchgegeben, da kann der Hans ihn kontaktieren, falls etwas sein sollte. Der Hans hatte meinen Eltern geraten, sich ein Handy zuzulegen, da er sie dann per WhatsApp schneller und einfacher erreicht, als wenn er wegen jeder Kleinigkeit durchrufen muss, aber da beißt er bei meinen Eltern auf Granit, die halten ein Handy für unnützes Zeug, das nur zusätzlich Geld kostet!" Hilda hob resigniert die Schultern. „Damit kann ich meinen Geburtstagswunsch auch abschreiben!" Seufzend und mit hochgezogenen Augenbrauen sah sie ihre Freundin an, die sie seit Wochen animierte, den Eltern klarzumachen, dass so ein Handy wichtig sei, da auch das Gymnasium, das die zwei nach den Ferien besuchen würden, mit dem Internet arbeitete und auf Online-Portalen unter anderem auch Unterrichtsausfälle bekannt gegeben wurden. „Wenn deine Eltern sich auch sträuben, Hilda, für dich ist das Smartphone auf der neuen Schule ein Muss, zur Not muss der Schulleiter mit ihnen reden!", sprach Sina missmutig. Sie hatte nie einen Draht zu Hildas Eltern gehabt, da sie diese sowieso nur sehr selten zu Gesicht bekam, und außerdem beschrieb sie die Lebensart der Familie ihrer Freundin als mittelalterlich. Sie war schon oft wütend auf diese gewesen, wenn Hilda wieder in ihren Augen unsinnige Verbote bekam oder, wie Sina fand, viel zu hart mit anpacken musste auf dem elterlichen Hof. „Ja, es ist schon schade, dass deine Eltern sich so wenig vom Leben gönnen, man trifft sie nicht einmal auf Dorffesten oder anderen Veranstaltungen!", wandte nun Sinas Mutter ein. „Ich glaube auch, dass deine verstorbenen Großeltern einen großen Teil dazu beigetragen haben, liebe Hilda, ich kann mich noch gut an die Zeit erinnern, als sie noch lebten. Dein Großvater gab sich wie ein Patriarch, der allein wusste, was richtig oder falsch war und wie die Dinge laufen mussten. Unter derart bestimmender Strenge aufzuwachsen hinterlässt Spuren auf der Seele und eine freie, selbstständige Entwicklung ist da unmöglich. Dein Vater und auch sein Bruder, den ich noch kennenlernen durfte, haben niemals, was es auch immer zu entscheiden gab, aus eigenem Ermessen entscheiden dürfen. Der Alte war leider nicht intelligent genug zu erkennen, dass er derjenige war, der Unheil bringt, und seine Frau, deine Großmutter, die hat vor ihm gekuscht. Tut mir leid, Hilda, dass ich es so direkt sage, aber genauso war es, und natürlich durfte niemand dies ansprechen, dein Großvater war quasi unantastbar!" Sinas Mutter wirkte regelrecht aufgebracht, ihre Wangen röteten sich. Hilda hatte Sinas Mutter als eine nach Gerechtigkeit strebende, emotionale Frau kennengelernt. Sie war in jeder Situation fair und erklärte auch Verbote sinnvoll und sie achtete immer auf ihr Umfeld, auf die Menschen um sie herum, erkundigte sich nach deren Befinden, versuchte immer, sich einzubringen, zu helfen, wenn es Probleme gab, eigentlich das Gegenteil ihrer eigenen Mutter, dachte sie bei sich.

„Dein Vater hat mich einmal angesprochen, auf der Straße vor eurem Haus, Hilda!" Die Wangen immer noch gerötet, sprach Sinas Mutter weiter. „Es war Melkabendzeit, so fünf Uhr muss es gewesen sein, als ich mit Sina, die zu der Zeit noch ein Säugling war, im Kinderwagen an eurem Hof vorbeikam. Dein Vater fragte mich doch tatsächlich, was mir denn einfallen würde, als Ehefrau eines Landwirtes während der Melkenszeit mit dem Kind auszuschieben, seine Frau würde dies schließlich auch nicht tun können!" Hilda musste schlucken. Sie errötete vor Scham, in ihr hallten nun die anklagenden Worte wider, die ihre Mutter schon so oft an Sinas Mutter gerichtet über die Lippen gebracht hatte. „Hochnäsig. Angst, sich dreckig zu machen. Zu fein für Gestank und Dreck", waren nur einige der Worte, die ihr durch den Kopf schossen. In den Augen ihrer Mutter waren Frauen, die in ihren Berufe arbeiten gingen statt ihren Landwirt-Ehemann im Stall zu unterstützen, einfach faule Stücke. Dies hatte Hilda ihre Mutter schon oft sagen hören. Sie sah betroffen zu Boden. „Es tut mir sehr leid, was mein Vater damals getan hat, ich bin mir sicher, meine Mutter hat sich zu der Zeit bei ihm beschwert diesbezüglich. In Wahrheit ist sie nämlich häufig gefrustet über dieses eintönige Dasein und das ist auch der Grund, warum sie fortlaufend schlecht gelaunt ist", murmelte Hilda schuldbewusst.

„Dich trifft keine Schuld liebe Hilda, in keiner Weise!" Sinas Mutter umfasste Hildas Schultern und zog sie leicht zu sich heran. „Ich hatte es hier im Dorf von Anfang an schwer, die Anfeindungen kommen nicht allein von deinen Eltern, es ist hier im Ort, wo es noch so viele Vollerwerbslandwirte gibt, tatsächlich so, dass man als Ehefrau eines solchen von den anderen Bauernfamilien nicht akzeptiert wird, wenn man nicht die Vollblutbäuerin ist, die man in deren Augen zu sein hat. Ausnahmen bestätigen natürlich die Regel. Diejenigen, die intelligent genug sind und die Veränderungen der Zeit erkannt haben, kritisieren mich oder auch meinen Mann nicht. Mein Mann hat von Anfang an fest hinter mir gestanden und mir versichert, dass es kein Muss ist, auf dem Hof mitzuarbeiten. Die Zufriedenheit eines jeden steht bei uns im Vordergrund. Nur so kann man harmonisch miteinander leben!"

Sinas Vater hatte den Worten seiner Ehefrau gelauscht und zwinkerte ihr nun lächelnd zu.

Sinas Mutter atmete tief durch. „Es ist nun einmal so, wie es ist, und ich lebe nun schon so viele Jahre hier und mit der Situation, dass ich mich mittlerweile daran gewöhnt habe. Ich weiß ganz genau, mit wem ich ein Gespräch beginnen kann und wen ich besser meide!" Sie nahm einen kräftigen Schluck von ihrem Rotwein und meinte dann laut lachend: „Sie werden noch alle umkommen in ihrem Frust, wir alle aber lächeln fröhlich und denken uns unseren Teil, nicht wahr?" Alle lachten nun und stimmten der Mutter zu.

5.

Hilda nahm ihr Smartphone zur Hand um im Iserv, dem Online-Portal für Schüler, nachzusehen, ob sich am morgigen Schultag etwas im Stundenplan geändert hatte. Sina und sie hatten bisher sehr viel Glück gehabt, was den Wechsel auf das Gymnasium betraf. Sie waren nicht getrennt worden und hatten zudem eine, wie beide fanden, wunderbare, junge Klassenlehrerin bekommen, zu der sich für beide Mädchen von Anfang an ein sehr gutes Verhältnis entwickelte. Nur der Mathematiklehrer, der bereitete nicht nur Sina allzu oft Grummeln in der Magengrube. Der Lehrer mochte es, sich willkürlich Schüler herauszupicken, um diese nach vorne an die Tafel zu ordern, wo sie dann unter den Augen aller Mitschüler eine beliebige Rechenaufgabe lösen mussten. Hilda hasste den Lehrer regelrecht dafür. Sie selbst hatte kein Problem damit, vor der gesamten Klasse die Aufgaben zu lösen, doch für ihre Freundin Sina war es eine Qual. Die Angst vor der Pein und dem Bloßstellen vor aller Augen führte bei Sina nicht selten zum Blackout und dann konnte sie nicht einmal mehr eins und eins zusammenzählen. Hilda litt dann heftig mit ihrer Freundin mit und wäre ihr am liebsten zur Hilfe geeilt, doch der Lehrer, so schien es Hilda, amüsierte sich auch noch über die Szene. Hilda hatte Sina vorgeschlagen, einen Vertrauenslehrer mit einzubeziehen, doch Sina wollte die Sache nicht an die große Glocke hängen, sie würde schon abhärten mit der Zeit. Hilda aber dachte sich, dass es wohl über kurz oder lang zu einem Gespräch kommen würde, denn diese dauernde Nervenanspannung belastete die Seele ihrer Freundin so enorm, dass sie die gesamte schulische Leistung in Mitleidenschaft ziehen würde.

Hilda registrierte nun mit Wohlwollen, dass der Mathematikunterricht morgen entfiel, da der Lehrer erkrankt war, und sie wechselte direkt zu WhatsApp, um ihrer Freundin die erleichternde Nachricht zu verkünden.

Die Freude bei Hilda war riesengroß gewesen, als sie im September zu ihrem zehnten Geburtstag dieses wunderbare Smartphone ausgepackt hatte. Sie hatte ihren Augen kaum getraut. Der Geburtstag in diesem Jahr war an einem Sonntag gewesen, daher hatte Hildas Mutter beschlossen, das Wochenende bei ihrem Mann in Duisburg zu verbringen und den Geburtstag mit ihm gemeinsam in der Rehaklinik zu feiern. Da nur eine weitere Person zur Übernachtung auf dem Zimmer des Patienten erlaubt war, hatten Mutter und Tochter sich in einer nahen Pension eingemietet. Es war ein Wochenende gewesen, wie Hilda es mit ihren Eltern noch keines erlebt hatte, keine Stallarbeit im Nacken, kein Hetzen, kein Fluchen, nur schöne Momente hatten die drei erlebt, und nachdem Hilda ihr Geschenk ausgepackt hatte, hatte auch der Vater ein Smartphone hervorgeholt und Hilda ganz begeistert die Rehaklinik-App gezeigt, in der er alles Mögliche aufrufen konnte, vom Anwendungsplan über Essenspläne bis hin zu Veranstaltungstipps und sogar Wetterprognosen. Hilda hatte an dem Wochenende erstaunt festgestellt, wie positiv ihr Vater sich in diesen nunmehr fast drei Monaten, die er in dieser Klinik verweilte, verändert hatte. Wolfgang, ein Mitpatient, war zum Freund ihres Vaters geworden und schien dem Vater zur seelischen Stütze geworden zu sein. Sie hatte ihren Vater kaum wiedererkannt. Auf Anraten von Wolfgang hatte ihr Vater nun ein Smartphone, was schon verrückt war. Zudem interessierte sich ihr Vater plötzlich für das Internet. Wie es schien, hatte Wolfgang ihm eine genaue Einführung gegeben, was dies betraf. Zudem hatten die beiden Männer gemeinsame Interessen, zuallererst war es die Landwirtschaft, die sie Verband.

Hildas Vater hatte erzählt, dass Wolfgang zwar nicht direkt in der Landwirtschaft tätig war, er war in erster Linie Fabrikarbeiter. Landwirtschaftliche Maschinen und vor allem die Arbeit hiermit war aber schon immer sein großes Hobby gewesen und somit hatte er in seiner Freizeit, so oft es möglich war, bei einem Lohnunternehmen ausgeholfen und sich mit seinem Hobby zusätzlich gutes Geld verdient. Hierbei war es im Sommer dann auch zum Unglück gekommen: Eine kurze Unaufmerksamkeit während des Auspflückens des mit Gras verstopften Häckslergebisses hatte ihn die rechte Hand gekostet. Man hatte Wolfgang eine Handprothese angefertigt, die er mit seinen Gedanken steuern konnte. Nie im Leben hätte Hilda vermutet, dass so etwas möglich sei. Nach wochenlanger Kompressionstherapie und zusätzlicher Schmerztherapie, Nervenschmerzen hatten dem Vater anfangs Schwierigkeiten bereitet, war für ihn eine individuelle sogenannte Interimsprothese angefertigt worden, womit erste Gehübungen stattgefunden hatten. Im weiteren Verlauf würde der Stumpfumfang sich weiter deutlich verändern, hatte ihr Vater berichtet, der Stumpf würde immer schlanker werden, sodass engmaschige Nachpassungen der Prothese vom Orthopädietechniker ausgeführt werden müssten. Staunend hatte Hilda die Unterschenkel Prothese des Vaters betrachtet und erfreut festgestellt, dass ihr Vater positiv und glücklich wirkte, während er ihr und ihrer Mutter detailgetreu jede Einzelheit erklärt hatte.

Während der Autofahrt auf dem Nachhauseweg hatte auch Hildas Mutter bemerkt, wie unglaublich gut ihr das Wochenende gefallen hatte und was es für ein Glück war, dass ihr Ehemann in gute, professionelle Hände gelangt war. Er war kaum wiederzuerkennen gewesen. Nach dem schrecklichen Tief, in dem er sich befunden hatte, war es eine erstaunliche Wandlung. Zudem hatte er sich kaum nach dem Hof erkundigt. Einerseits war er mit dem neuen Handy über WhatsApp in dauerndem Kontakt mit dem Betriebshelfer, es wurden sogar Bilder von neugeborenen Kälbern oder erledigten Arbeiten verschickt. Anderseits genoss der im bisherigen Leben voll eingebundene Landwirt, der bislang kaum Freizeit gehabt hatte, diese neue Freiheit. Er hatte dieses Gefühl nie kennenlernen dürfen, wie es war, überhaupt keine Verpflichtungen zu haben, sondern freie Zeit für sich selbst, für irgendwelche Dinge, die Freude machten oder der eigenen Gesundheit oder Mentalität dienten. Hildas Mutter hatte mit sehr emotionalen Worten bemerkt, wie wunderbar es sei, ihren Mann so zu erleben, und sie hatte hinzugesetzt, dass diese Geschichte, so schlimm es anfangs auch gewesen war, anscheinend eine vorher unvorstellbare Wendung im Leben des Ehemannes, aber auch in dem der ganzen kleinen Familie gebracht hatte.

Zudem war es natürlich auch ein Segen gewesen, den Hans als Betriebshelfer auf unbestimmte Zeit mit einplanen zu können. Hildas Mutter hatte alle Hebel in Bewegung gesetzt, alle möglichen finanziellen Unterstützungen auszuschöpfen, und zudem zum Hans noch eine weitere Unterstützung gefunden, die es ihr und Hilda ermöglichte, sich des Öfteren und auch mal über ein Wochenende vom Hof zu stehlen und ihren Mann zu besuchen. Der Student, den sie auf Anraten von Hans als Aushilfskraft engagiert hatte, war ein entfernter Verwandter von Hans und nicht nur bei der Stallarbeit eifrig und zuverlässig. Er hatte Hildas Mutter zudem hilfreiche Tipps für Anträge und Behördengänge gegeben, die nicht unerheblich gewesen waren.

Nachdem Hilda ihrer Freundin die erfreuliche Nachricht des Ausfallens der Mathematikstunde am nächsten Schultag geschickt hatte, hatte Sina direkt eine Reihe Lach-Smileys und betende Hände zurückgeschickt. Nun las Hilda die gleich darauf folgende Nachricht. „Meine Mutter hatte vor geraumer Zeit einen Artikel über den Malwettbewerb in der Zeitung gesehen, aber nicht weiter beachtet, da ich nicht mitgemacht hatte. Sie meint sich aber erinnern zu können, dass der Einsendeschluss verstrichen sei und die Sieger per Jury ermittelt werden sollten." Hintendran folgte ein schulterhebendes Männchen zum Zeichen, dass Hildas Freundin auch nicht mehr über den Malwettbewerb, an dem Hilda in den Sommerferien teilgenommen hatte, in Erfahrung bringen konnte. Hilda war sehr zufrieden gewesen mit ihrer Zeichnung vom Kopf bis hin zum Rumpf einer Kuh, doch sie hatte seither nichts mehr von dem Wettbewerb gehört oder gelesen. Das Motto des Malwettbewerbes war Hildas Heimatregion Ostfriesland gewesen und sie hatte ihr Motiv als äußerst passend dafür gefunden. Na ja, wahrscheinlich hatten mehrere Teilnehmer so gedacht, nur hätte sie gerne die jeweiligen Siegerbilder gesehen, um zumindest vergleichen zu können, und es interessierte sie sehr, was denn die Konkurrenz so für

Werke eingereicht hatte. Leider war sie durch die häufigen Besuche bei ihrem Vater und generell die fortlaufenden Veränderungen und Neuigkeiten rund um den Vater sehr abgelenkt gewesen und hatte den Wettbewerb eine Zeit lang nicht mehr auf dem Schirm gehabt. Nun aber wurmte es sie, gar nichts mehr über den Wettbewerb gehört zu haben, und zudem hatte man ihr ihre eigene Zeichnung nicht zurückgesandt, wie es im Kleingedruckten vermerkt gewesen war.

Etwa zur gleichen Zeit liefen die Bemühungen in der Redaktion, die den Malwettbewerb ins Leben gerufen hatte, auf Hochtouren. Der hauptverantwortliche Organisator, der die Verantwortung und die Aufsicht des Wettbewerbes trug, ging nun mit seinem kleinen Team erneut sämtliche Einsendungen durch, die es in die engere Auswahl geschafft hatten, und ärgerte sich nicht zum ersten Mal darüber, dass er nicht persönlich vor Ort gewesen war, als erste Bewertungen und Sortierungen stattgefunden hatten. Erneut hielt er diese unglaublich lebendige Zeichnung vom Kopf und Rumpf einer Kuh in den Händen und nicht zum ersten Mal überlegte er, ob sich eventuell ein erwachsener talentierter Künstler einen Scherz erlaubt hatte und entgegen der Altersbeschränkung des Wettbewerbes diese beeindruckende Zeichnung anonym eingesandt hatte. Doch die Ungewissheit wurmte ihn. Es war bisher immer in erster Linie sein Bestreben gewesen, jegliche seiner Wettbewerbsaktionen mit äußerster Disziplin und Gerechtigkeit durchzuführen. Solange nicht belegt werden konnte, von wem genau diese Zeichnung stammte, konnte er sich nicht durchringen, diesen Wettbewerb abzuschließen und die Sieger zu küren. Zumal ihn auch diesmal beim Betrachten der Zeichnung wieder diese schmerzende Traurigkeit ergriff, die er sich kaum erklären konnte. Es war die Art und Weise, wie gezeichnet worden war, die ihn so schmerzlich an seine kleine Schwester erinnerte, die viel zu jung hatte sterben müssen. Ihm war fast, als hielte er eine frische Zeichnung von ihr in den Händen, was ihm sofort wieder ein Schaudern durch den Körper jagte. „Gerald, wir sollten die Sache endlich abschließen und diese Zeichnung ins Archiv legen, falls sich der Künstler oder die Künstlerin doch noch melden sollte!" Die fordernde Stimme seiner Kollegin durchbrach seine Gedanken, ruckartig drehte er sich um zu ihr. „Auf gar keinen Fall!", rief er ihr so laut und zornig entgegen, dass sie erschrocken zurückschreckte. Sie fasste sich aber relativ schnell wieder und ging angriffslustig einen Schritt auf ihn zu, während sie noch lauter als er zuvor zurückrief: „Weißt du was, ich lass mich hier nicht ankeifen wie ein Kind, nimm deine verflixte Zeichnung und werde alt damit, wir haben alles versucht, den Zeichner zu finden, es sogar in der Zeitung veröffentlicht, für mich ist die Sache hiermit beendet, ich bin raus!" Wütend wandte sie sich von ihm ab und verließ den Raum. Verzweifelt setzte sich Gerald Jakobs, der Vorsitzende der Kaufmannschaft, der schon oft ähnliche Wettbewerbe erfolgreich über die Bühne gebracht hatte, mit der Zeichnung an seinen Schreibtisch. Es konnte doch nicht sein, dass sich in der gesamten Region die Person nicht finden ließ, die dieses wunderbare Kunstwerk vollbracht hatte. Das ging ja schon nicht mehr mit rechten Dingen zu. Geträumt hatte er sogar schon von dem Bild und seine verstorbene Schwester war auch in dem Traum vorgekommen. Wie ein schwebender Engel hatte seine Schwester in seinem Traum dieses Bild betrachtet und es sanft gestreichelt und sie hatte vor sich her geredet, ganz leise und undeutlich, und Gerald konnte sich beim besten Willen nicht mehr daran erinnern, was in seinem Traum ihre Worte gewesen waren. War es ein Name gewesen oder hatte sie ihm einen Hinweis geben wollen? Tausende Male hatte er schon über den Traum nachgesinnt und sich selber letzten Endes immer wieder für verrückt erklärt, diesen Traum überhaupt so ernsthaft deuten zu wollen, doch der Traum ließ ihn nicht los.

Nun trug ihn seine Erinnerungen wieder einmal zurück an jenen so vertrauten Ort seiner Kindheit und Jugendzeit. Eigentlich hatte er die schreckliche, schmerzhafte Zeit nach dem tragischen Tod seiner Schwester schon lange hinter sich gelassen, doch aus irgendeinem unerklärlichen Grund holte diese Zeichnung alles wieder hervor. Die Trauer übernahm wieder die

Macht über seine Seele wie die Dunkelheit über die Nacht. Er hatte sie so sehr geliebt, seine wunderhübsche, drei Jahre jüngere Schwester, und hatte machtlos miterleben müssen, wie sie blind vor Liebe in ihr Unglück gestürzt war. Nur wenige Jahre später hatte er dann kurz aufeinanderfolgend auch seine Eltern zu Grabe tragen müssen, die an dem Schmerz des Verlustes der geliebten Tochter zerbrochen waren. Als junger Mann von damals Ende zwanzig hatte er somit die Wurzeln seiner Familie, seiner Kindheit und Jugendzeit komplett verloren und hatte sich fortan in die Arbeit gestürzt. Nach seiner Ausbildung zum Einzelhändler im Lebensmittelbereich hatte er sich weiter fortgebildet, schließlich die Chance ergriffen, einen kleinen Lebensmittelmarkt zu übernehmen. Mittlerweile gehörte ihm ein großes Einkaufscenter und zudem mehrere Lebensmittelmärkte der Region. Eine eigene Familie hatte er nie gegründet. Nach einigen kurzen Beziehungen, in denen er nie die wirkliche Liebe gefunden hatte, lebte er nun schon seit mehr als einem Jahrzehnt alleine. Er war wohl mit seinem Unternehmen verheiratet, wie ihm insgeheim nachgesagt wurde.

Nach längerem Überlegen entschloss er sich nun dazu, kleine Handzettel mit einer Kopie der Zeichnung auszudrucken, einem kleinen Text mit dem Suchhinweis darunter und die Bitte um Mithilfe. Dieser letzten Aktion würde er eine gewisse Zeit zur Verfügung stellen, vielleicht vierzehn Tage, um nach Ablauf des Zeitraumes endlich den Wettbewerb abzuschließen.

Hilda hatte, nachdem sie noch einige Sprachnachrichten mit ihrer Freundin ausgetauscht hatte, das Handy zur Seite gelegt, um sich mit den heutigen Hausaufgaben zu beschäftigen. Doch sie konnte sich heute nicht konzentrieren. Die halbe Nacht hatte sie wieder damit verbracht, in irgendwelchen Heften herumzumalen oder in Schulbüchern zu lesen, egal was, Hauptsache ablenken. Dieses dumme Gefühl in ihr, diese Angst im Bauch war aber so stark gewesen, dass sie Herzrasen bekommen hatte. Panisch nach Luft ringend war sie aus ihrem Bett gesprungen und hastig im Zimmer auf und ab gegangen, fast schon gesprungen. Sie hatte sich dabei immer wieder an den Kopf geschlagen und, als müsse sie ertrinken, laut und heftig geatmet. Diese Panik vor dem Sein hatte mit riesiger Wucht von ihrer Psyche Besitz ergriffen. Es drohte sie zu ersticken, es sollte bitte, bitte wieder verschwinden, hatte sie gefleht. Sie hatte die Arme um den Kopf geschlungen, die Augen krampfhaft zugekniffen, um nichts von dem Körper, der ihrer war, wahrzunehmen, als ihre Mutter von dem Lärm aufgeschreckt ins Zimmer der Tochter gestürmt war und diese hastig in die Arme geschlossen hatte. Die Anwesenheit ihrer Mutter hatte dann schlagartig zur Beruhigung geführt. Es war immer, als würde sich ein Dämon in ihrem Kopf ausbreiten, der sich sofort in Luft auflöste, wenn sich Mitmenschen näherten. Nachdem Hilda so eine Panikattacke durchlebt hatte, ergriff höchste Erschöpfung ihren Körper. Bis in die frühen Morgenstunden hatte Hildas Mutter zusammen mit Hilda auf deren Bett gelegen und sie hatten sehr viel geredet. Hilda hatte so deutlich wie nie zuvor mit ihrer Mutter über dieses Geschehen in ihrem Kopf, ihrer Seele, gesprochen. Hildas Mutter hatte versucht zu verstehen, was mit ihrer Tochter los war, aber sie war ratlos gewesen und hatte zuletzt erklärt, am nächsten Tag den Hausarzt diesbezüglich zu befragen. Hilda war bei Vorsorgeuntersuchungen nie negativ aufgefallen, ein gesundes, junges Mädchen, hieß es immer, nur war sie in frühester Kindheit sehr schüchtern gewesen, fast schon menschenscheu, hätte man meinen können. Erst mit dem Älterwerden und auch dem Wechsel in die letzte Grundschulklasse war sie kontaktfreudiger geworden. Stärke und Halt hatte Hilda zudem durch die wunderbare Freundschaft zu Sina erfahren. Hildas Mutter hatte sich in der Nacht Vorwürfe gemacht, sich vielleicht nicht zureichend um die Tochter gekümmert zu haben, aber sie war ja all die Jahre viel zu sehr mit sich selbst und mit der Arbeit auf dem Hof beschäftigt gewesen. Selbst Hans, der Betriebshelfer, hatte sie auf Hildas Gesundheitszustand angesprochen, besorgt hatte er zur Kontaktaufnahme zum Hausarzt geraten, doch sie selbst hatte die Sache mit dem Wachstum und den Hormonumstellungen in dem Alter ihrer Tochter abgetan und sich nicht weiter gekümmert. Auf das Heftigste hatte sich die Mutter nach all den Überlegungen angeklagt, es schmerzte sie in der Seele, die Ernsthaftigkeit nicht geachtet zu haben.

Mit den enormen Veränderungen, die der Unfall ihres Mannes mit sich gebracht hatte, war ihr klar geworden, wie wenig sie und ihr Mann überhaupt noch am wahren Leben teilgenommen hatten, und vor allem, wie sehr sie das einzige Kind, das einst ihr größtes Glück gewesen war, vernachlässigt hatten.

Noch lange, nachdem Hilda endlich zur Ruhe gekommen und eingeschlafen war, hatte die Mutter wach gelegen und die Tochter im Schlaf betrachtet. Ein Schauer war ihr über die Haut gefahren, während sie die hellblonden Locken und das sanfte, ebenmäßige Gesicht mit dem vollen Mund betrachtet hatte, was nicht zum ersten Mal Erinnerungen in ihr geweckt hatte, die es längstens zu verdrängen galt. Nach all dem Schmerz, den die Fehlgeburten, die die Mutter vor Hildas Geburt durchleben musste, hatte sie auf wundersame Weise gleich zu Beginn der Schwangerschaft mit Hilda dieses Gefühl gehabt, dass diesmal alles gutgehen würde. Von vornherein hatte sie diese starke Verbindung zu dem Leben, das in ihrem Körper heranwuchs, gehabt, was vorher nie so gewesen war, und nicht zum ersten Mal hatte sie wieder einmal daran zurückgedacht, was damals geschehen war und ob tatsächlich sein konnte, was eigentlich nicht sein durfte. Erschrocken hatte sie die Überlegungen dann ganz schnell weit von sich geworfen, niemals mehr, hatte sie sich dann geschworen, würde sie die Überlegung wieder aufgreifen, endlich begann sich ihre Welt und die ihrer kleinen Familie zu bessern und gar nichts durfte dieses gefährden.

Nun betrat Hildas Mutter die Küche und sah ihre Tochter auf dem Sofa sitzend in ein Schulbuch vertieft. „Hallo, Hilda, wie war dein Schultag?" „Anstrengend, ich bin hundemüde!" Gähnend sah Hilda auf zur Mutter. „Hattest du dein Mittagessen und meine Nachricht auf dem Zettel daneben gefunden?", fragte die Mutter. „Ja, ich hatte auch einen Bärenhunger, hab' alles aufgegessen!", schmunzelte Hilda. „Was hat Doktor Neumann gesagt, hast du mit ihm sprechen können?", fragte Hilda nun ihre Mutter, die ihr am Morgen, bevor sie sich auf den Weg zur Schule gemacht hatte, mitgeteilt hatte, sie würde nach einigen wichtigen Behördengängen zum Hausarzt fahren, da sie noch ein Rezept benötige. Bei der Gelegenheit würde sie ihn um ein kurzes Gespräch bitten. Hilda hatte immer einen zweiten Haustürschlüssel dabei, da es immer mal vorkommen konnte, dass die Eltern plötzlich durch ein unvorhersehbares Ereignis im Stall oder auf der Weide beschäftigt waren, und so konnte Hilda jederzeit ins Haus, auch wenn es mal zu Schulausfällen kam und sie somit unplanmäßig früher zuhause war. „Glücklicherweise konnte ich nach kurzer Wartezeit zu ihm ins Behandlungszimmer und habe ihm von deinen Anfällen erzählt. Er hat uns zuallererst zu einer neurologischen Untersuchung geraten, auch möchte er einen großen Gesundheitscheck durchführen, um vorab organische Erkrankungen auszuschließen. Zudem hat er schon eine Überweisung in die Neurologie ausgestellt und die Arzthelferin hat schon für uns herumtelefoniert, um einen zeitnahen Termin zu bekommen. Die haben sich direkt gekümmert dort, außerdem hat mich Doktor Neumann gebeten, ihn sofort zu kontaktieren, wenn es erneut zu so einem Anfall kommt." Hilda musste schlucken, bevor sie antworten konnte. Sie wusste nicht so recht, was sie von den Informationen, die nun auf sie einprasselten, halten sollte. „Was wird denn in der Neurologie gemacht, wie wird denn dort untersucht?", wollte Hilda wissen. Hildas Mutter bemerkte die Besorgtheit ihrer Tochter und versuchte, ihr die Angst zu nehmen. „Ich denke, die werden dort deine Gehirnströme messen. Dazu werden lediglich kleine Saugnäpfe mit irgendwelchen Messsensoren am Kopf befestigt, aber ich bin mir sicher, die werden im Vorfeld genauestens erklären und hinweisen, was gemacht wird, und werden auch nichts Unnötiges oder Schmerzhaftes anwenden!", redete die Mutter beruhigend auf Hilda ein. „Doktor Neumann hat mir gesagt, dass du bei weiteren Fragen jederzeit mit ihm sprechen könntest. Der Termin in der Neurologie ist zudem schon in der nächsten Woche, da werden wir deiner Klassenlehrerin noch Bescheid geben müssen, da du an dem Tag nicht in der Schule sein wirst!" Hilda war plötzlich sehr aufgeregt von den Neuigkeiten, aber sie war auch auf eine Art froh, dass nun endlich auf den Grund gegangen werden sollte, was mit ihr los war, und eine kleine Hoffnung stieg in ihr auf, dass man ihr vielleicht helfen konnte, diese schrecklichen Attacken loszuwerden.

Sie dachte oft über dieses dumme Geschehen in ihrem Kopf, in ihren Gedanken nach und fragte sich, ob es wohl weitere Menschen gab auf der Welt, die mit diesen schlimmen Attacken leben mussten. So wie es sie selbst befallen hatte, dachte Hilda oft, so würde es bestimmt doch auch noch mehr Menschen mit diesen Anfällen geben. Seitdem sie mit Hans, dem Betriebshelfer, und vergangene Nacht nun auch mit ihrer Mutter darüber gesprochen hatte, ging es ihr tatsächlich schon etwas besser damit. Sie hatte sich immer auf eine Art und Weise für diese Sache geschämt, zumal sie ja auch die Nacht über das Licht im Zimmer brennen ließ, und sie konnte dieses Geschehen in ihrem Kopf einfach nicht so erklären, dass man es verstehen konnte. Dies hatte sie schon des Öfteren bei Sina versucht, und obwohl ihre Freundin, so gut es ging, versucht hatte, sich in Hildas Schilderung hineinzuversetzen, hatte sie letztendlich nicht verstehen können, in was für einer tiefen Gedankenwelt ihre Freundin sich bewegte, während sie diese Attacke befiel.

Hildas Mutter ging zum Stangenofen, nahm die Stange zum Öffnen der runden, gusseisernen Herdringe, unter denen sich die Brennkammer des Ofens befand, und öffnete diese, um den Ofen mit ein paar Stücken Torf zu befüllen. Jetzt im November brannte der Stangenofen rund um die Uhr, weil mit ihm ja auch das Haus geheizt wurde, und der Torf, der hierfür ab Mai im Moor gestuckt wurde (,stucken' nannte man hier in Ostfriesland das Stapeln des Torfes, welcher zuvor in handgerechte Stücke gestochen wurde). Jedes Jahr im Mai fuhr Hilda dazu mit ihren Eltern nach Brockzetel ins Moor und stapelte gemeinsam mit ihnen etwa zweihundertfünfzig Meter Torf zu kleinen, luftdurchlässigen Häufchen. Der Torf war zuvor vom Besitzer fertig gestochen entlang der Torffläche in einem Streifen bereitgelegt worden, und je nachdem, wie viel Meter man bestellt hatte, musste man in Eigeninitiative für die Trocknung sorgen. Dafür war der Torf eine sehr günstige Alternative zu Holz oder Briketts. Im Sommer, meist im August, fuhren die drei dann noch einmal zum Umstucken, so nannte man das Umhäufen zur perfekten Trocknung, ins Moor. Dann im Herbst, bevor das Wetter nass und kalt wurde, fuhren die drei erneut zu ihrem Torf, um mit dem Schlepper und zwei Hängern das fertige Heizmittel für den kommenden Winter nach Hause zu bringen. Es war mühselige Handarbeit, die gesamten zweihundertfünfzig Meter auf die Hänger zu werfen, und die drei benötigten hierzu meist zwei bis drei Tage, zumal wegen der Melkzeiten und Stallarbeit nicht der gesamte Tag genutzt werden konnte. Die beiden Hänger reichten aber in der Regel für den gesamten Winter und ein wunderbarer Nebeneffekt des Heizens mit Torf war, wie Hilda fand, dieser spezielle Geruch, der beim Brennen entstand. Hilda war mit dem Geruch groß geworden, er hatte etwas Vertrautes. Hans, der Betriebshelfer, war im Oktober mit Hilda und ihrer Mutter ins Moor gefahren, um den Torf zu holen. Er hatte sich ein ums andere Mal gewundert, dass der Torf als einziges Heizmittel für das Haus der Familie Ihben genutzt wurde. Dies hatte er, so hatte er gemeint, in der heutigen Zeit nicht mehr für möglich gehalten. Vielleicht bei alten Menschen, die langsam aus der Welt gingen und für die daher Modernisierungen der Wohnsituation nicht mehr vorrangig waren, aber in einer jungen Familie hatte er dies nicht erwartet. Hildas Mutter hatte schulterzuckend erwidert, dass der Stangenofen all die Jahre zuvor das Haus warmgehalten hatte und sie mit dem Durchlauferhitzer für Warmwasser für das Badezimmer und die Küche nie das Gefühl gehabt hatten, irgendwas verändern zu müssen.

Der alte, schon leicht verbeulte Wasserkessel, der immer mit Wasser befüllt auf dem Stangenherd stand, pfiff sachte vor sich hin. Auch dieses beruhigende Geräusch gehörte zu Hildas vertrauter Welt, es begleitete sozusagen als Hintergrundmelodie den gesamten Tagesablauf, alles, was sich in der Küche der Familie so abspielte. Die Mutter nahm nun den Kessel zur Hand und füllte ihre Tasse mit heißem Wasser, in welchem sich sofort der lösliche Kaffee auflöste und einen leichten Kaffeegeruch verströmte. Hilda betrachtete ihre Mutter, die nun Kaffee schlürfend die Tageszeitung überflog, und sie bemerkte mit einem wohligen Gefühl im Bauch, wie positiv diese sich in nicht einmal einem halben Jahr verändert hatte. Sie wirkte nicht nur viel ruhiger als je zuvor, sie sah zudem auch entspannter und dadurch auf eine Art jünger aus. Sie wirkte einfach zufrieden und das war neu für Hilda. Solange sie sich erinnern konnte, hatte sie das nie bei ihrer Mutter bemerkt. „Ich habe dich lieb, Mama, und danke, dass du mit Doktor Neumann gesprochen hast." Hilda lächelte ihrer Mutter zu. Die Mutter setzte ihre Tasse auf den Tisch und fasste ihre Tochter um das Handgelenk. „Hilda, wir, dein Vater und ich, wir haben dich auch sehr lieb. Ich weiß zu gut, dass wir es bisher nie wirklich gezeigt haben, aber ich weiß, dass du intelligent genug bist, erkannt zu haben, dass wir gefangen waren in dem aufopfernden Leben. In meiner Seele hatte sich Frust und Wut breitgemacht und ich kam da nicht mehr heraus. Dieser Unfall deines Vaters, so schlimm auch alles war, hat einen Wandel gebracht und es fühlt sich gut an. Wir fangen wieder zu leben an, mein Kind!" Die emotionalen Worte der Mutter ließen beiden Tränen in die Augen steigen.

6.

Trotz des Termins zum großen Gesundheitscheck bei Hildas Kinderarzt war der Checkup letzten Endes doch vom Hausarzt durchgeführt worden, wo dies noch vor der neurologischen Untersuchung möglich gewesen war. Außerdem wollte Hildas Hausarzt zeitnah Ergebnisse vorliegen haben. Hildas Blutwerte hatten keinerlei Auffälligkeiten aufgewiesen und auch die Untersuchung der Organe und körperlicher und geistiger Funktionen waren im vollen Umfang zufriedenstellend abgeschlossen worden.

Nun saß Hilda nervös im Wartezimmer der neurologischen Praxis von Doktor Saathoff und wartete auf die Rückkehr ihrer Mutter, die sich auf den Weg zurück zum Auto gemacht hatte, um den Überweisungsschein zu holen, den die Mutter in der Aufregung im Handschuhfach des Autos vergessen hatte. Es saßen noch weitere Personen im Wartezimmer. Direkt gegenüber von Hilda saß ein Junge etwa in Hildas Alter und Hilda nahm an, dass die Frau neben dem Jungen, die diesem gerade ein Taschentuch reichte, seine Mutter war. Sie beobachtete, wie dieser Junge mit merkwürdigen, roboterartigen Bewegungen das Taschentuch nahm und nur mit Mühe seine Hände Richtung Nase bewegte, um sich diese zu putzen. Er sah nun zu ihr rüber und Hilda erschrak heftig und schämte sich, dabei erwischt worden zu sein, diesen jungen Menschen zu beobachten, dessen Leben doch gerade erst begann und der motorisch doch schon so stark eingeschränkt war, dass er auf die Hilfe seiner Mitmenschen angewiesen war.

Der Junge saß in einem Rollstuhl, an dem seitlich Krücken befestigt waren, und Hilda schloss daraus, dass dieser Junge trotz des Rollstuhls durchaus laufen konnte, nur eben keine allzu langen Wege. Angst machte sich plötzlich breit in Hilda. Sie überlegte, warum sie selber hier bei einem Arzt im Wartezimmer saß, der solch schwer erkrankte Kinder behandelte. War es etwa möglich, dass sich auch in ihrem Körper eine schreckliche Krankheit ausbreitete und ihre Anfälle erst der Beginn des Ausbruchs waren? Es wurde ihr plötzlich heiß über dem Rücken, Panik machte sich in ihr breit. Was würden die Untersuchungen hier in der Neurologie Schreckliches ergeben?

Als Hildas Mutter endlich wieder ins Wartezimmer trat, fand sie ihre Tochter mit blassem, angsterfülltem Gesicht und nervös die Hände über die Oberschenkel wischend. „Was ist los, Hilda, alles gut mit dir?", fragte die Mutter besorgt und setzte sich zu ihr. „Ja, doch, mir geht es gut. Ich bin nur etwas aufgeregt", erwiderte Hilda und sah automatisch wieder rüber zu dem kranken Jungen. Ihre Mutter folgte ihrem Blick und sah nun auch die starken körperlichen Einschränkungen des Kindes. Sofort war ihr klar, dass diese Begegnung im Kopf ihrer Tochter verarbeitet werden musste und dies nun noch zusätzlich zu deren Angst die Seele belastete. Nach einer Weile sah sie wieder ihre Tochter an und schloss wie zum Trost kurz beruhigend die Augen.

Nun wurde Hilda von einer Arzthelferin aufgerufen und beide, Mutter und Tochter, folgten ihr in ein Behandlungszimmer mit der Türaufschrift EEG. „Was bedeutet denn EEG?", wollte Hilda wissen und betrachtete die Liege in der Ecke des Raumes, neben der ein graues, kastenartiges Gerät stand, auf dem mehrere, sehr feine Kabel lagen. Auf der Vorderseite des Gerätes waren mehrere Einsteckbuchsen, wie Hilda sie auch schon hinten an dem neuen Fernseher zuhause in der Küche gesehen hatte. „EEG bedeutet Elektroenzephalografie. Mit diesem Gerät horchen wir in dein Köpfchen hinein und lauschen, was da alles so Spannendes drin vorgeht!", schmunzelte die Arzthelferin und blickte Hilda freundlich an. „Du bekommst von mir jetzt eine hübsche Badekappe auf den Kopf gesetzt, und damit dir nicht zu warm wird, hat die Kappe schöne, große Luftlöcher!" Hilda sah nun den Gegenstand, den die Helferin aus einer Schublade hervorzog. Er erinnerte eher an ein gummiartiges Netz als an eine Badekappe, aber mit der Bezeichnung hatte sie Hilda abgelenkt und auch direkt etwas beruhigt, wie Hilda nun bei sich selber feststellte. „Setzen Sie sich gerne auf diesen Stuhl hier!", wandte sich die schon etwas ältere Arzthelferin mit sehr kurzem, bereits leicht ergrautem Haar freundlich an Hildas Mutter und wies auf den Stuhl gleich neben der Liege, auf die sie Hilda nun sanft zuschob. Sie forderte sie auf, es sich darauf bequem zu machen. „Die Messung dauert etwa zwanzig Minuten und währenddessen werde ich dich ein klein wenig beschäftigen, was hältst du davon?", fragte sie Hilda, während sie ihr die Netzhaube über den Schädel zog. „Ja, gerne", kam es zaghaft von Hilda.

Als Hilda sich auf der Liege ausgestreckt hatte, begann die Arzthelferin, verschiedenfarbige Kabel mit Sensoren an der Haube festzumachen und die jeweiligen Enden in die Buchsen des kastenartigen Gerätes zu stecken. Aus unerklärlichem Grund wurde es Hilda plötzlich heiß und sie hatte das Gefühl, nicht mehr durchatmen zu können. Eine Panik bahnte sich in ihr an und sie setzte sich ruckartig auf. Doch die Arzthelferin hatte es wohl schon bemerkt und war direkt neben ihr und fasste sie um die Schulter. „Alles gut, Hilda, ich darf doch Hilda sagen, oder? Du kannst mich Frieda nennen." Sie zog Hilda zu sich heran und fasste mit der rechten Hand Hildas linke Hand und drückte diese. „Ich weiß, dass dies eine unangenehme Situation für dich ist, aber du brauchst absolut keine Angst zu haben. Es wird dir nichts passieren, deine Mama und ich bleiben die ganze Zeit hier und du bestimmst, was du möchtest und was nicht, okay, Hilda?" Hildas Herz hatte zu rasen begonnen, und im ersten Moment dachte sie ersticken zu müssen, doch das flinke Eingreifen der Arzthelferin Frieda hatte schnell wieder zur Beruhigung geführt. „Ich habe nur solche Angst, was passiert und was bei der Messung herauskommt", antwortete Hilda mit zitternder Stimme. „Das ist ja auch vollkommen verständlich, liebe Hilda, alles Ungewohnte bereitet uns allen doch zu Beginn Unbehagen, aber wir haben alle Zeit der Welt und wir werden nichts tun, was du nicht willst." Frieda, die Arzthelferin, betätigte einen kleinen Hebel an der Seite der Liege und brachte den Oberkörperteil der Liege in eine etwas aufrechteren Position in der Hoffnung, dass es für Hilda in dieser Liegeposition angenehmer war und auch kein Druck auf Kopf und Oberkörper entstand, was auch leicht zu Angstgefühlen führen konnte. „Liegt es sich so etwas besser für dich?" Frieda fasste erneut nach Hildas Hand und lächelte sie an, als Hilda sich wieder zurückgelehnt hatte. „Ja, so ist es wirklich viel besser." Hilda brachte nun auch ein zaghaftes Lächeln hervor. Die Messung war tatsächlich sehr schnell vorübergegangen und Hilda war nach der ersten Angst dann die gesamte Zeit über ruhig und entspannt gewesen, was nicht zuletzt daran gelegen hatte, dass sie durch Rechenaufgaben, die es zu lösen galt, oder Fragen, die zu beantworten waren, sehr abgelenkt war.

Nachdem alle Untersuchungen abgeschlossen waren und die Ergebnisse vorlagen, waren Hilda und ihre Mutter zum Gespräch beim Hausarzt Doktor Neumann gewesen. Doktor Neumann war alle Untersuchungsergebnisse mit den beiden durchgegangen, er hatte Fachbegriffe erklärt und bedruckte DIN-A4-Seiten vorgelegt und erläutert und hatte letztendlich damit geendet, dass die Ergebnisse allesamt physisch ohne jegliche Auffälligkeiten waren. Er sah sich somit in seiner ersten Vermutung bestätigt, dass es sich bei Hilda um psychisch verursachte Symptome handele. Hilda hatte mit der Diagnose im ersten Moment nicht recht etwas anfangen können und hatte den Arzt fragend angesehen, woraufhin dieser auch direkt an Hilda gewandt weitergesprochen hatte. Er erklärte ihr etwas vereinfacht, dass ihre Symptome seelisch bedingt seien. Seelisch bedingt, hatte es in Hildas Kopf mehrfach nachgehallt, seelisch bedingt, endlich hatte sie einen Namen, eine Bezeichnung für das, was ihr Wohlbefinden, ihr Leben derart belastete. „Seelisch bedingt", hatte Hilda fast erleichtert ausgesprochen. Nun endlich, nach all den Jahren, in denen dieser gemeine Zustand ihr Leben belastete, wussten Mitmenschen davon. Sie war nicht mehr allein damit und vielleicht, so hoffte sie von ganzem Herzen, gab es ja eine Möglichkeit, dass sie niemals mehr heimgesucht würde von diesem schrecklichen Geschehen in ihrem Kopf. Doktor Neumann hatte an Hildas Mutter gewandt von Jugendpsychotherapie gesprochen, aber hiervon zunächst abgeraten, da er in Hildas Fall von einer genetisch bedingten, affektiven Störung ausging. Der

Doktor erklärte diese Vermutung mit dem Hintergrundwissen der familiären Vorgeschichte von Hildas Vater. Er ging davon aus, dass Hildas höchst sensible Seele gestört im Verarbeiten von Alltagseinflüssen und Geschehnissen reagierte. Gestört im Sinne von zu sensibel, hatte er hinzugefügt. Seien es Geschehnisse, die Hilda durch Erzählungen miterlebte, oder Geschehnisse, die sie selber oder sogar am eigenem Leibe erlebte, ihrer Seele fehlte eine Art Filter oder besser erklärt eine Notbremse, so hatte der Doktor sich ausgedrückt. Eine Notbremse für das Gehirn, war es Hilda dabei direkt in den Sinn gekommen, das wäre die Lösung für sie, hatte sie gedacht und gleich weiter überlegt, wie dies umzusetzen wäre. Doktor Neumann hatte aber direkt weitergesprochen und gemeint, man solle seines Erachtens erst einmal versuchen, in Zukunft darauf zu achten, was für Informationen an Hilda herangelassen werden sollten, und wenn schlecht zu verarbeitende Dinge an Hilda herantreten würden, sollte man direkt mit ihr darüber sprechen, um Belastungen der Kinderseele zu mindern.

Hildas Mutter war nach den Worten des Arztes auf abwegigen Gedankengängen gewandelt, von denen niemand etwas ahnte. Genetisch bedingt, von Seiten des Vaters, natürlich durfte sie niemals auch nur den Hauch eines Hinweises ihrer ganz eigenen, geheimen Gedankenwelt preisgeben, auch wenn der Doktor einer strengen Schweigepflicht unterlag, niemals durfte sie je irgendjemanden auch nur ansatzweise Anteil haben lassen an dieser Erinnerung, die so lange nun schon in ihrem Kopf existierte, immer mehr verblasste und sie doch immer wieder einholte. Hilda hingegen war bei den Worten des Arztes sofort das wunderbare Bild zuhause an der Küchenwand in den Sinn gekommen, zudem die Beklommenheit, die sie immer wieder befiel, dem Wissen geschuldet war, welches schreckliche Schicksal sich dahinter verbarg. Ein Schauer war ihr dann über den Rücken gelaufen. Nach den Vermutungen von Doktor Neumann zu urteilen, ihre Seele wäre schlimmen Geschehnissen ungefiltert ausgesetzt, war ihr plötzlich klar geworden, was hiermit gemeint war. Sie hatte plötzlich absolute Gewissheit gehabt, dass die Vermutungen des Arztes ins Schwarze getroffen hatten. Sie hatte diese nicht abzulegende Eigenschaft, Dinge, die um sie herum geschahen oder die sie hörte, nicht nur aufzunehmen, sondern sich auch mit allen Sinnen in das Gehörte oder Erlebte hineinzuversetzen. Dies geschah ganz von selbst und sie konnte es nicht steuern, geschweige denn aufhalten. Ihr fehlte eben die besagte Notbremse. Plötzlich war der Doktor ihr Held gewesen, ein Riesenglücksgefühl hatte sie durchflutet. Was hatte sie nur für ein Glück, an so einen unglaublich intelligenten Arzt geraten zu sein, der in kürzester Zeit so genau herausgefunden hatte, was mit ihr nicht in Ordnung war. Und er hatte es ihr so wunderbar erklärt, dass sie in dem Moment zu hundert Prozent sicher gewesen war, er hatte ihr Problem erkannt und er würde ihr auch helfen, es zu bekämpfen.

Hilda und ihre Mutter hatten es sich an diesem frostigen Novemberabend in der Küche am Stangenofen, den die Mutter zuvor gut mit Torf bestückt hatte, gemütlich gemacht. Sie sprachen noch eine Weile über das Gespräch mit dem Hausarzt und Hildas Mutter bekräftigte ihre Tochter erneut darin, sich ihr in Zukunft sofort anzuvertrauen. Egal in welcher Situation oder worum es ging, sie würde die Bedürfnisse der Tochter in Zukunft an erste Stelle setzen. „Und wenn ich nicht weiterweiß, dann ziehen wir Doktor Neumann hinzu, er hat schließlich mehrfach erwähnt, ihn sofort zu kontaktieren, wenn es Probleme geben sollte." Wie zur Bestätigung ihrer Worte drückte die Mutter das Handgelenk ihrer Tochter. „Ich bin so froh, dass es Doktor Neumann gibt, Mama", antwortete Hilda und fügte hinzu, „alleine das Gespräch mit ihm hat mir sehr gutgetan. Ich vertraue ihm, seine Worte nehmen mir irgendwie die Angst, so hab' ich das Gefühl!"

Die Mutter lächelte ihrer Tochter zu. „Ich weiß, was du meinst, ich fühle genauso wie du."

Hildas Mutter zog sich die Wolldecke, in die sie sich eingewickelt hatte, fester um die Schultern. Minus elf Grad zeigte das Außenthermometer an. Dazu heulte ein kräftiger Wind um die Hausecken. Solche niedrigen Temperaturen waren selten hier in der Heimat der Familie. Der kräftige Wind drückte die Kälte zudem in die Gebäude hinein. Die einzige Toilette des alten Bauernhauses befand sich im vorderen Flur, wo früher einmal das sogenannte Kannhuus gewesen war. Der Name entstand der Tatsache geschuldet, dass hier früher die Milchkannen untergebracht waren, in der sich die frisch gemolkene Kuhmilch befand, die zur früheren Zeit noch im Anbindestall in Kannen gemolken wurde. In diesem Flur wie auch in dem kleinen Toilettenraum gab es keine Heizmöglichkeit. Da wurde der Toilettengang an solch eisigen Tagen zur Überwindung. Man hielt sich dort so kurz wie nur irgend möglich auf. Gleich gegenüber der Toilette befand sich das kleine Bad mit der Dusche. Hier war auch die Waschmaschine der Familie untergebracht. In diesem Raum hatte man eine kleine elektrische Heizung an der Wand angebracht, die aber nur zum Einsatz kam, wenn das Bad genutzt wurde. Der einzige gemütliche Raum des alten Hauses war die Küche mit dem unersetzbaren Herzstück des Gebäudes, dem Stangenofen. Doch selbst der hatte nun bei dieser Eiseskälte, die draußen herrschte, zu kämpfen, die Küche warmzuhalten, und noch während Hildas Mutter in den Sinn kam, noch einmal hinten im Stall nach dem Rechten zu sehen, bemerkte sie nach genauerem Hinhören das ferne Brüllen der Kühe. Mit einem Mal wurde ihr heiß um die Schultern. Sie war plötzlich höchst alarmiert und sah auf die Uhr. Fast Mitternacht, registrierte sie. Der Hans hatte gegen zehn Uhr noch einmal das Futter rangeschoben und ihr dann, bevor er sich auf den Heimweg gemacht hatte, versichert, dass alles in Ordnung sei. Nun aber musste etwas geschehen sein. Das Brüllen aus dem Stall war eindeutig und, nachdem Hilda den Fernseher ausgeschaltet hatte, deutlich zu vernehmen. „Ich zieh mir schnell was über und schau nach, was da los ist“, sagte die Mutter mit bangem Gesicht zu Hilda. „Ich komme mit dir!“ Hilda sprang vom Sofa und eilte in ihr Zimmer, um sich warme Stallkleidung herauszusuchen. Sie steckte auch ihr Handy ein, falls Hilfe benötigt wurde.

Die beiden machten sich dick eingepackt, um sich vor der eisigen Kälte zu schützen, auf den Weg in den Stall. Hier war das Brüllen der Tiere nun ohrenbetäubend, und als Hildas Mutter die Stallbeleuchtung einschaltete, befürchteten beide das Schlimmste. Beide sahen sich nun verwirrt um, nichts war zu erkennen, kein Tier war ausgebrochen und lief auf dem Gang oder gar draußen herum, es lag nirgendwo ein verletztes Tier und auch in der Abkalbebox war nichts Auffälliges zu erkennen. Die beiden gingen aufmerksam durch den Laufstall, den Spaltenboden entlang, ob es hier vielleicht bei irgendeiner Kuh zur vorzeitigen Kalbung gekommen war und das Kälbchen nun zwischen der Kuhherde herumstolzierte. Dies kam auch wohl mal vor. In dem Falle wurden die meisten Kühe in unmittelbarer Nähe des frisch geborenen Kalbes zu beschützenden Muttertieren, die dann allesamt nervös herumliefen und lautstark brüllten und alles platt machten, was sich dem Kälbchen näherte. Wenn so etwas vorkam, dann erforderte es immer höchste Achtsamkeit und schnelles Handeln, um das Neugeborene sicher von der Herde zu trennen und auch selber ungeschoren davonzukommen. Aber auch hier war nichts weiter zu erkennen, keine der Kühe schien frühzeitig gekalbt zu haben. Mutter und Tochter standen fröstelnd inmitten der Herde und sahen sich fragend an, während ringsumher gebrüllt wurde, was es hergab. Doch plötzlich kam Hildas Mutter ein Verdacht, während sie Kühe beobachtete, die unverrichteter Dinge brüllend am Tränkebecken hin und her liefen. „Ach du meine Güte!", rief sie plötzlich. „Die Wasserleitungen sind eingefroren, ruf schnell den Hans an, Hilda, ich hol mir das Abflammgerät und versuche, etwas freizubekommen!" Hilda nahm ihr Handy zur Hand und alarmierte den Betriebshelfer, der sich auch gleich meldete und bekundete, sich sofort auf den Weg zu machen.

Nun wandte sie sich zurück zum alten Gulf. Hier hatte ihr Vater, so erinnerte sie sich, alte Teppiche und Decken gelagert, die er an frostigen Tagen mit zusätzlichem starken Wind, einer Wetterlage, die die Wasserleitungen leicht zum Einfrieren brachte, um freiliegende Wasserleitungen wickelte. Mit den Teppichen hängte er offene, zugige Ecken ab, um mit diesen Maßnahmen den frostigen Wind weitestgehend abzuwehren. Nun ärgerte sie sich, dass sie und ihre Mutter es versäumt hatten, vorsorgliche Maßnahmen der Wetterlage wegen zu ergreifen. Ihrem Vater, so dachte sie, wäre dies ganz sicher nicht passiert und der Hans hatte nicht ahnen können, dass die Bauweise und auch der Standort des Stalles diesen empfindlich gegen stürmische, frostige Wetterlagen machten. Das Hauptmaterial, aus dem der Laufstall bestand, war Holz, was dazu führte, dass der Großteil der Wasserleitungen frei lag und dem Frost somit schutzlos ausgesetzt war. Hinzu kam, dass er mit der freistehenden Lage auch dem Wind ungeschützt ausgesetzt war, so hatte es der Vater oft beklagt. Teilweise waren die Wasserleitungen mit Schaumstoffummantelungen bestückt worden, die aber auch leider äußerst gern von den Kühen angeknabbert wurden. Man musste hier viel zu häufig nachbessern und erneuern, sodass es auf der Strecke blieb. Generell reichten die vierundzwanzig Stunden eines Tages gerade einmal aus, um die ganze Arbeit zu schaffen. Auch fehlte immer das Geld für Renovierungen oder Verbesserungen.

Hilda hauchte sich immer wieder in die Hände, die zu erfrieren drohten, während sie die Decken und Teppiche hervorzog. Nun schalt sie sich, dass sie nicht daran gedacht hatte, sich Handschuhe überzuziehen, doch dafür blieb keine Zeit mehr, sie musste nun alles geben, den Kälteschutz so schnell wie möglich anzubringen und somit die Leitungen wieder zu befreien, denn die Tiere brauchten Wasser zum Trinken, vor allem die milchgebenden Kühe, also die in der Hochlaktation, so nannte man sie, brauchten hundertfünfzig bis zweihundert Liter Wasser pro Tag, das wusste Hilda von ihrem Vater. Aber auch die güsten Tiere, so nannte man in Hildas Heimat die trockenstehenden Kühe, also die Kühe, die kurz vor der Abkalbung standen und somit ab ca. acht Wochen vorher keine Milch mehr geben sollten, selbst die tranken bis zu hundert Liter Wasser pro Tag. Auch das Jungvieh, das im alten Gulf untergebracht war, brauchte viel Wasser, wobei bei ihnen die Leitungen noch frei schienen, da hier alles ruhig war.

Hilda schleppte so viele Decken und Teppiche zum Laufstall, wie sie tragen konnte, und als Hans eintraf, hatte sie schon den

Großteil herangeschleppt. Ihre Mutter lobte sie, dass sie an diese Hilfsmittel gedacht hatte, und wies sie an, noch das Ballenband, mit dem der Kälteschutz befestigt und angebracht wurde, zu holen. Hans trat auf Hildas Mutter zu und entschuldigte sich haareraufend bei ihr. „Mein Gott, wie hatte ich es nur außer Acht lassen können, dass es zum Einfrieren der Wasserleitungen kommen könnte! Anni, es tut mir sehr leid, nun müsst ihr hier in der Eiseskälte herumwerkeln!" Er fasste sofort nach einem der Teppiche und begann, das Ballenband, das Hilda mittlerweile herbeigeholt hatte, durch die dafür vorgefertigten Löcher zu ziehen und es schützend vor einer zugigen Wand zu befestigen. „Alles gut, Hans." Hildas Mutter hob entschuldigend die Hand. „So oft wie Heinz und ich diese alten Decken und Teppiche all die Jahre zuvor schon zum Schutz angebracht haben, da verstehe ich es gar nicht, dass es mir bei der Wetterlage momentan nicht in den Sinn gekommen ist!" „So ein beißender Wind aber auch, das hatten wir lange nicht mehr", stöhnte Hans und warf einen Blick auf Hilda, die sich gerade wie zum Aufwärmen in die Hände hauchte. „Gott, Hilda, zieh dir Handschuhe an!", rief er. „Dir frieren die Finger ein!" Hilda erschrak ein wenig, sah dann aber das ehrlich besorgte Gesicht des Betriebshelfers und registrierte, dass es von Herzen kam. Sie lächelte verlegen. „Ja, langsam schmerzt es schon", antwortete sie und sprang flink wie ein Wiesel los Richtung Wohnhaus, um sich ihre mit warmem Fleece gefütterten Handschuhe zu holen.

Die drei waren bis in die frühen Morgenstunden damit beschäftigt gewesen, Leitungen mit dem Abflammgerät zu bearbeiten, Teppiche zu befestigen und freiliegende Rohre mit Decken zu umwickeln und festzubinden. Hans hatte das alte Dieselmotorheizgerät hervorgeholt und ließ es vorsorglich schon seit Stunden im Melkstand laufen, damit nicht am Morgen zum Melken die nächste Überraschung lauerte und wegen gefrorener Melkleitungen ein Melken unmöglich wäre. Erschöpft, aber erleichtert, da die Tränkebecken wieder liefen und die Tiere gierig ihren Durst stillten, begaben sich die drei in die Küche. Hildas Mutter legte als erstes Torf nach, um den Stangenofen wieder in Fahrt zu bringen, der die drei etwas aufwärmen und für heißes Wasser für den Kaffee sorgen sollte. Hans sah auf die Uhr, die über der Küchentür hing. „Bereits nach drei", lachte er. „Ich kann gleich zum Melken und Füttern hierbleiben, lohnt sich kaum, nach Hause zu fahren!"

7.

Am nächsten Morgen, nach erledigter Stallarbeit, saßen Hilda und ihre Mutter bereits am Frühstückstisch, als sich Hans, nachdem er sich vergewissert hatte, dass die Kälteschutzmaßnahmen der vergangenen Nacht ausreichten, nun zu ihnen gesellte. Hildas Mutter hatte ihm einen Becher heißen Kaffee zum Frühstücksbrett gestellt und er machte sich hungrig daran, sich eine Scheibe Schwarzbrot mit Butter zu schmieren. Hilda hatte das Handy zur Hand genommen und Sina eine WhatsApp geschrieben, in der sie ihr von der Aktion der vergangenen Nacht berichtet hatte und sie darum gebeten hatte, der Lehrerin mitzuteilen, dass sie sich aus diesem Grunde etwas verspäten würde. Hildas Mutter würde für die Lehrerin eine Entschuldigungsinfo schreiben und Hilda hierfür mitgeben. Hans erkundigte sich nun bei Hildas Mutter nach den Fortschritten des Ehemannes in dessen Reha und ob er nächsten Monat zu Weihnachten nach Hause kommen würde. „Heinz macht wahnsinnige Fortschritte mit der Prothese", bekundete Hildas Mutter froh. „Zudem geht es ihm ehrlich gesagt so gut wie nie zuvor, der ist zufriedener als vor seinem Unfall", sprach sie mit voller Überzeugung. „Ich glaube, der will gar nicht zurück hierher." Nun lachte sie laut auf. „Na ja, kann man auch irgendwie verstehen", antwortete Hans seufzend und fügte hinzu: „vor allem nach der Aktion der vergangenen Nacht." Nun lachten alle drei. „Ich habe aber auch noch ein Attentat auf dich vor", wandte sich Hildas Mutter nach kurzem Zögern nun wieder an Hans. Der hielt übertrieben ruckartig inne und sah Hildas Mutter mit gespielt ängstlich aufgerissenen Augen an. „Jetzt kommt es, ich halte mich am Stuhl fest", lachte er laut auf. „So schlimm wird es, glaub ich, doch nicht", schmunzelte die Hildas Mutter. „Hilda und ich, wir würden gerne zu Heiligabend und zum ersten Weihnachtsfeiertag zu Heinz fahren und dort in Duisburg gemeinsam mit ihm feiern. Am zweiten Feiertag würden wir uns dann nach dem Frühstück, das wir gemeinsam mit Heinz in der Klinik genießen könnten, auf den Heimweg machen."

Schuldbewusst, fast wie ein Kind, das wegen etwas um Erlaubnis bittet, sah sie Hans ins Gesicht. Der schluckte sein Essen hinunter und nahm noch mit überlegender Miene ein Schluck Kaffee hinterher. „Anni, ich würd' mal sagen, du und deine Hilda, ihr zwei genießt mal das ganze Weihnachtsfest samt beider Feiertage ohne Stress und Arbeit, wie ihr es bisher nie anders kanntet, beim Heinz in Duisburg. Ich habe an Weihnachten sowieso nichts vor, außer vielleicht einen Kaffee bei meinen Oldies", sprach er und meinte mit Oldies natürlich seine Eltern, die er oft so nannte. „Der Stefan ist über Weihnachten auch nicht in der Uni, der wird mich sicher gerne unterstützen", setzte er fort und langte erneut zum Kaffeebecher. Stefan war der Student, der auf Anraten des Betriebshelfers als Aushilfskraft bei der Hofarbeit half. Hildas Mutter war sichtlich gerührt wegen der Ankündigung des Betriebshelfers. Dies hätte sie nicht erwartet und sie bedankte sich von ganzem Herzen. „Das wird das beste Weihnachtsfest werden, das wir je hatten, Hilda, ich kann es kaum erwarten", lachte sie ihre Tochter an, und auch Hilda fühlte ein Glücksgefühl in sich aufsteigen. Hilda wusste, dass der Hans alleine lebte. Er hatte wohl nie eine Frau gehabt, wie sie von ihrer Mutter wusste, und Hilda konnte dies gar nicht nachvollziehen, denn der Hans war so ein netter Mensch und so aufmerksam war der, der merkte sofort, wenn einem etwas auf der Seele lag, und sprach es an, um Hilfe anzubieten. Das, so dachte sie bei sich, bemerkte man nur selten bei Männern. Eine Frau würde es sicherlich gut haben beim Hans. Es fiel ihr nun Sinas Überlegung wieder ein, die gemeint hatte, ob der Hans vielleicht schwul sei. Allein dieser Gedanke in Gegenwart vom Hans brachte ihr eine leichte Röte ins Gesicht und sie schüttelte ihn schnell wieder ab.

Hilda stand nun auf und wollte sich für die Schule fertig machen, als die Mutter sie noch einmal zurückrief. „Hilda, ich fahre dich in die Schule, der erste Bus ist schon durch und der eisige Wind draußen nimmt schon wieder an Fahrt auf, da solltest du nicht mit dem Fahrrad unterwegs sein", sprach sie, während Hans bemerkte: „Ich kann sie doch gleich auf dem Weg nach Hause mitnehmen und an der Schule herauslassen, es ist ja nur ein kleiner Umweg." Das würde nun aber zu viel des Guten werden, warf Hildas Mutter ein und fügte hinzu, dass er doch schließlich auch noch ein Leben hätte und sich nicht für sie beide aufopfern solle. Hans lachte laut auf und meinte dann, unter Aufopferung nun dann doch bei Weitem anderes zu verstehen, sie solle sich mal keinen Kopf machen. Alles, was er tat und wo er half, tat er mit großer Freude für die Familie.

Kurze Zeit später saß Hilda vorne neben Hans in seinem kleinen, roten Flitzer, wie der Betriebshelfer sein Auto oft bezeichnete. „Macht dir die Schule denn Spaß?", wollte Hans von Hilda wissen. „Ja, ich geh' gerne hin", antwortete Hilda ehrlich. „Meine Lehrerin ist super. Sina und ich haben echt Glück gehabt mit Frau de Buhr. Die ist noch jung und wir können mit allen Problemen und Fragen zu ihr kommen, sie hat immer ein offenes Ohr für uns und hilft, wo sie kann." „Das müsste doch eigentlich selbstverständlich sein, oder?" Hans runzelte die Stirn. „Ich bin nicht sonderlich gern zur Schule gegangen", bemerkte Hans, „aber ist auch schon paar Jährchen her bei mir, das waren noch andere Zeiten. Ich für meinen Teil hatte schreckliche Angst vor meinem Lehrer, der wurde nämlich auch gerne mal handgreiflich. Das dürfte sich heutzutage kein Lehrer mehr erlauben, die Eltern würden ihn wahrscheinlich zerfleischen." Hans lachte laut auf. Frau de Buhr würde niemals einen ihrer Schüler schlagen, dachte Hilda bei sich, aber auch aus Erzählungen ihrer Eltern wusste sie, dass es in der früheren Zeit wohl nicht selten vorkam, dass eine Lehrkraft zur Bestrafung der Schüler zum Stock griff.

„Was möchtest du denn später einmal machen, Hilda, wirst du den Hof deiner Eltern weiterführen?", setzte der Betriebshelfer das Gespräch fort. Hilda wusste nicht so recht, was sie darauf antworten sollte, und ließ sich vielleicht etwas zu viel Zeit für die Antwort, denn nun sprach Hans schon weiter. „Ich kann es voll und ganz verstehen, wenn du später etwas anders machen möchtest als die Landwirtschaft. Vor allem in der Milchwirtschaft ist es sehr schwer, sich zu behaupten. So ein kleiner Familienbetrieb mit nur fünfzig bis sechzig Milchkühen, wie ihr ihn noch führt, wird es in Zukunft sehr schwer haben, sich halten zu können, zumal so kleine Betriebe von der Regierung auch nicht mehr gewollt sind. Alles muss größer, besser, moderner sein, am besten Riesenställe mit fünfhundert Tieren und mehr. Was dies für einen Stress für die Tiere bedeutet, interessiert meines Erachtens niemanden, und was das Ganze an Veränderungen mit sich zieht, davon mal ganz abgesehen. Familienbetriebe, wie wir sie heute noch haben, wird es meiner Meinung nach in Zukunft nicht mehr geben", Hans schüttelte wie zur Bekräftigung seiner Worte den Kopf und schaltete seinen Wagen zurück in den ersten Gang, da er vor einer roten Ampel halten musste. „Wir werden in Zukunft eine industrielle Landwirtschaft haben, Hilda, die Entwicklung geht die letzten Jahre stark in die Richtung. Massentierhaltung, viele Angestellte, nichts Persönliches mehr. Ich für meine Person weiß nicht, ob ich das gutheißen möchte, aber unsere Regierung möchte es so."

Hans ließ seinen Wagen wieder anfahren, da nun die Ampel auf Grün umgesprungen war. „Ich will dir die Landwirtschaft natürlich nicht schlechtsprechen, Hilda." Hilda betrachtete ihn von der Seite, während er nachdenklich vor sich auf die Straße blickte. Mit seiner kräftigen Statur und der Halbglatze wirkte er wahrscheinlich älter, als er in Wirklichkeit war, doch war er ganz sicher schon um einiges älter als ihre Eltern, dachte Hilda. Ihr Blick blieb an dem kleinen Tattoo hängen, das sich direkt unter dem rechten Ohr etwa zehn Zentimeter an seinem Hals schräg in Richtung seines Nackens zog. Es zeigte eine Kornähre, wie Hilda sie als Zeichen für die Landwirtschaft kannte. Dieses Tattoo passte gut zum Hans, wie Hilda fand. Auch war sie immer wieder beeindruckt von der Technik, die bei dem Stechen angewandt worden war. Das Tattoo wirkte so echt, fast dreidimensional. Sie nahm sich vor, die Kornähre auf diese Art selber mal zu Papier zu bringen. Währenddessen sprach Hans weiter. „Ich denke, man muss mit Leidenschaft dabei sein und zudem in Zukunft auch starke Nerven beweisen und sich durchsetzen können, und ob es das dann wert ist, die ganze Verantwortung, die erhebliche Zeitinvestition, und wenn man dann bedenkt, was für ein schlechtes Ansehen dieser Beruf in der Gesellschaft hat, das setzt dem Ganzen die Krone auf. Beschimpfungen der Bevölkerung während der unumgänglichen Landbestellung, Gülleausbringung, und was sonst noch an Tätigkeiten in der Natur notwendig sind, für die es unumgänglich ist, sie mit großem Gerät zu bewältigen, da sie sonst in dem Maße nicht mehr zu bewältigen sind, da bin ich fassungslos!"

Hans dachte an die Tochter vom Tammenhof, die im Sommer von Passanten aufs Schärfste beschimpft worden war. Die Felder des Betriebes der Familie Tammen lagen zumeist an einer wunderbar abgelegenen Strecke mit tollem Baumbestand und einem wunderschönen See mit Sitzgelegenheiten drum herum, also perfekt zur Erholung und für Aktivitäten wie Radtouren, Wanderungen, Spaziergängen mit dem Hund oder der Familie. Die Trockenheit im vergangenen Sommer führte zu gravierenden Sandstaubaufwirbelungen beim Passieren dieser zumeist nur mit Spurplatten ausgelegten Straßen. Regina Tammen war von morgens früh bis spät am Abend mit dem Schlepper des Familienbetriebes auf diesen Strecken unterwegs gewesen, um gemeinsam mit einigen Helfern die familieneigenen Felder zu bearbeiten, das zu Gras mähen, das zu Heu trocknende Gras zu wenden, zur Aufnahme mit der Rundballenpresse in Reihen zu schwadern und natürlich anschließend die Heuballen unmittelbar nach ihrer Anfertigung zum Schutz vor Feuchtigkeit abzutransportieren.

Gerade diese herrlich warmen Sommertage mussten genutzt werden, um hochwertiges Futter oder Einstreu für die Tiere für den kommenden Winter zu bevorraten. Während also die meisten Menschen diese wunderbaren Tage für Freizeitaktivitäten nutzen konnten, musste in der Landwirtschaft richtig Gas gegeben werden, um vor einem möglichen Wetterumschwung das meistmögliche an Ernte einzuholen.

Die Gesellschaft, die hier nun aber bei bestem Sommerwetter die Freizeit genießen wollte, fühlte sich aufs empfindlichste gestört. Der Wutausbruch einer älteren Dame, deren weißes Sommerkleid angeblich von einer Sandstaubwolke beschmutzt worden war, hatte letztendlich das Fass zum Überlaufen gebracht und bei der Tochter vom Tammenhof, die sich sonst eher zurückhielt und ein dickes Fell bewies, was Anfeindungen anging, alle Dämme der Vernunft brechen lassen.

Die Regina war mit dem Schlepper und zwei Hängern vollbeladen mit Heuballen auf dem Rückweg zum elterlichen Hof gewesen, als sie an diesem älteren Ehepaar vorbeigefahren war, die mit einem winzigen Hund an der Leine am Wegesrand warteten. Die Dame hatte dem sich nähernden Schlepper schon mit vor Wut verzerrtem Gesicht entgegengesehen, da sie trotz der Schrittgeschwindigkeit, mit der sich das riesige Gefährt mit schwerem Transport ihr und ihrem Mann genähert hatte, die dramatische Staubaufwirbelung wahrgenommen hatte, die bei der wuchtigen Masse an Gefährt selbst bei Schrittgeschwindigkeit nicht auszuschließen war. Hinzu kam der kräftige Ostwind, der seines hinzutat und die beiden samt Hündchen bald von der Staubwolke umhüllt hatte.

„Das grenzt an Körperverletzung, ich werde Sie anzeigen, Sie dreckige Sau!", hatte es vom Straßenrand in Richtung des Schleppers gehallt und war von der Person, der diese miesen Beschimpfungen galt, deutlich vernommen worden.

Regina Tammen hatte ihr Fuhrwerk zum Stehen gebracht und war nach einem kurzen Moment der Besinnung von diesem hinabgestiegen und auf das ältere Paar zugetreten. „Hab' ich mich verhört oder haben Sie mich tatsächlich soeben als dreckige Sau bezeichnet?", hatte Regina die ältere Dame gefragt und versucht, dabei eine ruhige Miene zu bewahren. „Wie soll ich wohl sonst jemanden nennen, der die Frechheit besitzt, hier so einen Dreck zu verursachen, dass es unschuldigen Menschen, die lediglich ihre freie Zeit genießen wollen, unmöglich gemacht wird, die Natur zu genießen?" Beide Fäuste in die Seiten gestemmt war die Frau wutentbrannt auf Regina zugetreten und wahrscheinlich hatte sie nur das beschwichtigende Zurückhalten ihres Mannes sie davon abgehalten, Regina eins überzuziehen. „Mein Kleid kann ich in die Reinigung geben, und die Rechnung werde ich ihnen schicken", fauchte sie noch, während Regina Tammen bleich vor Entsetzen, gerade noch so die Stimme haltend, erwidert hatte: „Das hier ringsumher sind die Felder meiner Familie. Hier muss ich Tag für Tag hart schuften, dass unser Vieh im Winter versorgt ist, aber davon mal abgesehen bin ich ihnen überhaupt keine Rechenschaft schuldig. Ihr Kleid können Sie sich sonst wo hinschieben!" Regina hatte sich wieder an das Steuer gesetzt und war davongefahren. Auf dem Hof angekommen, war sie von einer tiefen Niedergeschlagenheit erfasst worden und hatte sich verzweifelt weinend in einem Internetpost an die Öffentlichkeit gewandt. Sie hatte all den Schmerz und die Wut in von Tränen begleiteten Worte herausgerufen und war kurz davor gewesen, alles hinzuschmeißen. So eine Undankbarkeit in der Bevölkerung und dabei machte man in der Landwirtschaft einen der beschwerlichsten Jobs überhaupt und gesunde, regionale Lebensmittel wollten sie alle. Die dreckige, stinkende, zeitraubende Arbeit, die aber hiermit unwiderruflich verbunden war, die wollte niemand vor der Haustür haben.

Hans hatte sich den Post im Internet angesehen, so wie es eine ganze Menge Menschen getan und diesen für gut befunden hatten. Doch bewirken würde so ein Aufschrei leider nie etwas. Nichtsdestotrotz war es wichtig, an die Öffentlichkeit zu gehen, dachte Hans sich, die Gesellschaft sollte von den tagtäglichen Beschimpfungen und Erniedrigungen erfahren, die man Menschen zuteilwerden ließ, die in der Landwirtschaft arbeiteten. Er selbst hatte solche Anfeindungen auch am eigenen Leib erlebt.

„Ich möchte später irgendetwas mit Kunst machen." Hildas plötzliches Bekenntnis durchbrach Hans' Gedankengang. „Kunst!", sprach er und zog die Augenbrauen hoch. „Zeichnest du gerne? Oder welche Art von Kunst meinst du?", wollte Hans wissen. „Ich zeichne und male total gerne. In den Sommerferien hatte ich auch an einem Malwettbewerb teilgenommen, organisiert von unserem Lebensmittelmarkt. Das Motto war Ostfriesland und da habe ich eine Kuh gezeichnet. Ich hab' mir gedacht, das passt ganz gut, doch ich habe bisher nichts mehr von dem Wettbewerb gehört." Hilda zog bei den Worten die Schultern hoch. „Eine Kuh, sagst du?" Hans fuhr nun rechts ran, da sie das Schulgelände erreicht hatten. „Beim Bäcker gestern Abend hing so ein Flugblatt am schwarzen Brett. Die wunderschöne Zeichnung einer Kuh, die darauf abgebildet war, stach mir ins Auge, daher habe ich es kurz durchgelesen und da war die Rede von einem Malwettbewerb und der Zeichner dieser Kuh darauf wurde gesucht." Hans sah Hilda mit einem fragenden Blick an. Hilda hatte den Griff zum Öffnen der Autotür schon in der Hand und hielt nun in der Bewegung inne, um Hans mit einem fragenden Blick zu begutachten. „Was sagst du da?" Schlagartig spürte Hilda, wie sich ihr Puls beschleunigte, und sie sah Hans nun mit aufgerissenen Augen an. „Wie genau sieht denn die Zeichnung aus?", wollte Hilda wissen. „Ja, also, ein Kuhkopf und ein bisschen was vom Rumpf ist zu sehen. Das Ganze verläuft sich so in schattigen Schraffierungen", antwortete Hans ihr und sah zu, wie sich Hildas Gesicht bei seinen Worten aufhellte. „Das muss mein Bild sein!" Ungläubig starrte Hilda den Betriebshelfer an. „Ich will mir sowieso noch ein paar Brötchen kaufen, da mach ich gleich ein Foto von dem Flyer und schicke es dir per WhatsApp", sprach Hans. Hilda bedankte sich mit einem freudigen Lächeln bei Hans und verabschiedete sich nun rasch, um noch pünktlich zum Beginn der zweiten Unterrichtsstunde im Klassenraum zu sein.

8.

Ungläubig betrachtete Hilda das Foto von dem Flyer, welches Hans ihr geschickt hatte. Tatsächlich, es war ihre eigene Zeichnung, auf die sie nun mit klopfendem Herzen blickte. „Gesucht!!!", las Hilda dick gedruckt über der Miniaturkopie ihrer Zeichnung.

„Um eine Malwettbewerbsaktion aus den vergangenen Sommerferien abschließen zu können, wird der Künstler dieser eingeschickten Zeichnung gesucht.

Wir bitten um Hinweise unter ..."

Eine Telefonnummer und eine E-Mail-Adresse waren unten auf dem Flyer vermerkt.

Hilda überlegte krampfhaft. Sollte sie dort anrufen, jetzt sofort? Oder doch lieber eine Mail schreiben? Das Herz schlug ihr bis zum Hals, während sie die angegebene Nummer wählte.

Währenddessen betrat Gerald Jakobs nicht weit entfernt von Hildas Wohnort Barstede das Büro seines großen Lebensmittelmarktes im Landkreis Aurich in Ostfriesland. Eine DIN-A4-Seite mit ein paar handgeschriebenen Zeilen und gleich dabei ein dürftig abgerissener kleiner Notizzettel mit der kaum zu entziffernden, krakeligen Handschrift seiner Putzfrau darauf, die zwei Mal in der Woche jeweils in den frühen Morgenstunden das Büro und die Sanitäranlagen reinigte, lagen einsam und verloren auf dem großen, pingelig gereinigten und aufgeräumten Schreibtisch des Büros und erhaschten nun als Erstes die Aufmerksamkeit des Chefs.

„Ich gefunden zetel bei puzen unter Srank." Während Gerald noch über die Rechtschreibung seiner polnischen Putzfrau schmunzelte, erschrak er leicht vom plötzlichen Läuten des Telefons. Er schob den kleinen Notizzettel zur Seite und betrachtete die handgeschriebenen Zeilen auf der DIN-A4-Seite. Gleichzeitig nahm er das Telefonat entgegen. „Lebensmittelmarkt Jakobs, Gerald Jakobs am Apparat", meldete er sich und las nebenbei die ersten Zeilen. Mein Name ist Hilda Ihben ... Gleichzeitig klang die Stimme eines Mädchens an sein Ohr. „Hallo, mein Name ist Hilda Ihben, ich melde mich auf den von Ihnen gedruckten Flyer", meldete Hilda sich nervös und fügte hinzu: „Also die Kuh, die habe ich gezeichnet." Nun zog Gerald den Drehstuhl heran. Er musste sich erst einmal setzen. „Hallo, Hilda, was für ein erfreulicher Anruf", antwortete er und entschloss sich sogleich, den soeben erfolgten Fund des wochenlang gesuchten Hinweisschreibens nicht zu erwähnen, denn das könnte ein schlechtes Bild auf ihn und sein Unternehmen werfen. Es würde sicher Gerede geben von schlampiger Arbeit oder mangelnder Ordnung und Sauberkeit und das wollte er aufs Dringlichste vermeiden.

„Ich habe mich schon gewundert, weil ich gar nichts mehr von ihrem Wettbewerb gehört habe", sprach Hilda. „War denn der Zettel mit meinen Daten nicht in dem Umschlag mit meiner Zeichnung?", fragte Hilda. „Es waren keine Daten dabei, der Zettel muss irgendwie abhandengekommen sein", antwortete Gerald und fragte Hilda nach ihrem Alter. „Im September bin ich zehn Jahre alt geworden", hörte er sie antworten und sah gleichzeitig die Altersangabe mit neun Jahren auf dem Zettel. Das Mädchen war in der Zwischenzeit zehn geworden, registrierte er und war beeindruckt von solch einem Zeichentalent in noch so jungen Jahren. Obwohl er bisher nur ihre Stimme aus dem Apparat kannte, hatte er sie schon in sein Herz geschlossen.

Gerald lud Hilda zum Kennenlernen zu sich ins Büro ein und nachdem er das Gespräch beendet hatte, bemerkte er ein unerklärlich leichtes Gefühl in sich aufsteigen. Das lag nicht nur daran, dass der Wettbewerb nun endlich zum Abschluss kommen konnte. Es lag etwas in der Luft. Er konnte es sich nicht erklären, aber er fühlte sich wie von etwas Überirdischem getrieben.

In dieser Woche hatte Gerald seinen Abschlussbericht zum Wettbewerb verfasst und die Liste mit den Namen der ersten drei Gewinner, darunter den der Hauptgewinnerin Hilda, hinzugefügt. Nach dem Telefonat mit der jungen Zeichnerin am Montag konnte er den morgigen Freitag kaum noch erwarten und fühlte sich höchst angespannt, je näher der Tag heranrückte, da er endlich die Person treffen würde, die allein durch eine mit eigener Hand geschaffenen Zeichnung in ihm so ein Gefühlswirrwarr ausgelöst hatte. Er konnte es sich selber immer noch nicht erklären, was ihn an dieser ganzen Sache so emotional werden ließ. Vielleicht lag es auch einfach an dieser Gegend hier, in der er lebte. Ohne zu zögern hatte er sich vor einigen Jahren dafür entschieden und die Chance ergriffen, den kleinen Supermarkt hier im Landkreis Aurich zu übernehmen, um in kürzester Zeit einen großen Supermarkt daraus zu erschaffen und noch weitere kleine Filialen im Umkreis zu übernehmen. Als hatte es so sein sollen, dachte er nicht zum ersten Mal. Diese Gegend hier, die ihn so schmerzhaft an seine schon lange verstorbene Schwester erinnerte.

Sie hatte hier gelebt, war hier glücklich gewesen, wenn auch nur für kurze Zeit. Nun lebte auch er hier schon einige Jahre und irgendwie war das Gefühl während der ganzen Zeit allgegenwärtig gewesen, von etwas nicht Erklärbarem begleitet zu werden. Man mochte ihn für verrückt erklären, so dachte er jetzt, aber er war der festen Überzeugung, seine Schwester war bei ihm und wachte über ihn in jeder Minute.

Er nahm die Regionalzeitung zur Hand und las noch einmal den kleinen Artikel, den er verfasst hatte, und betrachtete die Gemälde der ersten drei Gewinner, die er darunter aneinandergereiht hatte hinzuzufügen lassen. Was für ein enormer Qualitätsunterschied sich hier doch zeigte, dachte er nun bei der Betrachtung.

Die Zeichnung der Kuh, die so unglaublich lebendig wirkte, dass man bei der Betrachtung das Gefühl hatte, das Tier würde jeden Moment mit den Augen zwinkern oder wieder mit dem Kauen beginnen. Das zweite Gemälde zeigte einen Ottifant, wie ihn der berühmte, ganz in der Nähe in Emden geborene Schauspieler Otto Waalkes oft zeichnete. Gerald amüsierte sich nun erneut über die Tatsache, dass der Name des zwölfjährigen Zeichners Jan Waalkes war, und ja, natürlich war ein Ottifant mittlerweile typisch ostfriesisch, dachte er schmunzelnd. Die Zeichnung, die es auf Platz drei geschafft hatte, zeigte ein Schaf, das im für Ostfriesland so typischen starken Wind stand. Der Wind bewirkte, dass das gekrauste Fell des Schafes glatt gepustet wurde. Ein gerade einmal achtjähriges Mädchen hatte diese Zeichnung beigesteuert, was mit dazu beigetragen hatte, dass diese zwar nicht perfekte, aber in Anbetracht des jungen Alters durchaus talentierte Zeichnung den dritten Platz verdient hatte.

Gerald liebte es, solche Wettbewerbe auf die Beine zu stellen, und war jedes Mal aufs Neue begeistert, mit welchem Engagement schon die Jüngsten dabei waren. Und dann die glücklichen Augen der Gewinner, das gab seinem Herzen jedes Mal einen Sprung und nicht selten hatte er sich im Nachhinein gefragt, wie es wohl sein mochte, eigene Kinder zu haben. Es hatte bei ihm einfach nie gepasst. Einige wohl passende Beziehungen hatte er gehabt und das eine oder andere Mal war die Überlegung der Familiengründung durchaus ein Thema gewesen, aber letzten Endes hatte er, Gerald selber, wieder einen Rückzieher gemacht. So im Nachhinein betrachtet war dies auch wohl mit ein Hauptgrund gewesen, dass die Beziehungen allesamt wieder in die Brüche gegangen waren. Tja, nun war für ihn der Zug diesbezüglich wohl abgefahren, dachte er. Mit den zweiundfünfzig Jahren, die er nun schon zählte, war es in seinen Augen sowieso undenkbar, noch über Familiengründung nachzusinnen.

Sein Unternehmen, die vielen Mitarbeiter und auch die Kundschaft waren zu seinem Lebensinhalt geworden. Er war zufrieden und konnte sich kein anderes Leben vorstellen. All das war seine Welt, quasi seine Familie.

Am Nachmittag des folgenden Tages saß Hildas Mutter am Steuer des kleinen Fahrzeugs der Familie, um Hilda und ihre Freundin Sina zum vereinbarten Termin ins Einkaufscenter der Stadt zu fahren. Sina hatte sich gerne bereit erklärt, die Freundin zum Treffen mit dem Organisator des Malwettbewerbes zu begleiten, da Hildas Mutter wegen eines eigenen, unaufschiebbaren Termins verhindert war.

Sie hatte sich riesig über diese freudige Wendung in dieser für Hilda so wichtigen Sache gefreut, und als sie dann zum ersten Mal die Zeichnung dieser Kuh aus der Hand ihrer Freundin gesehen hatte, wunderte es sie kaum, dass das Bild zum Siegerbild gekürt worden war.

Am nächsten Wochenende, so hatte dieser Herr Jakobs vom Malwettbewerb mitgeteilt, sollte die offizielle Siegerehrung stattfinden, welche, wie es oft üblich war bei offiziellen Veranstaltungen, im Schützenhaus des hiesigen Schützenvereins abgehalten werden würde. Für Fotos und einen Bericht würde die Regionalzeitung vor Ort sein, hatte er berichtet und mit dem Hinweis sogleich für einen Anflug von Nervosität bei Hilda gesorgt. Sie stand nicht gerne im Mittelpunkt und hätte es lieber gesehen, wenn man ihr den Preis in kleiner Runde zu dem Termin in wenigen Minuten bei Herrn Jakobs übergeben würde. Doch Herr Jakobs hatte zu Hilda gesagt, dass dieses vorherige Einzeltreffen mit ihr aus dem Grunde vorgenommen wurde, weil es zu dieser unangenehmen Sache mit den verschwundenen Daten gekommen war und man diesbezüglich, um einen Irrtum auszuschließen, im Vorfeld von der Zeichnerin selbst eine Bestätigung haben wollte. Hilda hatte sich aber vorgenommen, dieses Einzeltreffen zu nutzen, um abzuklären, ob es eventuell möglich wäre, die Freundin mit zum Freizeitpark Heidepark Soltau zu nehmen. Der Hauptpreis umfasste den Eintritt der ganzen Familie, und da sie ein Einzelkind war und daher insgesamt, falls es ihrem Vater überhaupt möglich war, mit dabei zu sein, lediglich drei Personen teilnehmen würden, hatte sie sich gedacht, für Sina eine Anfrage vorzubringen. Nun fuhr Hildas Mutter auf den großen Parkplatz des Centers und hielt direkt vor dem Haupteingang des Gebäudes. „Mein Termin wird in etwa eine Stunde dauern, dann fahre ich direkt wieder her, um euch zwei abzuholen, okay?", fragte die Mutter mit einem Blick nach hinten zu den beiden Mädchen. „Das ist gut Mama, falls es bei uns schneller geht, warten wir hier vorne im Eingangsbereich." Hilda wies auf den kleinen Sitzbereich vor dem Center-Bäcker, den man durch die Glasschiebetür erkennen konnte. „Das ist eine gute Idee", nickte Hildas Mutter und verabschiedete die Mädchen, die sich nun auf den Weg ins Center machten. Als Hilda und Sina den Kassenbereich erreicht hatten, blickte sich Hilda suchend um und entdeckte auch sogleich die Infotheke, an der sie sich laut Herrn Jakobs anmelden sollte.

Die Mitarbeiterin hinter der Theke stand vor einem kleinen Bildschirm, den sie offenbar suchend betrachtete. Während Hilda und Sina sich der Theke näherten, sah sie kurz zu den beiden hinüber und bemerkte, sofort bei ihnen zu sein, was sie auch gleich in die Tat umsetzte. „Womit kann ich euch zwei helfen?", fragte sie freundlich lächelnd. „Wir möchten zu Herrn Jakobs, ich habe um fünfzehn Uhr einen Termin bei ihm", antwortete Hilda, woraufhin die Mitarbeiterin dem Anschein nach Bescheid wissend die Augenbrauen hochzog und sprach: „Ah ja, dann kommt mal mit, ich bringe euch hin." Sie hob einen aufklappbaren Teil der Theke an und huschte hindurch. Hilda und Sina mussten sich beeilen, um ihren schnellen Schritten folgen zu können. Heimlich grinsten die beiden sich an, während sie der Frau hinterherliefen, denn es musste schon lustig aussehen, wie sie ihr mit kurzen, schnellen Schritten hinterherdackelten.

Nun blieb die Mitarbeiterin vor einer weißen Tür mit der schwarzen Aufschrift ‚Büro' stehen und klopfte an. Nur wenig später wurde die Tür von innen geöffnet und ein Mann mit bereits ergrautem, lockigem Haar trat heraus. Sein Blick wanderte von der Mitarbeiterin direkt weiter zu Hilda und Sina. Nun lächelte er. „Ah, mein Besuch! Ich danke dir, Karin, dass du sie hergebracht hast", sprach er, wobei er wieder die Mitarbeiterin ansah, die sich auch direkt nach einem kurzen „Kein Problem" wieder auf den Rückweg machte. „Wer von euch zwei ist denn nun die Hilda?", fragte der Mann, wobei er hereinbittend seinen linken Arm in den Raum schwenkte. Hilda trat ihrer Freundin voraus in den Raum und antwortete: „Ich bin Hilda und das ist meine Freundin Sina." Der Mann schloss die Tür und drehte sich den beiden Mädchen zu, wobei er zuerst Hilda und danach Sina die Hand zur Begrüßung schüttelte. „Herzlich willkommen, ihr zwei", sprach er nun und wandte sich Hilda zu. „Du bist dann also die verschollene Künstlerin?", schmunzelte er. „Ja, und ich war bedauerlicherweise ahnungslos, dass ich oder vielmehr meine Daten verschollen waren", antwortete Hilda mit ernster Miene und fragte gleich: „Sind sie denn mittlerweile wieder aufgetaucht, meine Daten?" „Ja, und witzigerweise am selben Tag, als du dich meldetest", antwortete der Mann und reichte Hilda den Zettel mit ihren Daten, den er vom Schreibtisch genommen hatte. „Ist er das, sind das deine Daten?", fragte er und sah zugleich Hildas Nicken. „Ja, das sind meine Daten. Ich habe sie selber auf diesen Zettel geschrieben. Wo war er denn die ganze Zeit gewesen?", wollte Hilda wissen. Der Mann schlug peinlich berührt die Augen nieder. „Unter dem Schrank dort." Er wies auf den großen Aktenschrank in einer Ecke des Raumes. „Die Putzfrau hatte ihn zufällig mit dem Besen hervorgezogen, aber behaltet diese Information lieber bei euch, sonst gibt es noch Gerede, wir wären unhygienisch." Nun lachte er laut auf. „Setzt euch doch bitte, mögt ihr beide einen heißen Kakao? Bei der Kälte draußen kann man doch etwas Heißes vertragen." Nachdem er auf die Sitzecke mit vier schwarzen Ledersesseln und einem kleinen, runden Tischchen gewiesen hatte, machte er sich nun an dem Getränkevollautomaten, der genauso wie die Sitzecke auch zur Einrichtung des Büros zählte, zu schaffen. „Ich hätte gerne einen Kakao", lächelte Hilda. „Ich auch", sprach auch Sina und tat es der Freundin gleich, sich an das runde Tischchen zu setzen. „Nun will ich mich aber erst einmal vorstellen", sprach Gerald Jakobs und kam mit einem fertigen heißen Kakau auf die Sitzecke zugelaufen. Er setzte die Tasse mittig auf den Tisch, sodass die Mädchen unter sich ausmachten, wer zuerst durfte. „Mein Name ist Gerald Jakobs. Mir gehört dieser Markt hier, zudem bin ich der Organisator des Malwettbewerbes", sprach er, während er schon wieder an dem Getränkeautomaten werkelte. „Stellt euch auch gerne vor und erzählt mal, wo ihr wohnt und was ihr so macht." Er lief mit der zweiten Tasse Kakao und einem Becher Kaffee in Richtung der Sitzecke und betrachtete Hilda, während die nun als erste der beiden Mädchen das Wort ergriff. „Ja, ich bin ja die Hilda, Ihben ist mein Nachname, und ich wohne ganz in der Nähe, in Barstede. Meine Eltern betreiben dort einen Bauernhof.“ Nachdem Gerald sich zu den Mädchen gesetzt hatte und nach seinem Becher Kaffee langte, lauschte er Hildas Erzählungen und schlagartig, wie vom Blitz getroffen, schoss ihm ein Gedanke durch den Kopf. Die Erwähnung des Bauernhofs hatte dies verursacht. Plötzlich rasten seine Gedanken. Ihben … war er die ganze Zeit nicht bei der Sache gewesen, dachte er nun, Ihben war der Name des jungen Mannes gewesen, wegen dem seine Schwester vor mehr als dreißig Jahren die Heimat und ihre Eltern und ihn, ihren Bruder, verlassen hatte. Ihm wurde heiß über die Schultern und seine Hände wurden feucht. Er betrachtete Hilda genauer. Diese großen, schüchternen Augen, die ihn aufmerksam ansahen. Fast kam es ihm vor, in die Augen seiner verstorbenen Schwester zu blicken, wobei es unsinnig war. Dieses Mädchen war nicht blutsverwandt, sie musste eine Tochter des Bruders des Verstorbenen sein und zudem die Tochter von ihr. Nun raste sein Puls. Er brachte die Frage kaum über die Lippen. „Deine Eltern, wie heißen deine Eltern?“ Seine Augen flackerten leicht bei seinen Worten. „Meine Eltern heißen Heinz und Anni“, antwortete Hilda ihm und bemerkte zugleich, wie alle Farbe aus dem Gesicht des Mannes wich. Plötzlich sprang er auf. „Entschuldigt mich bitte kurz, ich bin sofort wieder bei euch.“ Fast fluchtartig verließ er den Raum und lief in den Flur hinaus.

Gerald lief hastig den Flur hinunter, bis er endlich die Herrentoilette erreichte. Gott sei Dank war ihm niemand über den Weg gelaufen, dachte er. Schnell huschte er hinein und verschloss die Tür hinter sich. Nun lehnte er sich mit dem Rücken dagegen und atmete mehrfach tief durch. Er musste sich sortieren, sich beruhigen. Anni Ihben war die Mutter dieses Mädchens. Diese ganze Geschichte, in der er sich nun schon seit Wochen bewegte, die ihn selber so sehr bewegte, dass er sogar schlecht schlief in letzter Zeit, die wurde immer nervenzehrender. Langsam erkannte er sich selber schon nicht mehr wieder. Er war doch nie so ein Nervenbündel gewesen und gerade eben im Büro bei den beiden Mädchen hatte er das Gefühl gehabt, kaum noch atmen zu können. Er hatte gerade so den Weg hinaus auf den Flur geschafft.

Langsam stieg diese Erinnerung hoch in ihm. Wie lange war es nun schon her? Er überlegte fieberhaft. Konnte es vielleicht sogar sein? Nein, das war doch absurd. Oder war es das eventuell ganz und gar nicht? Mit klopfendem Herzen registrierte er, dass es vom Zeitraum her genau passte, dann sah er wieder den Blick des Mädchens vor seinem inneren Auge ... Und wenn das Mädchen nun doch eine Blutsverwandte seiner geliebten, verstorbenen Schwester war? Wenn er, Gerald selber, diese Blutsverwandtschaft verursacht hatte? Wieder überkam ihn ein Gefühl von Schwindel. Dadurch aber ließe sich erklären, dass ihn die Art der Zeichnung, der Stil, an seine Schwester erinnert hatte und auch der Blick des Mädchens. Er musste sich nun aber wieder beruhigen. Was sollten die Mädchen von ihm denken? Er konnte die beiden nicht so lang allein dort in seinem Büro sitzen lassen. Er drehte den Wasserhahn auf, ließ sich eiskaltes Wasser über die Handgelenke laufen und schlug sich noch eisiges Wasser ins Gesicht. Kurz trocknete er sich mit den Tüchern, die zu dem Zweck bereitlagen, Hände und Gesicht und begab sich dann schnellen Schrittes wieder auf den Flur in Richtung seines Büros, um die Mädchen nicht noch länger warten zu lassen.

Hilda und Sina hatten sich fragend angeschaut, als der Mann, mit dem sie gedachten, in den nächsten Minuten Informationen hinsichtlich des Wettbewerbes auszutauschen, plötzlich wie von etwas getrieben das Büro verlassen hatte. „Was war denn mit dem plötzlich los, hast du sein Gesicht gesehen, als ich die Namen meiner Eltern genannt habe?", hatte Hilda die Freundin gefragt.

„Ja, der hat sich eindeutig ganz schön erschrocken, als du sie ihm genannt hast." „Aber warum? Vielleicht ist ihm aber auch zufällig plötzlich etwas Wichtiges eingefallen", hatte Hilda weiter spekuliert. „Oder war ihm plötzlich übel, war der Kaffee zu stark?" Beide hatten gekichert über Sinas Einwand. „Der kommt doch sicher gleich wieder oder was denkst du?" Hilda hatte sich etwas gesorgt. Ein plötzlicher Schwächeanfall konnte ja auch durchaus nicht ausgeschlossen werden. Nach minutenlangem Spekulieren und Überlegungen, vielleicht der Sache nachzugehen oder jemandem Bescheid zu geben, damit man nach dem Rechten schaute, hörten sie nun Schritte auf dem Flur. Kurz darauf schwang die Tür zum Büro auf und Herr Jakobs trat mit blassem Gesicht und einem nervösen Lächeln wieder herein. „Es tut mir aufrichtig leid, euch so lange allein gelassen zu haben", sprudelte es aus ihm heraus. „Ich musste kurz ein wichtiges Telefonat führen, welches ich beinahe vergessen hätte."Wie zur Bezeugung des Gesagten klopfte er kurz an das Handy, das in seiner Hosentasche steckte. Die Mädchen bemerkten das immer noch nervöse Auftreten des Mannes und registrierten auch die blasse Gesichtsfarbe. Hilda hatte für sich mit der Tatsache abgeschlossen, dass dem Mann plötzlich schlecht geworden war und er dies nun vor seinen Besuchern nicht preisgeben mochte. Gerald Jakobs war wieder auf seinen Sitzplatz in der gemütlichen Sitzecke zugetreten, holte noch einmal tief Luft und setzte sich. „Hast du noch irgendwelche Fragen hinsichtlich der Preisverleihung nächste Woche?" Nun blickte er Hilda fragend an. Beide Mädchen waren im ersten Moment etwas verwirrt. Anscheinend war das anfängliche Kennenlerngespräch für Herrn Jakobs beendet, und es machte den Anschein, er wolle zügig zum Ende des Besuches kommen. „Also, eine Frage hätte ich da noch", sprach Hilda, nachdem die kurze Verwirrung verflogen war. „Wir würden die Heideparkfahrt wahrscheinlich nur zu zweit antreten, da mein Vater sich in einer Reha befindet." Wieder bemerkte Hilda dieses leichte Flackern der Augen des Mannes beim Erwähnen ihrer Familie, sprach aber direkt weiter. „Da wollte ich fragen, ob meine Freundin Sina mitkommen könnte." Diese kindlich schüchterne und so herzliche Frage, wobei das hübsche Mädchen ihrer Freundin einen hoffnungsvollen Blick geschenkt hatte, erwärmte in dem Moment das Herz von Gerald Jakobs in so hohem Maße, dass dadurch sogar seine Nervosität verschwand und er lächelnd antwortete: „Aber sicher doch, das lässt sich einrichten." Mit glücklichem Herzen registrierte er die plötzliche Freude der Mädchen, die sich fröhlich lachend an die Schultern fassten. Er räusperte sich kurz, als müsse er sich wieder sammeln, und sprach weiter. „Allerdings habt ihr auch genug Zeit, den Preis einzulösen. Der Gutschein ist drei Jahre gültig und all-inclusive. Ihr könnt sogar eine halbe Stunde vor Öffnung des Parks hinein und könnt die ersten Attraktionen ohne Wartezeit genießen." Die beiden Mädchen waren nun voller Vorfreude, überlegten schon, wann das Event stattfinden könnte. Gerald Jakobs gab nun noch einige Infos zur Preisverleihung am nächsten Wochenende im Schützenhaus und ließ dann das Gespräch zum Ende kommen. Die Mädchen bedankten sich nochmals für den heißen Kakao, verabschiedeten sich bis zur Preisverleihung und verließen dann freudestrahlend das Büro des Mannes. „Es ist zehn nach vier", verkündete Hilda, als die zwei nun den Flur entlangliefen und sie einen Blick auf ihr Handy geworfen hatte. „Vielleicht wartet Mama schon auf uns." „Falls nicht, kaufe ich uns zwei ein Schokocroissant, und wir setzen uns in den Eingangsbereich, ich habe nämlich Geld dabei", grinste Sina Hilda an und fasste ihre Hand. Beide hüpften nun freudig in Richtung des Bäckers.

9.

Es war mittlerweile weit nach Mitternacht. Schon kurz nach drei, stellte Hilda beim Blick auf ihr Handy mit unbehaglichem Gefühl im Bauch fest. Sie hatte wieder einmal kein Auge zugetan, dieses schreckliche Geschehen in ihrem Kopf hatte wieder zugeschlagen. Trotz der Eiseskälte draußen hatte sie ihr Schlafzimmerfenster geöffnet. Sie hatte auch wieder das Gefühl gehabt, nicht durchatmen zu können. Nun saß sie traurig auf ihrem Bett, hatte das Kopfkissen hoch gegen das Kopfteil des Bettes geschoben und sich mit dem Rücken dagegen gelehnt. Die Bettdecke hatte sie sich eng um den Körper geschlungen, um sich vor der Kälte im Raum zu schützen. Sie musste doch eigentlich längst schlafen, morgen in der Schule war doch Konzentration gefragt und sie wollte sich immer aufs Höchste konzentrieren, um bestmögliche Lernerfolge zu erzielen, dachte sie traurig und niedergeschlagen. Doch an Schlaf war in dieser Nacht wieder mal nicht zu denken. Vielleicht war das aufregende Treffen mit dem Chef vom Einkaufscenter schuld an ihrer inneren Unruhe. Sie wusste es nicht. Oft schlief sie irgendwann während des Lesens oder des Zeichnens ein, aber heute Nacht wartete sie wieder vergebens auf den erholsamen Schlaf. Sobald sie sich ganz langsam natürlich, schrittweise in die waagerechte Lage begeben wollte, dies musste schrittweise geschehen, weil sonst sofort das Gefühl wieder Oberhand über ihre Gedanken nahm, hatte es sie dann trotzdem wieder mit schrecklicher Wucht befallen, und sie musste sich blitzschnell wieder aufsetzen, mit den Armen wedeln, sich bewegen, um sich abzulenken von den schrecklichen Gedanken. Nun ging es wieder los. Hilda setzte sich panisch atmend wieder auf. Es packte sie, ihre Gedanken. Schwindel befiel sie und sie dachte, sie würde ohnmächtig werden. Sie sprang ruckartig aus dem Bett und rannte zum Fenster hin, um mehrfach tief nach Luft zu schnappen. Erst sehr leise, dann nach und nach immer lauter durchdrang ein qualvolles

Tierbrüllen ihre Panik. Diese Ablenkung durch das Geräusch sorgte schlagartig für Beruhigung in Hildas Körper. Sie versuchte, langsamer zu atmen, doch noch hörte sie ihr rasendes Herz laut in den Ohren pochen. Sie schluckte ein paarmal und versuchte, sich auf das Geräusch zu konzentrieren, das durch ihr offenes Fenster an ihr Gehör drang. Nun hörte sie es deutlich. Es klang regelrecht qualvoll, ein tiefes Brüllen. Das musste der Deckbulle sein, schoss es ihr durch den Kopf. Mittlerweile war alle Panik aus ihrem Körper gewichen, sie wandte sich vom Fenster ab und verließ das Schlafzimmer, um barfuß über den eisigen Boden zum Schlafzimmer ihrer Mutter hinüberzutrippeln. Im Schlafzimmer der Mutter waren beide vorhandenen Fenster fest verschlossen. Hier war nichts von dem qualvollen Brüllen des Tieres zu hören. Hilda rüttelte an der Schulter ihrer tief schlafenden Mutter. Kurz stieg Neid in Hilda auf. Warum nur durften alle Menschen des Nachts selig schlafen, während sie sich die nächtlichen Stunden mit irgendwelchen Ablenkungen um die Ohren schlagen musste?

Nun erwachte die Mutter aus ihrem Tiefschlaf und sah erschrocken in das Gesicht ihrer Tochter. „Hilda, was ist los? Geht es dir nicht gut?", fragte sie verdattert. „Mama, im Stall stimmt etwas nicht, ich höre die ganze Zeit ein qualvolles Gebrüll." Hilda stand am Bett der Mutter wie zum Aufbruch bereit. Die Mutter lauschte. „Ich höre nichts." „Komm mit in mein Schlafzimmer, dort kann man es deutlich hören." Hilda wandte sich zur Tür, um der Mutter, die sich nun aus den Laken schälte, in ihr eigenes Schlafzimmer vorauszueilen. Beide horchten nun am geöffneten Schlafzimmerfenster. Da war es wieder und es klang nun schon viel schwächer als zuvor, bekannte Hilda mit besorgtem Gesicht. Schnell zogen sich Mutter und Tochter warme Kleidung über und eilten in den Stall. Hilda hatte noch schnell das Handy eingesteckt, falls sie, wie sie es befürchtete, schnellstmöglich Hilfe rufen musste. Nachdem die Mutter die Stallbeleuchtung eingeschaltet hatte, sahen sie sich erst einmal suchend um, konnten vorerst aber keine Gefahrenquelle ausfindig machen. Plötzlich drang erneut ein nun sehr schwaches Brüllen zu ihnen hinüber. „Das kommt vom Deckbullen!" Hildas Mutter lief in die Richtung, in der der Deckbulle seine Box hatte, und musste auch hier die Beleuchtung einschalten, da in diesem Bereich die Beleuchtung wegen des späteren Anbaus extra geschaltet war.

„Um Himmels willen!" Vor Entsetzen darüber, was sich nun ihren Augen bot, legte die Mutter ihre Hände vor das Gesicht, um sie gleich wieder herunterzunehmen und hilflos zur Bullenbox zu laufen. Hilda war nicht weniger entsetzt und nahm sogleich ihr Handy zur Hand, um Hans zu alarmieren. Der Deckbulle hatte versucht, das wohl einen Meter sechzig hohe Eisengatter, mit dem seine Box verschlossen war, zu überwinden, war in etwa bis zum Ende des Rippenbogens hinüber gerobbt und so stecken geblieben. Nun hing das Tier schwer atmend mit dem vorderen Körperteil auf der Seite des Laufganges und der hintere Teil befand sich auf der anderen Seite des Eisengatters in der Box. Noch atmete er schwach, aber Bewegung war keine mehr in ihm. „Das überlebt der nicht, oh Gott, wie sollen wir ihm helfen? Der wiegt bestimmt fünfhundert bis sechshundert Kilo, den bekommen wir da nicht ohne technische Hilfe herunter!" Der panische Ausruf der Mutter übertönte Hildas Handygespräch mit dem Betriebshelfer. Während Hildas Mutter sinnlos an dem Bullen herumschubste und versuchte, ihn in rückwärtige Bewegung zu setzen, hatte der Betriebshelfer nach Hildas kurzer Schilderung der bedrohlichen Situation bekundet, sich direkt auf den Weg zu machen. Hilda steckte das Handy zurück in die Hosentasche und versuchte, der Mutter zu helfen, den Bullen zur Bewegung zu bringen. Doch jede Handlung war sinnlos. Hildas Mutter schrie auf den Bullen ein und schlug nun schon mehr als zu schubsen. „Nun beweg dich doch, du dummer Bulle, du stirbst uns hier so weg!" Das Schreien ging über in Heulen, und als endlich der Betriebshelfer um die Ecke kam, war es schon zu spät. Der Bulle hing nun leblos auf dem Eisengatter. Instinktiv positionierte Hans seine Schulter unter dem Hals des Bullen und stemmte sich mit aller Kraft in die Höhe, immer und immer wieder, doch mehr als ein paar Zentimeter brachte er den schweren Kadaver nicht in die Höhe. „Lass gut sein, Hans, du machst dir die Schulter kaputt und es ist eh zu spät, ihm hängt schon die Zunge heraus." Hildas Mutter zog Hans am Arm unter dem Bullen hervor. Hans schien sprachlos von dem Schock, den dieses schreckliche Szenario in ihm hervorrief. „Ich hole den Hoflader und drücke ihn damit zurück in die Box!" Mit hängenden Schultern lief er raus auf den Hof. Mutter und Tochter standen bekommen vor der Bullenbox und starten fassungslos auf das Bild, das sich ihnen bot. Dieser massige Bullenkadaver, der so unwirklich über dem Eisengatter hing. „Nur gut, dass dein Vater das Elend hier jetzt nicht sieht, der würde nun wieder herumschimpfen wie ein Rohrspatz", sprach Hildas Mutter und setzte hinzu: „Er muss es vorerst auch nicht erfahren." „Vielleicht wird es ihn gar nicht zu sehr belasten, zumal es der Bulle ist, dem er seinen Unfall zu verdanken hat", antwortete Hilda und erreichte damit eine kurze Aufheiterung der niederschmetternden Situation. Kurz darauf kam Hans mit dem Hoflader in den Gulf gefahren. „Anni, da kalbt eine Färse, es ist die weiße, die wir gestern schon in den Laufstall gebracht haben, die muss schnell rüber in die Abkalbebox!", rief er Hildas Mutter zu, bevor er sich daran machte, den massigen Bullenkörper mit Hilfe des Frontladers zurück in die Box zu heben. Färsen waren tragende Rinder, die das erste Mal kalbten. Diese Kalbungen gingen nicht selten mit Komplikationen einher. „Das auch noch!" Hildas Mutter stöhnte und begab sich missmutig hinaus in Richtung des Laufstalls. Hilda folgte ihrer Mutter und sah dann, wie diese eine besorgte Miene aufsetzte, nachdem sie die Färse entdeckt hatte, die sich schon instinktiv von der Herde abgesondert hatte und deutliche Anzeichen von Wehenschmerz zeigte. „Das ist die Neunundvierzig, die ist eigentlich erst um Weihnachten herum so weit, da stimmt etwas nicht", sagte die Mutter wie zu sich selbst und bat dann Hilda, die große, hölzerne Flügeltür des Laufstalls geöffnet zu halten, durch die sie das Tier hinaus in den Hof treiben würde. Nun trat auch der Betriebshelfer hinzu, der den toten Bullen vom Gatter befreit und den Hoflader zurück in die Halle befördert hatte. Sogleich streckte er beide Arme in die Höhe, mahnend und weisend, um die Färse sicher in die Abkalbebox zu lenken. Hilda schloss blitzschnell die Flügeltür des Laufstalls, nachdem ihre Mutter, „Weiter, weiter!" rufend, hinter der Färse hinausgetreten war. Nun sprintete sie hinüber zum Anbau des Laufstalls, in dem sich die Abkalbebox befand, und öffnete dessen ähnliche Holzflügeltür, damit das Tier hineingetrieben werden konnte. „Hans, die Färse ist zu früh dran!" Alle drei standen nun in der Box bei der Färse und machten besorgte Mienen. „Die dürfte eigentlich erst um Weihnachten herum kalben", sprach Hildas Mutter weiter und sah den Betriebshelfer sorgenvoll an. „Das ist nicht gut", gab nun auch der Betriebshelfer von sich. „Das ist fünf bis sechs Wochen zu früh, das Kalb wird nicht überleben, es wird aber nicht mehr lange dauern, die Bänder sind schon ganz weich", sprach er weiter, während er die Färse untersuchte. Hilda war vorsichtig an den Kopf der Färse herangetreten und strich dem Tier beruhigend über den Hals. Die Färse hatte nun im Minutentakt starke Wehenschmerzen und bog den Rücken bei jedem Wehenschwall zum äußersten. Die Zeit verstrich doch. Obwohl sich das Tier abmühte und unter sichtbar enormen Schmerzen in jede Presswehe vorbildlich hineinarbeitete, tat sich weiterhin nichts. Außer etwas Geburtsschleim brachte das Tier nichts aus dem Geburtskanal heraus. „Ich werd' mal hineinfühlen und Abtasten, ob das Kalb etwa falsch liegt. So kommen wir nicht weiter", sprach Hans und zog sich den langen Plastikhandschuh über, den er sich soeben aus einem alten Metallwandschrank in der Milchkammer geholt hatte. Der Handschuh reichte ihm bis in die Achselhöhlen und schützte somit den kompletten Arm, der ganz in dem Tier verschwand, vor Nässe und Verschmutzung. Nun tastete er vorsichtig zuerst die Hand und dann immer weiter bis zum Ellenbogen hinein, die Färse war vor Schmerzen schon halb betäubt und ließ die Untersuchung ohne Widerstand über sich ergehen. „Das fühlt sich merkwürdig an." Hans war voll fokussiert auf das, was er im Bauch des Tieres ertastete. „Anni, wir müssen den Tierarzt rufen, das Kalb hat eine Missbildung, die Färse wird es nicht auf normalem Wege herausbringen können", bemerkte er nun mit entsetzter Miene. „Ach du meine Güte, das nimmt alles kein Ende heut Nacht!" Hildas Mutter ließ resigniert die Schultern hängen. „Ich habe die Nummer vom Tierarzt auf meinem Handy gespeichert", mischte sich nun Hilda ein und machte sich direkt daran, den Kontakt zu suchen. Während Hildas Mutter den Tierarzt informierte, hatte Hans die Untersuchung der Färse beendet und war nun zu der Erkenntnis gekommen, dass es noch eine lange Nacht werden würde, denn das bereits tote Kalb würde noch im Bauch der Färse zerteilt werden müssen, um es gänzlich herauszubekommen und somit zumindest das Leben des Muttertieres zu retten.

Er hatte bei dem Kalb die Vorderbeine ordnungsgemäß unter dem Kälberbauch, zudem aber auch zwei weitere aus dem Nacken des ungeborenen Tieres ertastet. Des Weiteren schien eine Art zweiter Kopf an dem Hals des Kalbes verwachsen zu sein. Ihm grauste nun schon vor dem, was in den nächsten Stunden zu erledigen war. Diese schreckliche Laune der Natur war sehr selten und kam doch immer mal wieder vor, dachte er betrübt.

Der Tierarzt ließ nicht allzu lange auf sich warten und gab dem Tier, nachdem er sich den Bericht der Lage vom Betriebshelfer angehört hatte, erst einmal einen Wehenhemmer, um die Wehen und den damit verbundenen Drang zum Pressen zu stoppen.

Nun zog sich auch der Tierarzt einen armlangen Plastikhandschuh über und machte sich daran, die Färse zu untersuchen. Er schob seinen Arm durch den Gebärmutterhals vorsichtig in die Gebärmutter des Tieres hinein und tastete die Missbildungen des ungeborenen Kalbes ab. Das Muttertier wurde derweil immer ruhiger. Der Wehenhemmer tat seine Wirkung. So konnte sich der Arzt ungestört ein detailliertes Bild von den Missbildungen des Kalbes machen, um die nächsten Maßnahmen zu planen. Nun zog er seinen Arm wieder heraus, sah den Betriebshelfer mit hochgezogenen Augenbrauen an und teilte ihm mit, mit welchen Handlungen begonnen werden musste. „Wir trennen zuerst die verwachsenen Beine am Nacken des Kalbes ab", sprach er. „Zuvor muss ich aber erst noch zum Schutz der Färse vor Verletzungen die Schutzmatte einarbeiten." Der Tierarzt nahm eine etwa armlange und in etwa genauso breite Plane zur Hand, die er nun mit geschickten Handgriffen in den Geburtskanal der Färse hineinarbeitete. Diese Maßnahme diente dem Schutz vor Verletzungen, die durch das unumgängliche Zersägen des toten Kalbes im Muttertierleib hervorgerufen werden konnten. Nachdem dies zur Zufriedenheit des Arztes erledigt war, nahm er einen dünnen Draht zur Hand, an dessen Enden sich kleine, hölzerne Griffe befanden. Dieser Draht war nicht glatt, wenn man mit den Fingerspitzen darüberfuhr, sondern ganz fein angeraut und hatte somit eine schneidende Funktion, wenn man ihn sägeartig über Gegenstände hin- und herzog, wofür die Holzgriffe an beiden Enden des Drahtes angebracht waren.

Er suchte sich die ungefähre Mitte des Drahtes und arbeitete sich erneut mit der Hand, mit der er diesen Draht zur Schlaufe geformt über dem Mittelfinger hielt, durch den Geburtskanal in die Gebärmutter hinein. Er tastete sich hin zu den unnatürlich angewachsenen Beinen des toten Kalbes und versuchte nun immer wieder, den über seinen Mittelfinger drapierten Draht über diese Beine zu ziehen. Das Kalb rutschte aber immer wieder zurück, tiefer in die Gebärmutter hinein, die Länge des Armes des Arztes reichte nur bis zu einem bestimmten Punkt und so musste er immer wieder von vorne beginnen, das Kalb mit greifartigen Bewegungen seiner Hand heranzuziehen und zumindest eines der Beine des toten Kalbes zu erwischen. Nach mehreren Anläufen hatte er es nun geschafft, den Draht um eines der Beine zu drapieren. Er schob diesen hinunter bis zum Ansatz des verwachsenen Beines und zog seinen Arm langsam, akribisch darauf achtend, den Draht fest und in Position zu behalten, heraus.

Nun zog er immer im Wechsel je an einem Ende des stramm gezogenen Drahtes, das Gefühl des Widerstandes, das sich dem Arzt bei jedem Zug bot, zeigte ihm, dass er den Draht passgenau positioniert hatte.

Es brauchte eine geraume Zeit und enorme Anstrengung, bis die Spannung des Drahtes mit einem Ruck nachließ. Vorsichtig zog er diesen zur Gänze wieder heraus und schob erneut seinen Arm in die Färse, um das abgetrennte Kälbergliedmaß ans Tageslicht zu bringen. Diese mühselige und nicht zuletzt moralisch ankratzende Arbeit wiederholte sich nun mehrfach und Hans ging dem Tierarzt aus besten Kräften zur Hand. Zudem versorgte er das Muttertier, das diese langwierige Strapaze über sich ergehen lassen musste. Hans hatte Hilda und ihre Mutter zurück ins Haus geschickt, zumal die zwei nicht übermäßig mit einzugreifen hatten. Hans und der Tierarzt waren nach einer Zeit schon zum eingespielten Team geworden und Hans wollte zudem vermeiden, dass Hilda allzu viel von dem emotional ankratzenden Geschehen mitbekam. Die Bilder der abgetrennten Gliedmaßen des toten Kalbes würden das Mädchen mit Sicherheit eine Zeitlang begleitet haben.

Nach etwa drei Stunden Schwerstarbeit war es endlich geschafft, das missgebildete Kalb war nun vollständig aus dem Bauch der Färse entfernt worden. Dem Tierarzt lief der Schweiß aus allen Poren und auch Hans war trotz der Kälte, die im Stall herrschte, durchgeschwitzt. Der Tierarzt hatte auch die Nachgeburt mit abgezogen und versorgte das heftig mitgenommene und geschwächte Muttertier mit Aufbaupräparaten und gab vorsorglich Penicillinstäbe in die Gebärmutter des Tieres. Hans brachte dem Tier noch, wie auch schon während der Operation immer wieder, einen Zehn-Liter-Eimer Wasser zum Trinken und versorgte es anschließend mit genügend Kalzium durch Eingabe von Boli über das Maul des Tieres. Die nächsten Stunden würden zeigen, inwieweit die Gesundheit des Muttertieres unter dieser enormen Strapaze gelitten hatte. Soweit es der Tierarzt beurteilen konnte, war es zu keiner inneren Verletzung gekommen. Der verströmte Leichensaft des toten Kalbes würde bei offenen, inneren Wunden beim Muttertier zur tödlichen Infektion führen. Das war auch mit der Grund gewesen, weshalb sich der Tierarzt gegen einen Kaiserschnitt entschieden hatte, zumal hierbei durch den operativen Schnitt zum Öffnen des Bauchraumes eine Infektion nicht ausschließbar war. Wäre es der Fall gewesen, dass das Kalb noch gelebt hätte und dieser tödliche Leichensaft sich gar nicht gebildet hätte, dann wäre es aber bei diesen Verwachsungen, die das missgebildete Kalb aufwies, nicht möglich gewesen, es aus der Kaiserschnittöffnung herauszubekommen. Nicht selten waren solche anstrengenden Eingriffe ein Todesurteil für das Muttertier, sodass der Tierarzt und auch Hans erleichtert bemerkten, dass die schwere Arbeit wohl an die Substanz beider gegangen war, aber, wie es aussah, erfolgreich gewesen war, denn das Muttertier zeigte nun nicht nur großen Durst, es fraß auch mit gutem Hunger von dem Futter, welches Hans ihm soeben vorlegte.

Während der Tierarzt damit beschäftigt war, seine Schutzkleidung und die benutzten Instrumente zu reinigen, machte sich Hans noch mit dem Hoflader ans Werk, den Kadaver des toten Deckbullen aus seiner Box zu ziehen und hinaus auf den Hof zu befördern. Die abgetrennten Kälbergliedmaßen und den Rest des toten Kalbes würde er dazulegen, um dann den Kadaverwagenfahrer zur Abholung zu informieren. Der Tierarzt verabschiedete sich noch von Hans und fuhr vom Hof. Hans sah dem Bulli des Tierarztes kurz hinterher und bemerkte zugleich die Dämmerung am Horizont, die den kommenden Tag ankündigte. Nun sah er auf die Uhr. Bereits nach sechs Uhr. Er seufzte und ging in den Melkstand, um diesen für das nun anstehende morgendliche Melken vorzubereiten.

10.

Als Hilda an diesem frostigen, wolkenlosen Samstagmorgen erwachte, fand sie sich mit dem Kopf auf ihr Malbuch gebettet und den lilafarbenen Filzstift, nicht verschlossen, zwischen Buch und Wange gequetscht. Die lila Farbe des Stiftes hatte sich einmal quer über Hildas Wange verteilt und nun sah sie verzweifelt in den Spiegel, sich fragend, wie sie die Farbreste rechtzeitig zur Preisverleihung des Malwettbewerbes entfernen konnte. Einerseits war sie froh, dass sie über dem Ausmalen des Schmetterlings eingeschlafen war und Gott sei Dank auch durchgeschlafen hatte. Dumm war nur, dass sie es nicht mehr geschafft hatte, den Stift zu verschließen oder ihn zumindest auf den Boden zu befördern. Nun schrubbte sie schon eine ganze Weile mit dem Waschlappen und Seife darauf über ihre Wange. Es musste vollständig verschwinden. Hilda wollte auf gar keinen Fall mit lila Farbe im Gesicht aufs Foto und Fotos würden gemacht werden, das hatte ihr Herr Jakobs, der Chef vom Edeka-Center, beim Treffen letzte Woche in dessen Büro mitgeteilt.

Hilda dachte noch einmal darüber nach, wie merkwürdig der Mann sich verhalten hatte und fast schon panisch aus dem Büro verschwunden war, nachdem Hilda die Namen ihrer Eltern erwähnt hatte. Ihre Freundin Sina hatte sofort bemerkt, dass dieses Verhalten des Mannes in Zusammenhang mit der Erwähnung ihrer Eltern zu bringen war, doch Hilda selber hatte es zuerst verworfen und einen Schwächeanfall als Ursache in Betracht gezogen. Doch mittlerweile war auch Hilda zu derselben Ansicht wie ihre Freundin gekommen. Es war einfach zu auffällig gewesen. Dieser plötzliche Stimmungswandel des Herrn, dessen Gesicht sogar direkt an Farbe verloren hatte. Natürlich hatte Hilda anschließend auch mit ihrer Mutter über dieses merkwürdige Verhalten des Chefs vom Edeka-Center gesprochen. Zunächst hatte ihre Mutter sich ihren Bericht angehört und dann darauf hingewiesen, dass der Mann mit so einem großen Unternehmen wahrscheinlich viel um die Ohren hatte und zudem noch diese Wettbewerbsaktion organisierte, und wer wisse, was der Herr sonst noch so an Aktivitäten beiwohnte, das konnte dann schon leicht mal zu viel werden und sich auf den Kreislauf schlagen, zumal der Mann laut Hildas Bericht auch nicht mehr der Jüngste war.

Nachdem Hilda dann erneut erwähnt hatte, dass es ihr so vorgekommen war, als hätte die Nennung der Namen ihrer Eltern diese anscheinende Kreislaufschwäche bewirkt, und Hilda das Gefühl gehabt hatte, der Mann hätte mit den Namen der Eltern eine plötzliche Erinnerung verbunden, hatte ihre Mutter dann nach dem Vornamen des Herrn Jakobs gefragt. Hilda hatte kurz überlegen müssen, war sich dann aber sicher gewesen, dass der Vorname des Herrn Gerald war. Kurz hatte Hildas Mutter ein erschrockenes Gesicht gezeigt, das hatte Hilda ganz deutlich bemerkt. Sie hatte sich aber blitzschnell wieder gefangen und war direkt in einen Schwall von Überlegungen hinsichtlich des Verhaltens dieses Herrn übergegangen, mit dem Namen Gerald Jakobs würde sie keinerlei Erinnerungen in Verbindung bringen.

Die Unterhaltung mit ihrer Mutter war danach schon irgendwie in eine merkwürdige Richtung gelaufen, dachte Hilda nun bei sich. Die Mutter hatte immer mehr von dem Thema abgelenkt und hatte zuletzt sogar etwas genervt reagiert, was Hilda so schon seit einer Ewigkeit nicht mehr bei ihrer Mutter bemerkt hatte. Eine etwas traurige Stimmung machte sich nun in Hilda breit, während sie immer noch an ihrer Wange herumschrubbte. Der Mutter war am Abend zuvor plötzlich ein Termin in die Hände gefallen, den sie nicht mehr auf dem Schirm gehabt hatte und den sie dringend wahrnehmen musste. Daher war sie sehr traurig, Hilda nicht zur Preisverleihung des Wettbewerbes begleiten zu können.

Irgendetwas in Hilda sagte ihr, dass es da irgendeine Verbindung zwischen ihren Eltern und diesem Herrn Jakobs geben musste. Aus einem ihr unerklärlichen Grund war ihre Mutter plötzlich so abwesend, wenn das Gespräch auf die Preisverleihung kam, und dass sie Hilda nun ganz plötzlich nicht mehr begleiten konnte, das war kein Zufall, da stimmte etwas nicht. Nur was konnte es sein, was brachte sowohl diesen Herrn Jakobs als auch ihre Mutter dazu, so nervös auf die jeweiligen Identitäten zu reagieren, fragte sich Hilda immer wieder.

Etwa zur selben Zeit stand Hildas Mutter im Melkstand und hielt die in den Gummihandschuhen steckenden Hände um die dicke, schwarze Milchleitung geklammert, durch die die frische, noch warme Milch floss, die mit dem Melkgeschirr aus dem Euter gesogen und vorab durch einen Reinigungsfilter gedrückt direkt in den Kühltank geleitet wurde. Die durch die hindurchfließende Milch aufgewärmte Leitung linderte ein wenig die vor Kälte schmerzenden Hände. Das Thermometer hatte vor etwa zwei Stunden, um sechs Uhr in der Früh, minus drei Grad angezeigt. Zwar war es eine herrliche frische Luft und windstill gewesen, als sie hinaus auf den Hof getreten war, um zum morgendlichen Melken zum Melkstand zu gelangen, aber die immer wieder notwendige Reinigung von Melkgeschirr und Zitzenbechern mit dem Wasserschlauch, der mittig von der Decke hinunter in den Melkstand hing, hatten ihre Hände mittlerweile gefühlt zum Gefrieren gebracht. Immer wieder knetete Hildas Mutter zwischendurch die Hände, um die Durchblutung anzuregen, um auch auf die Art und Weise den Kälteschmerz zu lindern. Auch ihre Zehen schmerzten vor Kälte, weswegen sie immer wieder mit den in den hohen Gummistiefeln steckenden Füßen wippte.

All diese Bewegungen tat sie fast schon unbewusst, automatisch, zumal sie heute Morgen generell nicht vernünftig bei der Sache war. Sie hatte kaum geschlafen in der Nacht, hatte zumeist in Grübeleien versunken an die Decke gestarrt. Seitdem sie den Namen des Mannes, dem sie vor nunmehr elf Jahren begegnet war und der sie seither immer mal wieder des Nachts in ihren Träumen besuchte, aus dem Mund ihrer Tochter gehört hatte, war plötzlich alles wieder dagewesen, ganz nah, vor ihrem inneren Auge. Die lange Zeit, die seitdem vergangen war, hatte nichts an den Erinnerungen verblassen lassen.

Vergangene Nacht hatte sie sich plötzlich wieder auf dem Dorffriedhof befunden, genau wie vor elf Jahren. Es war so eisig kalt gewesen, ein Nachmittag im November war es gewesen. Sie war den Weg in Richtung des Grabes vom verstorbenen Bruder ihres Mannes gelaufen und hatte verdutzt den Schritt verlangsamt, als sie schon aus der Entfernung einen fremden Mann an dem Grab hatte stehen sehen.

Im mäßigen Schritt war sie weitergelaufen und war mit etwas Abstand zu dem Herrn am Grab stehengeblieben. Sie hatte den Mann begrüßt und war mit ihm ins Gespräch gekommen. Überrascht hatte sie erfahren, dass der Herr der Bruder dieser Greta war, die, wie sie selber, einst im selben Wohnhaus als Lebensgefährtin und Mutter des Sohnes ihres verstorbenen Schwagers gelebt hatte. Diese junge Frau auf dem Bild in ihrer eigenen Küche, die sie nie leibhaftig hatte kennenlernen dürfen, war die jüngere Schwester dieses Mannes gewesen, wobei Anni auch noch nicht einmal von der Existenz eines Bruders gewusst hatte. Es hieß immer, nach dem Tod der Eltern dieser Greta waren keine Angehörigen mehr vorhanden.

Anni hatte zuletzt nicht mehr sagen können, wie lange sie mit dem überaus freundlichen, sympathischen und zudem gutaussehenden Mann an dem Grab gestanden und gesprochen hatte, aber wie ihre Gefühle nach diesem herzlichen Gespräch waren, so gesehen, wie sie sich von diesem Mann gefühlt hatte, wie es schon seit Ewigkeiten nicht mehr gewesen war, das wusste sie bis heute. Das war auch der Grund gewesen, warum sie die Einladung des Mannes in seine Unterkunft, eine Pension an der nicht weit entfernten Küste, für den nächsten Abend annahm. Der Bruder dieser Greta hatte allem Anschein nach den Verlust der geliebten Schwester nie wirklich verarbeitet und er gierte förmlich nach Informationen jeglicher Art über die kurze Zeit, in der seine Schwester in der Familie, in die auch Anni hineingeheiratet hatte, gelebt hatte.

Als ob das Schicksal es gewollt hatte, war Annis Ehemann am nächsten Abend vom Nachbarn zur Jahreshauptversammlung des Landvolkes abgeholt worden, sodass Anni das Auto zur

Verfügung und sich direkt nach dem Ehemann auf den Weg gemacht hatte, den sympathischen Mann, von dem sie ihrem Ehemann zunächst nichts erzählt hatte, zu besuchen. Anni erinnerte sich, mit was für ein Gefühl der Vertrautheit sie zu dem Mann gefahren war, der ihr auch direkt beim ersten Treffen auf dem Friedhof das Du angeboten und sich mit Gerald Jakobs vorgestellt hatte. Diese Vertrautheit, so als hätte sie ihn schon ewig gekannt, verstärkte sich noch während des wunderbaren Abends, den sie mit ihm verbracht hatte. Ein Glas Wein hatte sie an dem Abend getrunken, das wusste sie noch, und Gerald war plötzlich dicht bei ihr gewesen, um ihr dieses wunderbare Kompliment ins Ohr zu flüstern, dieses „Du hast so ein unglaublich schönes Lachen.". Bei der Erinnerung daran in der vergangenen Nacht war Anni direkt wieder ein Schauer über den Körper gelaufen, nie zuvor war sie von einem Mann in solch eine Gefühlswelt gehoben worden, sie hatte nichts erwidern und sich nicht bewegen können, während er mit seiner Wange ganz zärtlich die ihre hinabgeglitten und mit seinem Mund an ihrem Mund angekommen war. Ganz sachte hatte er dann mit seinen Lippen ihre Lippen berührt. Was danach zwischen ihr und Gerald geschehen war, war das höchste der Gefühle gewesen, das Anni bis dahin erlebt hatte, und war seither zudem das größte Geheimnis, das sie hütete und das niemals ein Mensch erfahren durfte.

„Die drei alten Damen gleich noch, dann haben wir es." Die Stimme des Betriebshelfers, der nun die Melkstandgrube betrat, riss Anni aus ihren Gedanken. „Ja, wie immer, die letzten drei alten Damen, die brauchen immer eine Extraeinladung", schmunzelte Anni dem Betriebshelfer zu. Mit den drei alten Damen waren drei Kühe ihrer Herde gemeint, die alle drei bereits mindestens zehn Kälber gebracht hatten. Die Resi war die älteste der drei und hatte vor Kurzem zum elften Mal gekalbt. Wahrscheinlich auch wegen ihres hohen Alters ließen die drei es relativ sachte angehen und blieben zum morgendlichen Melken immer so lange in der Box liegen, bis sie hochgescheucht und zum Melkstand getrieben wurden. „Du bist heute Morgen so still, Anni, alles gut bei dir?", sah Hans Anni fragend an. „Ich habe nur schlecht geschlafen", winkte Anni ab. „Oh ja, das kenne ich, bei mir ist es oft der Rücken, der mir den Schlaf raubt", antwortete Hans und fügte hinzu: „Da gönnst du dir nach Hildas Preisverleihung erst einmal eine ausgiebige Mittagstunde!" „Ach, ich werde gar nicht mit dabei sein können. Ich habe einen Termin, den ich ganz vergessen hatte." Anni sah demonstrativ auf ihre rechte Hand, die auf dem noch am Euter saugende Melkgeschirr lag, um das Geschirr mit etwas Druck hinunterzudrücken, was dafür sorgen sollte, dass das Euter bestmöglich ausgesaugt wurde.

Sie hoffte, der Betriebshelfer würde nicht weiter auf ihren Einwand eingehen, was aber nicht der Fall war. Er reagierte sogar etwas empört und sprach: „Aber Anni, das ist so ein wichtiger Tag für Hilda. Sie wird sehr traurig sein, wenn du nicht dabei bist." „Ja, ich weiß, aber es geht einfach nicht." Anni warf den Kopf in den Nacken und seufzte. „Überlege es dir doch bitte noch mal. Schöne Momente miteinander zu teilen, das ist doch viel zu selten. Wenn es irgendwie geht, solltest du dabei sein." Hans sah Anni regelrecht vorwurfsvoll an.

Er hatte ja recht, dachte Anni bei sich, aber zu groß war die Angst in ihr, Gerald zu begegnen. Schließlich war sie es gewesen, die nach den wunderschönen Stunden, die sie beide miteinander gehabt hatten, fast fluchtartig das Haus verlassen hatte. Das, was passiert war, hätte niemals passieren dürfen, hatte sie ihm damals gesagt, und nie im Leben dürfe es jemand erfahren. Sie dürften sich niemals mehr wiedersehen, hatte sie ihn flehentlich gebeten und war mit dem schrecklichen Wissen, etwas nicht wieder gut zu Machendes getan zu haben, davongefahren. Seitdem hatten sie sich niemals mehr gesehen. So oft danach hatte Anni an die zärtlichen Stunden mit Gerald gedacht und selbst ihr Ehemann, der damals glücklicherweise erst nach ihrer Ankunft zu Hause von der Versammlung zurückgekehrt war, hatte sich über eine Veränderung in Annis Verhalten gewundert. Als Anni dann, nachdem einige Wochen vergangen waren, einen positiven Schwangerschaftstest in den

Händen gehalten hatte, war die Glückseligkeit bei ihrem Ehemann groß und die Stimmungsveränderung seiner Frau zugleich damit begründet gewesen. Dass für ihr Umfeld in keiner Weise zu erahnende, große Gewissensbisse und Schuldgefühle für die emotionalen Schwankungen bei Anni verantwortlich gewesen waren, das war bis zum heutigen Tage ihr größtes Geheimnis und holte sie immer wieder ein.

Anni dachte nun an die Schwangerschaft mit ihrem einzigen überlebenden Kind zurück, die sich gleich von Beginn an so anders, ja, so gefestigt angefühlt hatte. Nach den Fehlgeburten, die sie zuvor so schmerzhaft durchleben musste, war ihr, während sie mit Hilda schwanger ging, keinen Moment in den Sinn gekommen, sie würde auch dieses Kind wieder verlieren können. Auch ohne die Gewissheit durch den positiven Schwangerschaftstest war Anni sich des heranwachsenden Lebens in ihr bewusst gewesen. Auch war ihr von vornherein klar gewesen, wer der Vater des Kindes sein musste.

Hans hatte recht, dachte sie erneut, ihre Tochter durfte nicht die Leidtragende des Geschehenen sein. Sie, Anni, musste sich der Vergangenheit stellen. Sie würde Hilda begleiten. Ihr Ehemann würde nichts von der Szene, die sich beim Aufeinandertreffen mit Gerald unwillkürlich darbieten würde, mitbekommen, da er sich noch in Duisburg in der Reha befand. Das war schon einmal ein Riesenvorteil. Hilda war intelligent genug, schon jetzt bemerkt zu haben, dass irgendetwas nicht stimmte und es irgendeine Verbindung zu Gerald gab. Sie würde sich eine simple Erklärung für ihre Tochter ausdenken.

Während Anni und Hans nun nach der erledigten Stallarbeit am Frühstückstisch saßen und Anni sich die klammen Finger an ihrer Kaffeetasse wärmte, trat Hilda zu ihnen in die Küche. Sie hielt sich mit einer Hand die rot geschrubbte Wange und brachte ein leises „Guten Morgen!" über die Lippen. „Guten Morgen, Hilda, was ist mit deiner Wange passiert?" Die Mutter folgte der Tochter mit ihrem Blick, während die sich dem Frühstückstisch näherte und sich dazusetzte. „Ich bin mit dem Gesicht auf dem nicht verschlossenen Filzstift eingeschlafen. Die lila Farbe war quer über meine Wange verteilt und nun ist die Wange ganz rot und heiß vom Schrubben. So kann ich unmöglich mit aufs Foto später." Hilda starrte niedergeschlagen auf ihr Frühstücksbrett. „Zeig mal her!" Die Mutter fasste nach Hildas Hand und zog sie zur Seite. „Aber von der Farbe ist nichts mehr zu sehen", ermutigte sie Hilda. „Ich hole dir etwas zum Kühlen", sprach die Mutter, während sie sich vom Stuhl erhob und die Küche verließ. „Na, Hilda, bist du schon aufgeregt?", fragte Hans. „Ein wenig schon." Hilda lächelte verlegen. „Wenn sich nur meine Wange bis dahin wieder abkühlt, sonst wäre es mir peinlich." Nun zog sie seufzend die Augenbrauen hoch. Hildas Mutter kam mit einem blauen Kühlkissen, das sie soeben in ein Geschirrhandtuch wickelte, wieder in die Küche gelaufen. „Damit kühlst du die Wange eine Weile und dann ist nachher alles wieder in Ordnung", sprach sie, während sie es Hilda reichte. „Ich hoffe es, denn so, wie ich jetzt aussehe, werden mich alle anstarren." Hilda seufzte erneut und presste sich das kühlende Geschirrtuchpäckchen fest gegen die Wange. „Ich komme übrigens doch mit dir zur Verleihung, Hilda, meinen Termin werde ich verschieben", sprach Hildas Mutter wie nebenbei und strich zugleich die Butter auf das Brot, das sie sich zuvor auf ihr Frühstücksbrett gelegt hatte. Anni bemerkte bei ihren Worten das kurze Innehalten in der Bewegung beim Betriebshelfer und das darauf folgende Lächeln, welches über sein Gesicht huschte. Hilda machte große Augen und lächelte dann zum ersten Mal an diesem Morgen von Herzen. „Wirklich? Mama, da freue ich mich sehr, da kannst du den Herrn Jakobs auch kennenlernen und mein Bild sehen und die Bilder der anderen!" Ganz plötzlich hatte Hilda ihre Wange vergessen. Ein Glücksgefühl durchflutete sie. Ihre Mutter würde dabei sein, wenn sie als Siegerin geehrt würde. Im Grunde hatte Hilda es sich sehr gewünscht, aber niemals hätte sie dies geäußert. Sie hatte von klein auf gelernt, Dinge ohne Widerworte zu akzeptieren. Zudem würde sie es niemals riskieren, ihre Mutter, die schon genug Lasten zu tragen hatte, unter Druck zu setzen. Natürlich hatte Anni bei Hildas Erwähnung des Center-Chefs wieder diesen Brocken in ihrer

Magengegend gefühlt, aber ihr ging zugleich auch das Herz auf, die Tochter plötzlich so glücklich zu erleben, einzig der Tatsache geschuldet, die Mutter unterstützend an der Seite zu wissen. Anni war nun froh, letzten Endes doch diesen Entschluss gefasst zu haben, zumal sie bemerkte, wie groß die Freude bei ihrer Tochter darüber war. Irgendwo ganz tief in ihrer Seele vergraben lauerte immer noch der Wunsch danach, ihn einmal wieder zu sehen. Es verblüffte sie erneut, dass sie Gerald in den Jahren, die er anscheinend nun schon so dicht in ihrer Nähe lebte, nicht einmal über den Weg gelaufen war. Auf der anderen Seite hatte sie dieses Einkaufscenter nahe der Stadt noch nie betreten. Durch die ganze Arbeit in all den Jahren auf dem Hof war sie generell sehr selten unterwegs gewesen, und die Lebensmittel, die die Familie benötigte, die hatte sie schon immer bei dem kleinen Lebensmittelmarkt gleich um die Ecke gekauft.

Die drei genossen nun ihr Frühstück und es entspann sich ein fröhliches Miteinander. Trotz der Anspannung, die sich langsam in Anni steigerte, fühlte sie auch so einen Hauch von prickelnder Vorfreude auf das Wiedersehen.

11.

Als Hildas Mutter an diesem Samstagvormittag kurz vor zehn Uhr mit dem Auto auf den Parkplatz des Schützenhauses fuhr, war der Parkplatz schon gut gefüllt und die Mutter musste das Auto in einer der hinteren Reihen parken. „Ob die parkenden Autos alle wegen der Preisverleihung da sind?" Hilda fragte mehr sich selbst als ihre Freundin Sina, die neben ihr auf der Rückbank des Fahrzeugs saß und schon mindestens genauso gespannt auf die Veranstaltung war wie Hilda selbst. „Ich glaube ja." Sina sah mit großen Augen rüber zur Freundin. „Das schaffst du schon", setzte sie hinzu, als sie den ängstlichen Blick von Hilda sah. „Ich bin ja bei dir." Nun umfasste sie die Hand der Freundin. Hildas Mutter war derweil recht froh über diese große Resonanz, da würde sie sich in der Menschenmenge leichter verstecken und die Veranstaltung aus dem Hintergrund beobachten können.

Tatsächlich war der große Saal des Schützenhauses, der in etwa hundert Personen Platz bot, so stark mit Menschen gefüllt, dass man vom Eingang her kaum freie Sicht auf die Bühne hatte, die sich am anderen Ende des Saales befand. Die drei sahen sich eine Weile um und näherten sich dann mit langsamen Schritten und erkundenden Blicken der Bühne, die, wie man nun erkennen konnte, mit einem Mikrofon und mit einem kleinen Lautsprecher bestückt war. Im hinteren Bereich der Bühne war ein rechteckiger Tisch aufgebaut mit verschiedenen Dingen darauf, die dem Anschein nach Gewinnerpreise des Wettbewerbes sein mussten.

An der Wand gleich hinter der Bühne waren die drei Gewinnerbilder angebracht und noch während Anni aus der Ferne beeindruckt die wunderbare Zeichnung der Kuh ihrer Tochter betrachtete, nahm sie die hochgewachsene, schlanke Gestalt des Mannes wahr, der nun mit leichten Schritten die kleine Treppe bestieg, die an der Seite der Bühne angebracht war. Ein Schrecken durchfuhr sogleich ihre Knochen. Er war es und er hatte sich in den elf Jahren, die sie sich nicht mehr gesehen hatten, kaum verändert. Auch sein lockiges Haar bedeckte noch genauso hell und voll sein Haupt wie vor elf Jahren. Einen Moment lang fühlte Anni sich wie in Trance. Sie wäre am liebsten direkt zu ihm auf die Bühne gelaufen und hätte in sein freundliches Gesicht gesehen, um seine Gefühle bei ihrem Anblick zu deuten. Hildas Stimme, die nun an ihr Ohr drang, holte sie wieder heraus aus ihrer Trance. „Mama, da vorne auf der Bühne, das ist Herr Jakobs." Hilda zeigte zugleich mit dem Finger Richtung Bühne.

Während Gerald Jakobs immer noch mit dem Rücken zu ihnen gewandt vor dem aufgebauten Tisch auf der Bühne stand, war Hilda im Begriff, auf ihn zuzulaufen, um ihn zu begrüßen, Sina folgte ihr sogleich. „Ich werd' noch schnell die Toilette benutzen", rief Hildas Mutter den beiden zu und wandte sich im selben Zuge um, um schnellen Schrittes den Saal zu verlassen. Hilda und Sina sahen ihr noch hinterher, doch sie war schon in der Menschenmenge verschwunden.

„Wir fragen mal den Herrn Jakobs, wo wir uns setzen können, und da werden wir meiner Mutter einen Stuhl freihalten." Hilda sah Sina an und zuckte mit den Schultern. Sie standen nun beide am Treppenansatz der Bühne, als Herr Jakobs sie auch schon bemerkte und lächelnd auf die beiden zutrat. „Hallo ihr zwei, seid ihr ganz alleine da?", fragte er, während sein Blick kurz suchend umherschweifte. „Meine Mutter begleitet uns, sie ist noch kurz zur Toilette", antwortete Hilda und sprach direkt weiter. „Wo sollen wir uns denn setzen?" Gerald Jakobs wies ihnen die Stuhlreihe zu, gleich vorne in der ersten Reihe. „Ich kann nicht sagen, ob da vorne noch genügend Stühle für euch frei sind, aber du, Hilda, solltest auf jeden Fall in der Nähe der Bühne sitzen." Die Mädchen wandten sich den Sitzgelegenheiten der vordersten Reihen zu und bemerkten einige freie Stühle, zu denen sie sich begeben würden. „Ja, okay, wir schauen mal." Die Mädchen lächelten Herrn Jakobs noch einmal zu, während dieser kurz die rechte Hand hob. „Bis gleich!", zwinkerte er.

Tatsächlich waren in der vorderen Reihe noch drei Stühle frei und die beiden Mädchen setzten sich nun so, dass der Stuhl in der Mitte von ihnen beiden frei blieb für die Mutter. „Ich freue mich sehr, Sie alle hier im Saal des Schützenhauses begrüßen zu dürfen, und danke dem Team, das im Vorfeld fleißig gewerkelt hat, um es uns hier für diese Veranstaltung gemütlich zu machen", klang nun die laute Stimme von Herrn Jakobs aus der Lautsprecherbox. Nun huschten diejenigen, die immer noch zusammengestanden und geredet hatten, hastig auseinander und suchten sich noch freie Plätze. Hilda spähte währenddessen Richtung Eingangstür, um ihrer Mutter rechtzeitig ein Zeichen zu geben und ihr den freigehaltenen Stuhl zuzuweisen, doch noch ließ ihre Mutter auf sich warten. „Wie ich sehe, haben alle einen Platz gefunden." Herr Jakobs rieb sich nun leicht die Hände und sah durch die Menge, bevor er weitersprach. „Vorab muss ich mich dafür entschuldigen, dass die Auswertung dieses Wettbewerbes etwas auf sich warten ließ, doch wie es sich ja bereits herumgesprochen hat, gab es ein Problem mit verloren gegangenen Daten, welches sich dann Gott sei Dank zu guter Letzt noch behoben hat, sodass wir nun hier die glücklichen Gewinner küren können."

Hildas Mutter hatte sich, nachdem sie die Toilette aufgesucht hatte, kaltes Wasser über die Handgelenke laufen lassen und hatte mehrfach zur Beruhigung tief durchgeatmet. Nachdem sie ihre erste Aufregung etwas gezügelt hatte, war sie zurück zum Eingang des Saales gelaufen und stand nun unbemerkt an der Eingangstür und lauschte der Eröffnungsrede. Sogar den warmen Klang seiner Stimme hatte sie in all den Jahren nicht vergessen. Vorsichtig lugte sie am Türrahmen vorbei in den Saal hinein. Gerald stand alleine vorne auf der Bühne und wurde von Scheinwerfern, die direkt davor an der Decke angebracht waren, geblendet. Er würde sie daher nicht optimal sehen und erkennen können, wenn sie nun in den Saal trat. Dies machte ihr Mut, und ohne noch weiter an der Tür zu hadern, schritt sie in den Saal.

Während sie lief, bemerkte sie das Winken ihrer Tochter aus der ersten Reihe. Kurz schloss sie die Augen. Auch das noch, sie musste nun bis vor die Bühne und somit direkt vor die Augen von Gerald Jakobs laufen, dachte sie und lief wie mechanisch weiter. Gerald bemerkte nun die Person, die noch nachträglich in den Saal gelaufen kam. Aus dem Augenwinkel sah er, wie Hilda aus der vordersten Reihe diese Person zu sich heranwinkte, also musste es sich um Hildas Mutter Anni handeln, schoss es ihm durch den Kopf. Mit der Erkenntnis sah er ihr nervös entgegen und verlor kurz den Faden seiner Ansprache. Anni bemerkte das Stocken in seiner Stimme, bemühte sich aber, sich nichts anmerken zu lassen und schnellstmöglich den freien Stuhl neben ihrer Tochter zu erreichen. Obwohl er von der Bühnenbeleuchtung stark geblendet wurde und nicht mehr als ihre Gestalt wahrgenommen hatte, fuhr Gerald ein Stich durchs Herz, als ihm bewusst wurde, wie nah Anni ihm nun nach all den Jahren war, die seit der unvergessenen Liebesnacht vergangen waren. Unzählige Male hatte er an sie denken müssen, an ihr wunderbares Lachen, das ihre großen, blauen Augen strahlen ließ, an ihre sanften Worte, die ihm bis ins kleinste Detail berichtet hatten, wie die kurze Zeit gewesen war, in der seine verstorbene Schwester in dem Haus gelebt hatte, in dem nun auch sie wohnte. Oft hatte er sich im Nachhinein gefragt, ob dieses Wissen, wovon Anni ihm hatte berichten können, sie für ihn so enorm anziehend gemacht hatte, oder ob es tatsächlich in erster Linie ihre selbstbewusste Ausstrahlung gewesen war. Er hatte es immer schwerer deuten können, je mehr Zeit vergangen war, doch nun, da sie ihm so nah war, spürte er ganz deutlich, wie stark ihre Anziehungskraft ihm gegenüber war, und ihm wurde klar, dass er sie all die Jahre geliebt hatte und diese Liebe immer noch in sich trug.

Er wischte sich kurz über die Stirn, denn es hatten sich vor Aufregung Schweißperlen gebildet. Er versuchte, sich nun wieder auf seine Rede zu konzentrieren. Wie in Trance sprach er weiter und zwang sich, in die Menge zu schauen, um die Fassung zu bewahren. Hilda hatte das Stocken in Herrn Jakobs Stimme und seine plötzliche Nervosität natürlich bemerkt, denn sie hatte sich schon im Vorfeld vorgenommen, genau achtzugeben, wie das Aufeinandertreffen der beiden sein würde. Sie fühlte sich nun absolut bestätigt in ihrer Annahme, die beiden mussten auf irgendeine Art und Weise bekannt miteinander sein. Auch bemerkte sie die Tatsache, dass ihre Mutter bemüht war, so wenig wie möglich in die Richtung zu schauen, in der Herr Jakobs allein und verlassen vor seinem Mikrofon auf der Bühne stand.

Herr Jakobs schien sich wieder im Griff zu haben, denn er sprach flüssig und professionell und begann nun mit der eigentlichen Kürung der Gewinner, wobei er sich von Platz zehn bis hinauf zu Platz vier arbeitete, deren Preise jeweils aus Einkaufsgutscheinen in seinem Einkaufscenter bestanden. Die Gewinner wurden namentlich aufgerufen und auf die Bühne gebeten. Eine junge Frau, die zwischenzeitlich zu Gerald Jakobs auf die Bühne getreten war, half bei der Preisübergabe und gab Informationen bei eventuellen Fragen. Jedes einzelne Kind wurde mit großem Applaus von den Zuschauern geehrt und ging dann mit vor Aufregung geröteten Wangen wieder von der Bühne. Beim dritt- und zweitplatzierten Kind wurde zudem jeweils das angefertigte Gemälde gezeigt und Gerald Jakobs erklärte dem Publikum ein paar Details, warum man sich bei diesen Bildern für die jeweiligen Platzierungen entschieden hatte. Zu guter Letzt wandte sich Gerald Jakobs Hildas Kuhgemälde zu und begann nun eine fast emotionale Rede. „Kommen wir nun zu dem Siegerbild!" Er betrachtete es einige Sekunden und sprach dann weiter. „Diese wunderbare Zeichnung hat uns im Vorfeld einiges an Nerven gekostet und mich persönlich an den Rand der Verzweiflung gebracht. Auf mysteriöse Weise lag uns von Beginn an nur diese Zeichnung vor, wir hatten keinen auch noch so klitzekleinen Anhaltspunkt, von wem sie stammen mochte, und wir haben alle möglichen Hebel in Bewegung gesetzt, um dieses Rätsel doch noch zu lösen und somit den Wettbewerb zu einem fairen Ausgang zu bringen. Kurz vor knapp, wie man so schön sagt, fiel uns Gott sei Dank doch noch das zugehörige Schreiben mit den Daten der jungen Zeichnerin in die Hände.

Ich muss zugeben, ich und auch mein Team, wir waren beeindruckt von solch einem Talent in so jungen Jahren. Liebe Hilda Ihben, darf ich dich bitten, zu mir auf die Bühne zu treten?" Hilda blickte mit vor Aufregung roten Wangen ihre Mutter an, die ihr stolz erhobenen Hauptes und mit einem Lächeln auf den Lippen mutmachend das Handgelenk drückte. Während sie ihrer Freundin Sina noch ein verlegenes Grinsen schenkte, erhob sie sich von ihrem Stuhl und lief auf die kleine Treppe an der Seite der Bühne zu.

Anni sah ihrer Tochter hinterher, wie sie nun die kleine Treppe hinauf auf die Bühne stieg und auf Gerald zulief, der ihr mit solch einem warmen Gesichtsausdruck entgegensah, dass es Anni mitten in die Seele traf. Sie sah, wie er nun beide Arme ausstreckte, mit der rechten Hand die rechte Hand von Hilda ergriff und sie zugleich mit dem linken Arm an sich drückte. Während dieser Szene stockte ihr der Atem. Konnte Gerald die Wahrheit erahnt haben, hatte es von Anfang an ein Band zwischen ihm und Hilda gegeben, das ihn die Wahrheit hatte erahnen lassen?

Anni hatte das Gefühl, als setze ihr Herzschlag für eine Sekunde aus, als ihr nun bewusst wurde, wie ähnlich sich Vater und Tochter waren: das helle, lockige Haar, dieselben vollen Lippen und diese gerade Nase, dazu diese großen, blauen Augen, deren Blick oft traurig wirkte. Verblüfft fragte sie sich nun, wie ihr diese Ähnlichkeit ihrer Tochter mit der Person, die nun schon so lange in ihrer Erinnerung weiterexistiert hatte, entgangen sein konnte. Sogar dieses Grübchen, das sich bei Gerald nun am rechten Mundwinkel zeigte, fiel ihr, wie sie glaubte, zum ersten Mal auch am selben Mundwinkel ihrer Tochter auf. Anni war nun voll und ganz von ihren Emotionen erfasst und die weiteren Worte von Gerald erreichten zwar ihr Gehör, aber drangen nicht mehr durch zu ihrem Verstand. Viel zu groß war die Gefühlsexplosion in ihrem Inneren. Ein sehr großes Verlangen stieg in ihr auf, einfach auf die Bühne zu gehen und diese zwei Menschen dort oben fest in die Arme zu schließen und ewig so zu verharren.

Sie beobachtete die zwei, wie sie vor Hildas Zeichnung standen und redeten und wie er seine Hand immer wieder zärtlich auf Hildas Schulter legte, wie er ihr zulächelte. Es machte sie unglaublich glücklich, die beiden dort oben so zusammen zu sehen. Langsam erreichten die Worte, die aus den Lautsprecherboxen an Annis Ohr drangen, nun auch wieder ihren Verstand, und ihr wurde klar, dass sich die feierliche Preisübergabe dem Ende näherte und Gerald nun das kleine Buffet mit Erfrischungsgetränken und verschiedenen Snacks in Form von Fingerfood eröffnete. Die Zuschauer erhoben sich unter lautstarker Unterhaltung von ihren Plätzen und begaben sich in Richtung des Buffets. Anni und Sina waren nun auch aufgestanden, blieben aber noch bei ihren Stühlen stehen, um auf Hilda zu warten, die immer noch mit Geschenken im Arm auf der Bühne stand und den Worten von Herrn Jakobs und der Assistentin, die die Preisübergabe übernommen hatte, lauschte.

Hilda wandte sich nun um zu ihrer Mutter und zu Sina und zeigte mit dem Finger rüber zu ihnen, während sie zu Herrn Jakobs sprach, der sich leicht zu ihr hinuntergebückt hatte und in die Richtung sah, die Hilda wies. Anni bemerkte, wie ihr schlagartig heiß wurde bei der Erkenntnis, sogleich ein Gespräch mit ihm führen zu müssen. In derselben Sekunde liefen Hilda und Gerald quer über die Bühne und stiegen gemeinsam die kleine Treppe hinunter.

Anni musste vor Nervosität mehrfach schlucken und die Tatsache, dass Gerald seinen Blick auf sie heftete, während er ihr entgegenlief, machte die Sache nicht wesentlich besser. Nun stand er tatsächlich vor ihr und sie bemerkte, dass auch er nervös durch sein lockiges Haar fuhr, bevor er ihr die rechte Hand zur Begrüßung reichte.

Als er Anni zu Beginn der Veranstaltung nachträglich in den Saal treten sah, war Gerald kurzweilig seine Konzentration entglitten. Zu hoch waren die Emotionen geschaukelt, als er sie nach so langer Zeit zum ersten Mal wieder gesehen hatte, nachdem er so oft in all den Jahren an sie gedacht hatte und sie ihn Tausende Male des Nachts in seinen Träumen besucht hatte. Doch er war Profi genug, um sich schnellstmöglich wieder in den Griff zu bekommen und hatte seinem Gefühl nach die Veranstaltung gut über die Bühne gebracht. Immer wieder zwischendurch hatte er, wenn seine Person grad nicht im Rampenlicht gestanden hatte, zu ihr hinübergeschielt und ab und an wieder dieses bezaubernde Lachen entdeckt, das ihn schon damals vor etwa elf Jahren fasziniert hatte. Natürlich hatte er bemerkt, dass auch sie ihn beobachtet und blitzschnell die Aufmerksamkeit auf etwas anderes gerichtet hatte, wenn er ihren Blick gesucht hatte. Nun stand er direkt vor ihr, sah in diese großen Augen, die ihm am meisten in Erinnerung geblieben waren, und er sehnte sich danach, diese zierliche, zaghafte Person ohne Worte in die Arme zu schließen und einfach nur ewig festzuhalten.

Als er Anni nun die Hand reichte und diese einige Sekunden länger hielt als gewohnt, fragte er sie statt einer Begrüßung, von wem denn die Tochter dieses unglaubliche Talent geerbt hätte. Anni stand nun regelrecht unter Strom, die Berührung seiner Hand durchfuhr sie wie ein elektrischer Schlag und mehr als ein verlegenes Lächeln als Antwort brachte sie im ersten Moment nicht heraus.

„Ich habe einen Riesendurst", durchbrach nun Hildas Stimme die beklommene Situation. „Komm Sina, wir holen uns etwas zu trinken vom Buffet!" Hilda fasste Sina bei der Hand und schon waren die zwei in der Menge verschwunden. Anni und Gerald sahen den beiden hinterher und zeitgleich drehten sie die Köpfe wieder einander zu. „Ich weiß nicht, von wem Hilda dieses Talent geerbt hat, auf jeden Fall hat es in unserer Familie bislang kein so starkes, zeichnerisches Talent gegeben", war nun Annis verspätete Antwort. „Die Greta besaß ein großes zeichnerisches Talent und diese Zeichnung von Hilda, die weist dieselbe Technik des Zeichnens auf, wie sie auch meine verstorbene Schwester angewandt hat." Gerald sah Anni bei diesen Worten so flehentlich, fragend in die Augen, dass seine Augenlider zu flimmern begannen und er schlagartig die rechte Hand auf seinen Mund schlug, um das Beben der Lippen zu verbergen, das sich nun bei der Antwort von Anni zeigte. „Dann wird Hilda das

Talent väterlicherseits geerbt haben." Auch Annis Lippen bebten nun und sie sah Gerald mit flackernden Augen in die seinen. Anni und Gerald standen sich nun von Emotionen überwältigt, wie in einer einsamen Blase von der Welt abgehoben, gegenüber. Während Geralds Bewegtheit langsam in fassungslose Wut umschwang, fuhr er sich mit beiden Händen durchs Haar, und es kostete ihn eine extreme Kraftanstrengung, die nächsten Worte herauszubringen. „Warum hast du mir das all die Jahre verschwiegen? Ich hatte ein Recht darauf, es zu erfahren. Ich wäre so gerne für sie, für euch zwei dagewesen." Er kam ihr einen Schritt näher und hätte sie beinahe in die Arme gezogen, doch Anni wich blitzschnell zurück. „Gerald, das geht nicht, das dürfen wir nicht tun und es darf niemals jemand erfahren, dass du Hildas Vater bist. Das würde alles zerstören. Ich bitte dich, nein, ich flehe dich an!" Sie versuchte, so leise wie möglich zu sprechen, doch die Verzweiflung und die Angst vor dem, was geschehen würde, wenn ihr größtes Geheimnis an die Öffentlichkeit kam, schnürte ihr fast die Kehle zu und sie brachte nur ein kaum verständliches Krächzen hervor. Zudem bemerkte sie nun, dass schon einige Leute im Saal auf ihr auffallend emotionales Gespräch aufmerksam geworden waren, und sie riss sich schlagartig zusammen, holte tief Luft und sprach langsam und bestimmend weiter. „Gerald, wir müssen in Ruhe unter vier Augen darüber reden, doch nun sollten wir keine Aufmerksamkeit erregen, um keine unnötigen Gerüchte heraufzubeschwören."

Gerald stand immer noch vor ihr, sein Körper angespannt wie ein Bogen und sein Gesichtsausdruck eine Mischung aus Wut und Verzweiflung. Als ihre Worte nun aber seine Fassungslosigkeit durchbrachen, sah er sich leicht erschrocken um und bemerkte dann auch die neugierigen Blicke einiger Gäste. Er zog wie zur Beruhigung die Schultern nach hinten und sagte: „Du hast recht, Anni, wir sollten uns unter die Leute mischen, aber wenn das hier vorbei ist, werden wir reden."

12.

Anni hatte die Einladung von Gerald für einen Vormittag, wenn Hilda in der Schule sein würde, für die darauffolgende Woche direkt angenommen. Bevor sie sich zu ihm auf den Weg gemacht hatte, war sie durch Hildas Schlafzimmer gegangen und hatte nach einigen persönlichen Dingen wie Zeichnungen oder Fotos gesucht, die sie Gerald zeigen würde. Sie wollte ihn nun zumindest nachträglich teilhaben lassen an dem Leben und der Entwicklung ihrer gemeinsamen Tochter. Auch hatte sie die Fotoalben der ersten Lebensjahre von Hilda eingepackt und spontan noch das Bild von Greta, Wilfried und dem kleinen Theo von der Küchenwand genommen und eingesteckt. Wahrscheinlich würde er auch ein solches Exemplar besitzen, aber trotzdem hatte Anni das Gefühl gehabt, es mitnehmen zu müssen.

Nun saß sie in dem riesigen Wohnzimmer des wohlhabenden Junggesellen und sah sich interessiert um, während er in seiner Küche verschwunden war, um sich um Kaffee und Kuchen zu kümmern, wie er bekundet hatte. Der Wohnstil seines für Annis Befinden für eine einzelne Person viel zu großen Hauses, war sehr modern und fast steril sauber und ordentlich, fiel es Anni auf. Mit einem Schmunzeln musste sie an Hildas Drang zur Ordentlichkeit denken und dachte bei sich, dass es wohl nicht nur die enorme Ähnlichkeit mit Gerald war, die seine Vaterschaft bezeugte.

Die schwarzen Möbel standen in angenehmem Kontrast zu den weißen Wänden und über die schwarze Ledergarnitur, auf der Anni nun saß, hatte Gerald im Sitzbereich eine weiße Wolldecke gelegt, wahrscheinlich um das unangenehme, erste Kältegefühl, wie es bei echtem Leder nun einmal so war, zu unterbinden. Ein einziges Gemälde hing an der schneeweißen Wand gleich neben dem schwarzen Wandschrank, in dessen Mitte ein riesiger Flachbildschirm Platz fand. Das Gemälde zeigte ein Fachwerkhäuschen an einem kleinen See vor einer Bergwelt wohl zur

Winterzeit, denn es lag Schnee auf den Bergen und dem Dach des Hauses. Anni wandte sich nun der Eingangstür des Wohnzimmers zu, durch die Gerald gerade hereintrat. Er hielt ein Tablett mit zwei Tassen mit dampfendem Kaffee in der Hand und stellte es direkt vor Anni auf den Tisch. Nun sah sie, dass er auch zwei Stücke Streuselkuchen jeweils auf zwei Teller dazugestellt hatte, und auch Milch und Würfelzucker fehlten nicht. „Das sieht aber gut aus, danke schön." Sie lächelte ihm zu. „Na, ich sitze ja auch an der Quelle, da darf ich mich nicht lumpen lassen", lachte er zurück und setzte sich zu ihr auf das Sofa.

Beide rührten nun ihren Kaffee, nachdem sie Zucker und Milch hineingetan hatten. „Wo ist eigentlich dein Mann? Zur Preisverleihung war er doch auch nicht dabei", fragte Gerald. „Mein Mann hatte im Sommer einen schweren Unfall mit einem offenen Wadenbeinbruch. Es war Dreck in die Wunde geraten, worauf es zur Blutvergiftung kam und man ihm in einer Notoperation den Unterschenkel amputieren musste." Anni trank einen Schluck Kaffee und sprach weiter, während Gerald sie erschrocken von der Seite betrachtete. „Er befindet sich nun schon einige Wochen in der Reha in Duisburg, wo er lernt, mit einer Prothese und generell mit der neuen Situation zu leben." Gerald setzte seine Tasse zurück auf das Tablett und lehnte sich nachdenklich zurück in die Polster. „Und wer macht nun die ganze Arbeit auf eurem Hof, ihr doch nicht etwa ganz alleine?" Anni schmunzelte bei seiner naiven Frage. „Um Gottes willen, das würden Hilda und ich allein niemals schaffen", antwortete sie ihm und berichtete nun von dem Betriebshelfer und seinem Verwandten, dem Studenten, und welches Glück sie hatten mit diesen beiden fleißigen und hilfsbereiten Menschen. „Ohne die beiden wäre es unmöglich, den Hof weiterzuführen, und mein Mann sieht, dass er sich voll und ganz auf die beiden, vor allem auf Hans, so heißt er, der Betriebshelfer, verlassen kann und sich somit zum ersten Mal in seinem Leben um sich selbst kümmern kann." „Mein Gott, was habt ihr da nur durchmachen müssen in den letzten Monaten!" Gerald zeigte sich fassungslos und zugleich beeindruckt von der Stärke, die diese Frau, die neben ihm auf dem Sofa saß, ausstrahlte. Welche Frau in der heutigen modernen Welt würde schon so einen Schicksalsschlag ertragen und zudem noch wie selbstverständlich die riesige Verantwortung auf dem Hof zuhause alleine wuchten? Von den Frauen in seinem Bekanntenkreis jedenfalls würde er es keiner zutrauen. „Auf der anderen Seite musste gerade so etwas Schreckliches passieren, um uns aus diesem Sumpf aus Arbeit, Verantwortung und Dauerbelastung herauszuziehen. Wir haben jahrelang nur noch funktioniert, Gerald, haben kaum noch am Leben teilgenommen, immer der gleiche Trott von früh bis spät, sogar unsere eigene Tochter haben wir vernachlässigt." Anni traten Tränen in die Augen. Sie zog ein Taschentuch aus der Tasche ihrer knielangen, weißen Strickjacke und trocknete sich die Augen. Gerald saß etwas hilflos neben ihr, er wagte nicht, ihr den Arm um die Schulter zu legen, um sie zu trösten, und er wusste auch nicht recht, wie er darauf antworten sollte. „Ich kenne mich in der Landwirtschaft nicht genügend aus, um eure vorherige Lebenssituation verstehen zu können", fing er zögerlich an und fügte dann hinzu: „Wenn allerdings keine Zeit mehr zum Leben bleibt, dann läuft etwas gravierend aus dem Ruder und es sollte gehandelt werden." „Natürlich hast du Recht, doch die Art und Weise, wie mein Mann aufgewachsen ist, hätte es ihm im Leben nicht erlaubt, irgendetwas zu verändern. Wenn dir von klein auf eingebrannt wird, zufrieden zu sein mit dem, was du hast, auch wenn man nicht glücklich damit ist, dann legst du das nicht ab. Es sei denn gezwungenermaßen. Erst dann hast du die Chance zu erkennen, wie gut es sich anfühlen kann, etwas zu verändern. Das Motto meiner Schwiegereltern war stets ‚Hauptsache, uns geht es gut und wir haben Arbeit'. Und je älter mein Mann wurde, desto stärker festigte sich dieses Motto auch in ihm. Als wir uns kennenlernten, war er noch nicht so extrem." Anni sah nachdenklich vor sich hin, den Blick auf die Tischplatte gerichtet. Nach einem kurzen Moment fügte sie noch hinzu: „Das Leben zu genießen, das war stets etwas für andere, nicht für uns." Nun lächelte sie Gerald traurig an. „Schlimm, dass ich es so sagen muss, aber uns hätte nichts Besseres passieren können als dieser schreckliche Unfall meines Mannes." Gerald pustete hörbar aus bei Annis Bekenntnis. „Aber lass uns das Thema wechseln", sagte Anni nun und zog das Bild von Wilfried, Greta und dem kleinen Theo aus ihrer Stofftasche, die neben ihr auf dem Sofa lag. „Kennst du eigentlich dieses Bild?" Sie hielt es Gerald hin und nun stiegen ihm Tränen in die Augen. Er nahm ihr das Bild aus den Händen und betrachtete es stumm. „Ich selber habe das Foto gemacht", sagte er. „Nach dem Tod meiner Eltern habe ich alles abgesucht nach dem Bild. Vater wollte es nicht sehen, sein Seelenschmerz war einfach zu groß, Mutter musste es von der Wand nehmen und in die Schublade stecken, doch dort war es nicht mehr, als ich danach suchte." Nach einer kurzen Pause fügte er hinzu: „Also hat Mutter es damals deinen Schwiegereltern zugesandt." „Ich kann es dir nicht überlassen, das würde Fragen aufwerfen, aber ich kann eine Kopie für dich anfertigen lassen", sagte Anni. „Ich hätte wahnsinnig gerne eine Kopie", antwortete Gerald.

Anni zog nun ein Fotoalbum aus der Tasche, das Album war mit rotem Kunststoff ummantelt und besaß eine Lasche mit einem Knopf daran, womit es verschlossen werden konnte. Anni öffnete die Lasche. „Ach Gott!" Sie lachte laut auf bei dem Anblick der Fotografie auf der ersten Seite. Es zeigte sie, Anni, selber, im Krankenhausbett, kurz nach der Entbindung, mit einem Säugling im Arm, so sehr in Tücher eingewickelt, dass nur das rote, noch runzelige Gesichtchen zu erkennen war. „Das Foto hat eine der Krankenschwestern gemacht, das weiß ich noch. Wie abgekämpft ich aussehe!" Sie lachte erneut laut auf. Gerald neigte seinen Kopf näher zum Bild. „Und das ist die kleine Hilda, winzig klein, wer hat ihr diesen seltenen Namen gegeben?", wollte Gerald wissen. „Heutzutage ist der Name eher selten, das stimmt, aber früher hörte man ihn häufig. Meine Großmutter hieß Hilda. Ich hatte immer einen sehr guten Draht zu ihr und es war mir einfach ein Bedürfnis, sie nach ihr zu benennen." Anni starrte mit verträumtem Blick auf die Fotografie. „Es ist ein wunderschöner Name, und er passt so unglaublich gut zu ihr." Mit ehrlichem Gesichtsausdruck sah Gerald Anni an. „Das finde ich auch." Anni lächelte ihm zu, zugleich blätterte sie weiter. Die folgenden Fotografien zeigten Hilda als Kleinkind in verschiedenen Szenerien, einmal auf einer Schaukel, die im Melkstand an der Decke befestigt war. Hilda musste etwas mehr als ein Jahr alt sein und hatte einen Schnuller im Mund, hinter dem man ein schüchternes Lächeln erkennen konnte. Die Strickmütze und die dicke Daunenjacke, die sie auf dem Bild trug, ließen auf eine kalte Jahreszeit schließen. Der Schnuller war an einer Plastikkette an der Jacke befestigt, damit er nicht auf den dreckigen Boden fiel, sollte er einmal dem Mund entgleiten.

Damit es Hilda nicht langweilig wurde während der Melkzeiten, hatte man die Idee mit der Schaukel. Sie war an der Melkstanddecke befestigt, bekundete Anni und zum nächsten Foto, welches Hilda auf dem Radschutzblechsitz eines alten Traktors sitzend zeigte, am Bauch mit einem Tau festgebunden, erklärte Anni, dass Hilda das Schaukeln des fahrenden Traktors genoss und sofort einschlief, wenn dieser sich in Bewegung setzte. Gerald betrachtete es etwas näher und tatsächlich, die Augen des Kleinkindes waren geschlossen und es schien so friedlich zu schlafen wie im eigenen Bettchen. Noch unzählige weitere Fotografien folgten und Gerald stellte fest, dass sich das Leben der kleinen Familie tatsächlich überwiegend im Stall bei den Tieren oder außerhalb bei der Arbeit mit den Maschinen abspielte.

Eines zeigte zur Ausnahme mal eine weihnachtliche Szene: Hilda mit einer Puppe im Arm vor dem geschmückten Tannenbaum. Eine kleine, verkrüppelte Tanne geschmückt mit roten und goldenen Kugeln und Strohsternen und, er hatte das Foto extra noch einmal näher betrachtet, echte, brennende Kerzen beleuchteten den Baum. Das hatte er in der heutigen, modernen Zeit nicht mehr erwartet, zumal das Foto gerade einmal sechs, höchstens sieben Jahre alt sein konnte, bei den vier oder fünf Jahren, auf die er das Kind auf dem Bild schätzte. Hilda war in eher ärmlichen Verhältnissen groß geworden, das wurde ihm deutlich bewusst beim Betrachten der Bilder, doch es hatte ihr anscheinend an nichts gefehlt, und der liebevolle Blick, mit dem Annis Ehemann, der zumeist mit auf den Bildern war, das Mädchen ansah, bezeugte deutlich die große Zuneigung und Verbundenheit der beiden. Eine leichte Eifersucht breitete sich in ihm aus. Er hatte sich oft vorgestellt, wie es wohl sein mochte, ein Vater zu sein, und nun, da er erfahren hatte, dass er der Vater dieses wunderbaren Mädchens war, schmerzte es beim Betrachten der Bilder, dass er bisher nicht teilgenommen hatte am Leben seiner Tochter. Alles in ihm drängte danach, dies so schnell wie möglich zu ändern. „Ich möchte ab jetzt teilhaben am Leben meiner Tochter, ich will für sie da sein", sagte er plötzlich aus einem Impuls heraus und wandte sich Anni zu. Ruckartig blickte Anni vom Fotoalbum auf und sah ihn mit vor Schreck geweiteten Augen an. „Gerald, das ist unmöglich, das weißt du, wie soll das gehen?", fragte sie erschrocken und ihr Blick klebte nun an ihm. „Ich weiß es auch nicht, aber kannst du mich nicht verstehen? Jahrelang gab es nur mich und meine Firma. Ich bin einsam und dachte bis vor Kurzem, ich würde irgendwann einsam sterben, ohne eigene Familie. Die Familie, die ich einmal hatte, die gibt es schon lange nicht mehr. Und plötzlich habe ich eine Tochter!" Er machte eine kurze Pause und rang mit den Worten. „Kannst du dir vorstellen, was das mit mir macht, wie es seit deinem Geständnis der Vaterschaft mir gegenüber in mir arbeitet?"

„Ja, natürlich verstehe ich dich, Gerald, aber wie soll das gehen? Heinz darf niemals erfahren, dass er nicht Hildas leiblicher Vater ist, das würde er nicht verkraften, erst recht jetzt nicht. Er ist die letzten Wochen physisch und psychisch durch die Hölle gegangen und wird noch ewig damit zu kämpfen haben, auch nur halbwegs wieder der zu werden, der er einmal war. Noch einen Schicksalsschlag darf und kann ich ihm jetzt nicht antun!" Annis Stimme klang so verzweifelt, dass Gerald von hilfloser Wut getrieben die Fäuste ballte.

„Anni, es geht nicht, ich kann jetzt einfach nicht mehr loslassen, es ist, als wurde Hilda mir vom Himmel gesandt. Es mag merkwürdig klingen, aber in den letzten Wochen werde ich fast jede Nacht im Schlaf von Greta besucht. Sie spricht zu mir, ein

Flüstern, ich konnte es bislang nicht deuten, was ihre Worte sind, doch nun, da ich Hilda kennengelernt habe, bin ich sicher, die Worte zu verstehen!"

Nun sah Anni Gerald mit einer Mischung aus ungläubigem Abschätzen des Wahrheitsgrades seines Bekenntnisses und der Frage ‚Geht deine Fantasie mit dir durch?' an. „So etwas liest man in Büchern oder sieht es in Filmen, aber, Gerald, das ist realitätsfern!" Beide starrten sich eine Weile an, dann wandte Gerald den Blick von ihr ab und sah auf das Fotoalbum, das zwischen ihnen lag. Doch nichts von dem wahrnehmend, was seine Augen betrachteten, sondern ganz in seine Gedankenwelt versunken, sagte er: „Ich weiß ja selber, wie verrückt das alles klingt, aber es ist genau so passiert, wie ich es dir sage, und ich habe die Worte zuletzt deutlich verstanden. ‚Hilda ist deine Familie', flüstert Greta immer wieder. Nachdem ich Hilda kennengelernt habe und ihren Namen erfuhr, konnte ich die Worte in meinen Träumen endlich verstehen." Gerald war sehr wohl bewusst, wie verrückt das alles klang, was er Anni offenbarte, und er selbst war seit Beginn dieser ganzen verrückten Geschichte nicht mehr der standhafte, realitätsnahe Mensch, der er immer gewesen war. Nach einer Weile des Schweigens fragte Gerald dann: „Weiß dein Mann eigentlich von mir? Also, ich meine, weiß er, dass wir uns kennen und dass ich schon einige Jahre hier lebe?" „Nein, er hatte mir nicht einmal davon erzählt, dass Greta einen Bruder hatte. Ich habe immer gedacht, mit dem Tod eurer Eltern gab es da niemanden mehr, aber ich muss dazu sagen, dass es generell vermieden wurde, über diese Familientragödie von damals zu reden. Ich habe meine Schwiegereltern ja noch kennengelernt und habe gespürt, dass diese ganze Geschichte wie ein Dämon über dem Haus lag. Niemals kam das Gespräch auf eure Familie. Alles, was ich weiß, das weiß ich von Heinz, und mir scheint, meine Schwiegereltern gaben Greta die volle Schuld an allem, was passiert war, zumal ja auch dieses Bild hier …", Anni wies auf die alte Fotografie von Wilfried, Greta und dem kleinen Theo, „erst seit dem Tod meiner Schwiegereltern in der

Küche an der Wand hängt. All die Jahre lag es gut verstaut in einer Schublade!"

Gerald nahm die eingerahmte alte Fotografie noch einmal zur Hand und betrachtete sie mit traurigen Augen. „Irgendwie ist es alles so unwirklich, was damals passiert ist." Gerald schüttelte leicht den Kopf und er klang verzweifelt, als er weitersprach: „Es gab ja auch niemals ein Treffen zwischen uns und deinen Schwiegereltern. Auch deinen Mann, Wilfrieds Bruder, hatten wir nie kennengelernt, natürlich auch der Entfernung wegen, aber ich weiß, dass meine Mutter oft auf ein Treffen gedrungen hat, es aber von Seiten deiner Schwiegereltern immer abgewiegelt wurde. Wir hatten von Anfang an das Gefühl, Greta sei gar nicht willkommen in Wilfrieds Familie und Wilfried selber konnte sich nicht durchsetzen. Sie hat es natürlich immer abgetan, wenn wir sie darauf angesprochen haben, und das Verzögern eines Treffens mit der zeitraubenden Arbeit auf dem Hof abgetan. Als Greta sich dann von Wilfried getrennt hatte und wieder ganz zu uns gezogen war, da war sie ein anderer Mensch, hat kaum gesprochen, war sehr launisch und reagierte gereizt auf Fragen. Mein Gefühl sagt mir, sie hatte bis zuletzt gehofft, Wilfried würde zu ihr zurückkehren, sich voll und ganz zu ihr bekennen, und sie würden ein neues Leben beginnen. Als dann die Nachricht von Wilfrieds Selbstmord kam, brach eine Welt für sie zusammen und niemand kam mehr an sie heran. Es war fast absehbar, dass irgendetwas Schlimmes passieren würde, und wir als ihre Familie, die sie von ganzem Herzen liebten, wir mussten hilflos zusehen, wie sie zugrunde ging. Wir konnten rein gar nichts dagegen tun, niemand kam mehr an sie heran."

Geralds Gefühle und die Trauer, die nie von ihm gewichen war, spiegelten sich in seiner emotionalen Rede wider. Anni bekam zum ersten Mal, seit sie die Geschichte kannte, einen Eindruck davon, wie stark Gretas Liebe zu Wilfried gewesen sein musste. Sie machte sich zum ersten Mal so ihre Gedanken, wie das Miteinander zu der Zeit zwischen der sehr jungen, modernen Greta und der Bauernfamilie, die alles andere als modern war, fernab jeglichem Luxus und mit einem von der Hofarbeit bestimmten Tagesablauf gewesen sein musste.

Eine Weile herrschte Schweigen in der Wohnstube von Geralds Wohnhaus und Gerald und Anni tranken ihren mittlerweile nicht mehr ganz heißen Kaffee aus, während jeder seinen eigenen Gedanken hinterherhing. „Wir fahren über Weihnachten hin zu Heinz und werden dort die Feiertage mit ihm verbringen, da werde ich mit ihm sprechen", durchbrach Anni nun das Schweigen. „Ich werde ihm alles berichten, was in den letzten Wochen geschehen ist, zumal er vom Malwettbewerb und Hildas erstem Platz weiß. Ich werde ihm von dir als Gretas Bruder berichten und dass wir uns anlässlich dieses Wettbewerbes kennengelernt haben. Wir könnten eine ganz unverbindliche Freundschaft aufbauen und du könntest Hilda sehen, so oft es gerade passt, ohne dass man einen anderen Hintergrund vermuten muss."

Gerald sah Anni nachdenklich an und es dauerte ein paar Sekunden, bis er antwortete. „Ich fühle mich stark zu dir hingezogen, Anni, wie soll das gehen? Als ich dich durch den Saal des Schützenhauses laufen sah, raubte es mir fast den Atem, so sehr wurde mir in dem Moment bewusst, das ich dich all die Jahre geliebt habe. Obwohl wir nur wenige Momente miteinander teilen durften, warst du seither Tag für Tag präsent in meinen Gedanken. Die Erinnerung an dich, an den unbeschreiblichen Abend mit dir ist bis heute Teil von mir und lässt es nicht zu, eine neue Beziehung zu starten." Während Gerald sich in so hohem Maße zu Anni bekannte, hatte er ihre Hand genommen und blickte ihr nun voller Verzweiflung tief in die Augen. Anni hatte vor Entsetzen die Augen weit aufgerissen, das Herz schlug ihr bis zum Hals, auch sie fühlte eine starke Verzweiflung in sich aufsteigen und der innere Kampf, den sie nun mit sich ausfocht, war der, mit der Vernunft das eigene Verlangen nach mehr, das in ihr aufsteigen wollte, zu unterdrücken. Andererseits wollte sie nachgeben und ihrem Herzen folgen, doch das würde einfach alles zerstören. Es würde ihren Ehemann zerstören und das würde sie sich niemals verzeihen können.

Auch wenn es zwischen ihr und Heinz nicht mehr die große Liebe war, wie es vielleicht zu Beginn ihrer Beziehung gewesen war, so gab es doch eine Verbundenheit zwischen ihnen beiden, die Anni Vertrautheit und Sicherheit bot, und auch wenn
die letzten Jahre von Arbeit, Alltagstrott und Frust bestimmt
gewesen waren und das Leben ihnen kaum glückliche Momente geboten hatte, so hatte sie doch noch Gefühle für ihren Ehemann. Es tat ihr in der Seele weh, wenn sie daran dachte, wie es
ihn zerstören würde, wenn er sie und Hilda verlieren würde. Sie
betrachtete den attraktiven, herzensguten Mann neben ihr auf
dem Sofa, der ihr mit so offenen Worten sein Herz geöffnet hatte, und sie fühlte sich durchaus zu ihm hingezogen, aber dieses
schreckliche Gefühl, das in ihr Aufstieg, wenn sie daran dachte,
ihren Ehemann, der immer treu und ehrlich zu ihr gewesen war
und selber ein Opfer war von herrschsüchtigen, bestimmenden
Eltern und einer Arbeitsfalle, in die man ihn ohne Rücksicht hi-
neinmanövriert hatte, betrügen zu müssen, das zerriss ihr das
Herz. Sie wusste genau in diesem Moment, dass sie es niemals
so weit würde kommen lassen. Sie und Gerald mussten einen
Weg finden für die Zukunft. Noch hatte sie keine Ahnung, wie
es werden könnte, aber sie würde alles daransetzen, dass es einen Weg gab, mit dem alle leben konnten.

Immer noch saß Gerald stumm und ihre Hand haltend neben Anni und starrte sie auf Antwort wartend an. Anni senkte
nun den Blick und entzog ihm vorsichtig ihre Hand. „Es geht
einfach nicht, Gerald", sprach sie so erschöpft, als koste es ihr
jegliche Kraft, die sie aufbringen konnte.

„Ich habe noch Gefühle für meinen Mann und ich werde ihn
niemals in so hohem Maße verletzen können. Er braucht mich
und ich werde für ihn da sein, denn es würde auch mich zerstören, mitansehen zu müssen, wie er zugrunde geht. Es tut mir
leid", sagte sie mit festen, bestimmten Worten und sah nun mit
traurigem Blick in Geralds Gesicht. Kurz begegnete Gerald Annis Blick, dann lehnte er sich mit hängenden Schultern zurück
in die Polster. Anni bemerkte nun die Tränen, die Gerald über
die Wangen liefen, und sie fühlte sich so hilflos und verzweifelt

wie noch nie zuvor in ihrem Leben. Sie hatte schon sehr viele Situationen erlebt, die schwerfallende Entscheidungen gefordert hatten, und immer hatte es irgendeinen Weg gegeben, aber in diesem Moment mit dieser Situation war sie am Limit und schlug nun hilfesuchend die Arme um ihre Schultern.

„Ich möchte, dass Hilda erfährt, dass ich ihr Vater bin!" Auf unangenehme Weise durchbrachen Geralds plötzliche Worte das Schweigen im Raum. „Noch nicht, Gerald!" Ruckartig lenkte Anni wieder alle Sinne auf das Gespräch und ihr Puls beschleunigte sich. „Wenn sie volljährig ist, Gerald, dann soll sie es erfahren. Sie ist zu sensibel, es jetzt verarbeiten zu können. Sie leidet unter einer Angststörung, musst du wissen, und wir sollten ihre kleine Welt nicht mit vermeidbarem Gefühlschaos ins Wanken bringen." „Was ist das für eine Angststörung?" Mit besorgtem Blick setzte Gerald sich nun wieder auf und richtete alle Konzentration auf Annis Bericht.

Während der nächsten halben Stunde berichtete Anni nun von Hildas Krankheit und ließ dabei auch nicht die fachärztlichen Untersuchungen und deren Ergebnisse aus. Sie berichtete ihm auch von den Einschlafstörungen und den plötzlich auftretenden Panikattacken, die von Atemnot begleitet waren. „Deine Schilderungen kommen mir sehr bekannt vor." Mit diesen Worten hatte sich Gerald nach einer Weile wieder zurück in die Polster gelehnt und nachdenklich vor sich hingestarrt. „Greta hatte als Kind ähnliche Symptome", sprach er weiter. „Während meiner Grundschulzeit habe ich Greta nachts nicht selten in den Schlaf gewiegt. Sie kam weinend zu mir ins Bett gekrochen, sie hätte wieder solche Angst. Sie hat mir aber niemals genau sagen können, wovor sie Angst hatte. Ich habe sie dann immer vor mich gesetzt, mit Beinen und Armen umschlungen. Zusätzlich habe ich uns zwei in die Decke eingewickelt und dann habe ich sie eine halbe Ewigkeit hin und her geschaukelt und ihr leise beruhigende Kinderlieder ins Ohr gesungen, bis sie irgendwann vor Erschöpfung einschlief, worüber aber nicht selten die halbe Nacht verstrich. Am nächsten Morgen hatten wir es beide schwer, in den Tag zu starten. Unserer Mutter blieb das Ganze natürlich nicht verborgen und es gab Diskussionen deswegen. Greta sollte doch zu ihr kommen, wenn sie nicht schlafen konnte, und nicht noch mich vom Schlaf abhalten, aber sie kam halt immer wieder zu mir. Nur ich hatte die Fähigkeit oder fand den richtigen Weg, sie zu trösten. Diese Zeit schuf ein sehr starkes Band zwischen mir und meiner Schwester, das auch bis zu der Zeit hielt, als sie Wilfried kennenlernte. Mit Wilfried hatte sie einen neuen Beschützer gefunden, den sie auch für ewig halten wollte."

Die Traurigkeit, die Geralds Worte begleiteten, durchflutete den Raum und Anni bekam einen weiteren Eindruck von dem Trauma, den dieser sensible Mensch neben ihr durchlebte. Erneut schmerzte es sie in der Seele, dass auch sie ihn verletzen musste, aber sie wollte alles versuchen, die Zukunft für alle Beteiligten so erträglich wie möglich zu gestalten.

„Hilda hat außergewöhnlich viel von dir mitbekommen." Anni lächelte Gerald zärtlich zu. „Unser Hausarzt kennt die Familiengeschichte meines Mannes, er wusste von der Tragödie um den Selbstmord von Wilfried damals und wies in dieser Hinsicht auch auf einen erblichen Aspekt bei Hildas Symptomen hin, wobei mir bei seiner Bemerkung zu der Zeit beklemmend die Tatsache bewusst wurde, dass Heinz nicht Hildas leiblicher Vater ist." Sie holte einmal tief Luft und fügte hinzu: „Von Gretas ähnlichen Symptomen konnte ich natürlich nichts wissen, so findet sich doch für alles mit der Zeit eine Erklärung." Anni seufzte schwer. „Es wird mir langsam regelrecht unheimlich, wie sehr Hilda meiner verstorbenen Schwester ähnelt." Gerald rieb sich über die Unterarme und fühlte trotz der Wärme in dem Raum eine Gänsehaut. Er langte zum Kuchenteller mit dem Streuselkuchen darauf und begann, den Kuchen zu essen, den sie beide bisher noch nicht angerührt hatten. Anni tat es ihm gleich und warf zugleich einen Blick auf die Wanduhr, die gleich neben der einzigen Tür in dem Raum hing. „Es ist gleich Mittag", bemerkte sie. „Ich werde mich auf den Weg machen müssen, wenn ich vor Hilda zuhause sein möchte." „Ja, natürlich, kann ich eines der Bilder von Hilda hier behalten?" Er wirkte etwas verlegen bei seiner Frage, doch Anni blätterte sofort im Album herum und sie suchten beide ein Bild für Gerald heraus. Anni bot ihm an, zusätzlich zum Bild von Wilfried, Greta und Theo auch einige aus dem Album für ihn kopieren zu lassen, und rief mit dem Angebot ein plötzliches Schluchzen aus Geralds Kehle hervor. Sie sah ihn ein Taschentuch hervorziehen und sich über die Augen wischen. „Entschuldige", sprach er mit bebender Stimme. „Ich glaub', ich muss das Ganze erst einmal verarbeiten, ich fühle mich grad überwältigt von einem enormen Glücksgefühl deswegen, dass es Hilda gibt. Nie habe ich an Schicksal oder besondere Fügungen geglaubt, doch ich danke Gott und dem Himmel und was weiß ich noch alles dafür, dass ich eines Besseren belehrt wurde."

Nun ließ er seinen Gefühlen freien Lauf und Tränen rannen ihm über die Wangen.

Anni nahm ihn zum Trost in die Arme. „Du musst dich für gar nichts entschuldigen", sagte sie ihm.

13.

Mittlerweile waren mehrere Tage verstrichen seit der Preisverleihung im Schützenhaus. Hilda und Sina saßen gemeinsam in Sinas Schlafzimmer auf dem kleinen Sofa in einer Ecke des Raumes und brüteten über Schulaufgaben. Die Mädchen lernten eifrig, denn bis zu den Weihnachtsferien waren es nur noch vier Wochen und in der kurzen Zeit standen noch einige Tests an, wie es immer der Fall war so kurz vor den Ferien. Zwischendurch gab es immer wieder anregende Unterhaltungen zwischen den beiden und manchmal hörte man fröhliches Gelächter, zumeist hervorgerufen durch komische Bildchen oder Sprachnachrichten ihrer Mitschüler, mit denen nebenbei in WhatsApp kommuniziert wurde.

„Übrigens bin ich am Samstagnachmittag zusammen mit meiner Mutter bei diesem Gerald Jakobs zu Besuch", erzählte Hilda nun ihrer Freundin. Die zog die Augenbrauen hoch und fragte ironisch: „Sollst du ihm noch weitere Kuhbilder malen?" Beide kicherten, während Sina theatralische Bewegungen machte, als sei sie ein großer Künstler in Aktion an der Staffelei. „Nein", antwortete Hilda immer noch kichernd. „Der ist um tausend Ecken mit uns verwandt, na ja, nicht direkt blutsverwandt, aber da gibt es eine Verbindung!" Sina hörte Hilda interessiert zu, während die Freundin ihr nun die Geschichte von Wilfried, Greta und dem kleinen Theo erzählte. Sina erinnerte sich an das Bild an der Küchenwand der Familie Ihben und wusste durch Erzählungen ihrer eigenen Mutter auch einigermaßen über die Geschehnisse von damals Bescheid. Hildas Mutter hatte ihre Tochter nach dem Besuch bei Gerald darüber informiert, dass Gerald der Bruder der jungen Frau von dem Bild in der Küche sei, und für Hilda war damit ihre Vermutung einer Verbindung zwischen ihrer Mutter und Gerald bestätigt gewesen.

Hildas Herz hatte sogar direkt begonnen, schneller zu schlagen bei der Erkenntnis, es gäbe doch noch jemanden aus der direkten Verwandtschaft dieser für sie so mysteriösen, geheimnisvollen Frau auf dem Bild. So oft schon hatte sie davor gestanden und es ewig betrachtet, jedes einzelne Detail aufgesogen wie ein Detektiv, der präzise nach Spuren suchte. So oft hatte sie versucht, sich vorzustellen, wie die drei wohl zu Lebzeiten gewesen waren, und nun plötzlich zu erfahren, dass dieser nette Herr Jakobs der leibliche Bruder von dieser Greta auf dem Bild war, das ließ Hildas Puls abrupt in die Höhe schnellen. Seit dem Gespräch mit ihrer Mutter kreisten Hildas Gedanken unentwegt um diese spannende Wendung in dieser alten Familiengeschichte. Nie hatte sie diese in Erwägung gezogen, immer nur hatte sie traurig darüber nachgedacht, dass diese junge, hübsche Familie, die gerade begonnen hatte, als eigene Familie zu existieren, so ein plötzliches Ende finden musste und dass nach ihrem Ende nichts geblieben war als Fotos und Erinnerungen. Dann gibt es plötzlich wie aus heiterem Himmel einen Blutsverwandten. Hilda hatte sich vorgenommen, Herrn Jakobs nach Greta zu befragen und generell nach seinen Erinnerungen an die Lebenszeit der tragischen, jungen Menschen. Sie war voller Vorfreude auf den Samstagnachmittag und teilte dies nun mit ihrer Freundin, die ihr nicht weniger begeistert zugehört hatte. Die beiden Mädchen machten sich wieder an die noch zu erledigenden Schulaufgaben und richteten ihre Konzentration erneut auf die Bücher und Hefte, die um sie herum verteilt lagen. Sie würden sich ranhalten müssen, wenn alle zu erledigenden Aufgaben noch an diesem Nachmittag abgeschlossen werden wollten.

Einige Tage später saß Hilda neben ihrer Mutter auf dem schwarzen Ledersofa in Geralds Wohnstube, und obwohl sie diesen Herrn, der bisher so viel Aufregendes in ihren Alltag gebracht hatte, nun schon einige Male getroffen hatte, war sie heute doch wieder etwas angespannt, wobei sie auf eine andere Art und Weise in sich hineinhorchte. Sie sah Gerald Jakobs nun mit dem neuen Wissen der Bruderschaft gegenüber dieser Greta mit ganz anderen Augen. Irgendwie fühlte es sich wie Verwandtschaft an, zumal er von Geschehnissen in ihrer eigenen Familie wusste, über die Hilda selber nur begrenzt im Bilde war.

Gerald war an diesem Samstagvormittag noch in seinem Markt gewesen, um sich einigen Dingen zu widmen, die vor dem Wochenende erledigt werden mussten, hatte aber seine Mühe gehabt, sich zu konzentrieren. Er war nervös, schon gestern und eigentlich schon, seitdem der Samstagnachmittag als Termin festgestanden hatte für das Treffen mit diesen beiden Menschen, die ihm mittlerweile zu den wichtigsten in seinem Leben geworden sind. Nach langem Hin- und Herüberlegen, ob nun Dauergebäck, Sahneschnittchen oder lieber etwas Schokoladiges, hatte er sich letzten Endes doch wieder für den Streuselkuchen entschieden, den er schon Anni bei ihrem ersten Besuch vorgesetzt hatte. Zusätzlich entschied sich aber dafür, ein paar Schokoladenbonbons dazuzustellen, zumal er nicht einschätzen konnte, wie Mädchen in Hildas Alter zu Kuchen standen, und mit Schokolade konnte man da doch eigentlich nichts falsch machen, hatte er sich motivierend gedacht.

Je näher der Nachmittag gerückt war, desto mehr war er zum Nervenbündel geworden. Er war mittlerweile wütend auf sich selbst, dass er sich so verrückt machte mit dieser Situation. „Reiß dich zusammen, Gerald, zwar sind die beiden nunmehr die wichtigsten Menschen in deinem Leben, aber sie sind zudem sehr anständige, umgängliche Personen. Es wird ein wunderbarer Nachmittag werden", sagte er sich nun und warf erneut einen Blick in den Spiegel an der Wand im Flur, an dem er soeben vorbeiging.

Er fuhr mit der Hand durch sein noch recht volles, lockiges Haar und betrachtete die grauen Strähnen, die sich in letzter Zeit vermehrt in seinem hellen Blond zeigten. Die Zeichen der Zeit, dachte er bei sich und beschloss zugleich, sich in Zukunft mehr Zeit für das Leben zu nehmen und vor allem für seine Tochter, die so plötzlich und wunderbar in sein Leben getreten war.

Als die Fotos von der Presse, die während der Preisverleihung gemacht worden waren, hereingekommen waren, hatte Gerald die Mail begierig geöffnet und direkt eines ausgedruckt, das ihn mit Hilda auf der Bühne zeigte. Dieses für ihn ganz besondere Bild zeigte sie beide nebeneinander. Er hatte seine Hand auf

Hildas Schulter gelegt, sie hielt fröhlich lachend ihren Preis in den Händen und auch er selber lachte so unbeschwert fröhlich in die Kamera, dass er fast meinen wollte, noch nie so entspannt und jugendlich wirkend abgelichtet worden zu sein. Vielleicht lag es auch daran, dass er auf verblüffende Art und Weise diese Ähnlichkeit in den Gesichtszügen des Mädchens an seiner Seite mit seinen eigenen Gesichtszügen bemerkt hatte, es musste regelrecht auffallend wirken für jeden Betrachter, diese leicht schräg zur rechten Schulter gerichtete Kopfhaltung, dasselbe fröhliche Lachen, wobei sich bei beiden ein Grübchen am rechten Mundwinkel zeigte, und die großen, blauen Augen, die bei beiden Personen, Vater wie Tochter, immer auf eine bestimmte Art und Weise traurig wirkten.

Seine Mutter hatte zu Lebzeiten oft behauptet, er würde mit seinem Blick in die Seele der Menschen schauen, fiel es ihm plötzlich wieder ein, und er musste zugeben, dass er nun, da er Hilda kennengelernt hatte und schon mehrfach Blicke mit ihr ausgetauscht hatte, erst realisierte, was genau seine Mutter damals mit dieser Äußerung gemeint hatte.

Ein Schauer lief ihm über den Rücken bei all diesen Erkenntnissen. Hilda war quasi sein Ebenbild, auch dieselben blonden Locken, die ihren Kopf bedeckten und ihr so wunderbar natürlich auf die Schulter fielen, erinnerten ihn an seine eigene Schulzeit, zumal es eine Zeit gegeben hatte, in der er, wenn auch gegen den Willen seiner Eltern, langes Haar getragen hatte. Er schmunzelte bei der Erinnerung und nahm sich vor, die Fotos von damals herauszusuchen. Innerlich war er sich sicher, vom Aussehen her würde er auf diesen alten Bildern ohne Weiteres als Hildas Zwillingsbruder durchgehen.

Gerald war immer noch sprachlos über all diese wunderbaren Ereignisse, die sich in den letzten Wochen fast unwirklich in sein Leben drängten, und manchmal des Nachts, wenn er plötzlich aus dem Schlaf erwachte, musste er sich erst einmal aufsetzen und zu sich kommen, um realisieren zu können, ob die Ereignisse wirklich geschehen waren oder ob er einen sehr realen Traum durchlebt hatte. Mit klopfendem Herzen und von

Glücksgefühlen beseelt wegen der Erkenntnis, dass es tatsächlich der Realität entsprach, stiegen ihm dann immer noch Tränen in die Augen. Dieses wunderbare Kind war sein eigen Fleisch und Blut. Die Erkenntnis erzeugte in ihm ein Gefühl von absoluter Erfüllung.

Das Läuten der Türglocke riss Gerald aus seinen Gedanken. Kurz fuhr er noch einmal durch sein Haar, strich wie zur Beruhigung über sein elegantes, schwarzes Oberhemd, das perfekt zur graukarierten Stoffhose passte, und huschte Richtung Eingangstür. Als er die Haustür öffnete und die beiden Menschen, die er seit geraumer Zeit und ab sofort bis in alle Ewigkeit als seine kleine Familie ansah, nun vor ihm standen, überkam ihn schlagartig eine Welle warmer Glücksgefühle. Leicht verlegen bemerkte er selber, dass er sie wohl ein paar Sekunden zu lange angestarrt hatte, bevor sein gutes Benehmen wieder die Oberhand gewann und er die beiden mit in den Flur weisendem Arm herzlich willkommen hieß.

Hilda war beeindruckt von dem großen Haus, das mit dem sehr gepflegten Garten und der leicht geschwungenen Auffahrt im Vergleich zu allen anderen Häusern dieser Siedlung etwas hinten raufgebaut war und somit besser zur Geltung kam. Der moderne Baustil mit dem dritten Giebel und dem Spitzdach mit den bordeauxfarbenen Dachziegeln umrahmte harmonisch den mit hellem Braun gesprenkelten roten Stein, aus dem die Fassade bestand. „Wohnt Herr Jakobs ganz alleine in dem großen Haus?", Hilda hatte ihre Gedanken wohl laut ausgesprochen, denn ihre Mutter antwortete ihr darauf: „Ja, und wie mir scheint, ist er auch noch oft geschäftlich unterwegs und somit selten daheim." Anni hatte dieselben Gedanken wie ihre Tochter gehabt, als sie Gerald das erste Mal hier besucht hatte. Schon bemerkenswert, wie manche Menschen so lebten, hatte sie gedacht und dann wiederum feststellen müssen, dass dieser erfolgreiche Geschäftsmann, der materiell ausgesorgt hatte, einsam war und fast rastlos wirkte. Ihr schien, Gerald war nie wirklich angekommen im Leben und der Drang danach, ihn in dieser Hinsicht zu unterstützen, breitete sich immer mehr in

Anni aus. Hilda betrachtete nun Gerald Jakobs, der ihnen soeben die Haustür geöffnet hatte und so elegant dastand, wie man es so kannte von einem Geschäftsmann: mit leicht gekrempelten Ärmeln seines schwarzen Oberhemdes und polierten, braunen Lederschuhen zur graukarierten Stoffhose. Diesmal aber betrachtete sie seine Gesichtszüge mit anderen Augen. Mit der neuen Erkenntnis der Bruderschaft zu Greta versuchte sie nun, Ähnlichkeiten zwischen ihm und seiner verstorbenen Schwester zu erkennen, und meinte sogleich, dieselben großen Augen zu erkennen, wie sie sie auch die junge Greta auf dem alten Bild in der Küche hatte. Gerald blickte sie beide eine Weile mit großen Augen an und Hilda sah etwas verlegen rüber zu ihrer Mutter, da sie nicht recht wusste, ob sie etwas sagen sollten oder wie sie sich verhalten sollte, als dann plötzlich die hereinbittende Handbewegung mit den sehr herzlichen Willkommensworten von Gerald Jakobs kam. Es gab eine herzliche Umarmung zwischen ihrer Mutter und Herrn Jakobs, die für Hildas Gefühl etwas sehr vertraut wirkte, aber die Tatsache, dass Herr Jakobs gleich darauf auf Hilda zukam, ihr die Hand reichte und mit herzlichen Worten seine Freude über ihren Besuch bekundete, ließ sie nicht weiter darüber nachsinnen. Sie trat hinter ihrer Mutter in den Flur des Hauses. Herr Jakobs schloss nun die Haustür und lief an seinem Besuch vorbei, um die Tür zur Wohnstube zu öffnen, aus der sofort ein angenehmer Geruch von Kaminholz strömte. Das knisternde Geräusch von brennendem Holz, das nun an Hildas Ohr drang, bestätigte ihre Vermutung über den offenen Kamin in dem Raum, in dem sie beim Eintreten die wild tanzenden Flammen erblickte.

Hilda ließ ihren Blick durch die helle, sehr modern eingerichtete Wohnstube schweifen und blieb bei dem Gemälde eines Häuschens an einem kleinen See vor einer Bergkulisse hängen. Das Bild wirkte sehr lebendig und harmonisch. Man mochte meinen, den Dampf, der aus dem Schornstein des Hauses kam, sachte steigen zu sehen. Gerald bemerkte Hildas aufmerksamen Blick dem Bild zugewandt und bekundete direkt, dass es ein Gemälde aus der Hand seiner verstorbenen Schwester Greta sei. Bei den Worten traten nun beide, Hilda und auch ihre Mutter, an das Gemälde heran. Staunend betrachteten sie es eine Weile, während Gerald dazu getreten war und nun direkt hinter ihnen stand. „Es ist das Haus unserer Großeltern. Es befindet sich nahe Bad Sachsa im Harz. Wir waren früher oft zu Besuch dort und irgendwann hat Greta dann dieses wunderbare Bild gemalt. Es war ein Weihnachtsgeschenk für unsere Großeltern. Als sie dann starben und dieses Häuschen da verkauft wurde, haben wir das Bild natürlich zu uns geholt. Seit Jahren halte ich es als wunderbares Andenken an Greta in Ehren." Eine emotionale Stille breitete sich kurzzeitig in dem Raum aus, in der alle drei ihren eigenen Gedanken nachhingen. Anni verschlug es die Sprache. Ihre Tochter hatte das malerische Talent also dieser jungen Frau auf dem Bild in ihrer Küche zu verdanken. Eine Gänsehaut zeigte sich auf ihren Armen, Hildas Gedankengang hingegen ging aufgrund ihrer Unkenntnis natürlich in eine andere Richtung. Sie überlegte, ob es sein konnte, dass sie es bei jeder ihrer Betrachtungen des Bildes an der Küchenwand auf eine Art und Weise gespürt haben konnte, dass auch diese junge Frau auf dem Bild dieses Talent besaß, Dinge mit dem Auge genauestens erfassen zu können und dann originalgetreu zu Papier zu bringen. Fasziniert, aber zugleich auch traurig darüber, diese Person niemals kennenlernen zu können, konnte sie ihre Augen kaum von dem Gemälde lösen. Gerald bemerkte natürlich das starke Interesse dieser beiden lieben Menschen in seiner Stube an dem früheren Leben seiner verstorbenen Schwester und allem voran an deren Wesen, und er fühlte sich dadurch emotional berührt.

„Die Art und Weise, wie du deine Kuh gezeichnet hast", Gerald hatte sich nun Hilda zugewandt, „hat mich so sehr an die meiner verstorbenen Schwester erinnert, liebe Hilda." Er sah sie mit großen Augen an und bemerkte zugleich den Blick von Anni und deren plötzliche körperliche Anspannung. Daher sah er nun sie an und schloss langsam die Augen, um sie zu beruhigen und ihr zu bekunden, kein Wort über die Verwandtschaft von Hilda mit ihm zu verlieren. Hilda befand die Situation gerade etwas seltsam und sah sich verlegen weiter um in dem Raum, während Gerald nun wieder das Wort ergriff und die beiden aufforderte, es sich doch auf dem Sofa bequem zu machen, er würde sich kurz in die Küche begeben, um für warme Getränke und Kuchen zu sorgen.

„Ich habe Papa per WhatsApp geschrieben, dass wir heute zu Besuch sind bei Herrn Jakobs und dass er der Bruder von dieser Greta ist. Er weiß von dem Bruder und war sehr verwundert, dass der hier bei uns wohnt." Anni erschrak etwas bei den Worten ihrer Tochter, zumal sie es noch nicht gewagt hatte, ihrem Mann davon zu berichten. Nun ärgerte es sie, dass sie nicht daran gedacht hatte, ihre Tochter könnte davon erzählen. Sie würde behaupten, dass sie es auch kürzlich erst erfahren hatte, dachte sie sich, zumal sie ihm über den Malwettbewerb und Hildas Erfolg auf dem Laufenden gehalten hatte.

Ach, es würde sehr schwierig werden, ihren Mann unwissend zu halten, sie würde so normal wie möglich auftreten müssen, wenn sie und Hilda ihm alles berichten würden über Weihnachten vor Ort bei ihm. Er durfte in keiner Weise Verdacht schöpfen, sonst wäre alles verloren. Es würde ihn zerstören. „Ach ja?", antwortete Anni ihrer Tochter und fügte schnell hinzu: „Ich habe bei unserem letzten Telefonat auch gar nicht daran gedacht, es ihm zu erzählen, zumal Papa auch die meiste Zeit von der Prothese gesprochen hat, die erneut angepasst wurde, sodass er nun fast schmerzfrei damit gehen kann." „Ich freue mich schon auf Weihnachten, wenn wir bei Papa sind, ich werde ihm mein Kuhbild zu Weihnachten schenken." Hilda lächelte ihrer Mutter glücklich zu, während nun Gerald mit einem Tablett mit dampfenden Tassen und Tellern mit Kuchen darauf wieder in die Stube trat. Er bemerkte ihr fröhliches Lachen und sprach sie sofort darauf an. „Du lachst so fröhlich, Hilda, gefällt es dir hier bei mir?" Er setzte das Tablett auf den Tisch und sah Hilda an, während sie antwortete. „Ja, sehr, Sie haben ein schönes Haus." „Danke schön", lachte er ihr zu. „Es würde mich freuen, wenn du einfach Gerald zu mir sagst, liebe Hilda, da wir ja auch quasi verwandt miteinander sind", bot er Hilda zwinkernd an und begegnete kurz Annis Blick, die ihn bei seinen Worten beobachtet hatte. „Das wird mir sicher erst mal schwerfallen", lachte Hilda. „Aber danke schön, ich werde es üben müssen." Sie lachten alle drei über Hildas Aussage. Es wurde ein schöner Nachmittag, an dem viel erzählt und gelacht wurde. Gerald berichtete über seine Kindheit, wie er und seine jüngere Schwester aufgewachsen waren, sehr behütet von einer überaus sorgsamen Mutter, was auch daran gelegen haben mochte, dass Mutter und Kinder zumeist ohne Vater den Alltag bestritten, da dieser auf einer Bohrinsel arbeitete, auf der er immer im Wechsel einige Tage blieb, um dann wiederum einige Tage zuhause zu verbringen. Sie als Kinder hatten es nie anders gekannt, hatte Gerald bekundet, alles, was den Alltag betraf, blieb somit überwiegend bei der Mutter hängen und dies führte unwillkürlich dazu, dass diese eine engere Bindung zu den Kindern hatte.

Er berichtete von Gretas malerischem Talent und ihrem Wunsch, schon seit jüngster Kindheit, dieses Talent zum Beruf zu machen. Nachdem Greta ihr Abitur gemacht hatte, worauf die Eltern damals sehr stolz gewesen waren, berichtete er, hatte sie sich an verschiedenen Universitäten zum Kunststudium beworben, doch es kam dann plötzlich alles ganz anders. Denn als Wilfried in Gretas Leben getreten war, war diese schlagartig ein anderer Mensch gewesen. Das Studium war nicht mehr wichtig gewesen, nichts war mehr wichtig außer Wilfried. Die Dinge hatten ihren Lauf genommen. Was weiter geschah, davon wussten Anni und Hilda genauso wie Gerald, und er äußerte sich mit sehr emotionaler Betroffenheit über den damaligen Verlust der geliebten Schwester und Tochter und den seelischen Schlag, den seine Eltern dadurch erlitten hatten und von dem sie sich nie mehr erholten.

Anni und Hilda hatten ihm wie erstarrt zugehört und waren sehr betroffen von Geralds emotionalem Ausbruch, sie fühlten beide mit ihm, während er von dem abgrundtiefen Schmerz berichtete, so plötzlich in noch jungen Jahren alle Bezugsmenschen verloren zu haben, alle Wurzeln der Kindheit und Jugendzeit gekappt, nachdem er nur wenige Jahre nach seiner geliebten Schwester auch beide Elternteile kurz aufeinander folgend an Krebserkrankungen verlor. Er hatte sich allein und verloren auf der Welt gefühlt und sich fortan in die Arbeit gestürzt, berichtete er, sein Unternehmen, das er sich mit harter, zeitraubender Arbeit aufgebaut hatte, war zugleich quasi seine Rettung gewesen, bekundete er den beiden. Seine Firmen, seine Mitarbeiter waren fortan seine Familie. Betroffen hatten Anni und Hilda sich angesehen. Hilda hatte versucht, sich vorzustellen, wie es sein mochte, ganz ohne eigene Familie zu sein. Ihre eigene Familie war zwar durch die nicht enden wollende Arbeit auf dem Hof, die zugleich noch undankbar entlohnt war, zumeist gefrustet und vom Alltagstrott so eingenommen, dass für ein harmonisches Miteinander kein Platz war, aber wenn da überhaupt niemand war, wenn es niemanden gab, den man Familie nennen konnte, das war für sie kaum vorstellbar.

Anni hingegen ging einem ganz anderen Gedankengang nach. Sie bewunderte diesen sensiblen Mann, der zugleich solch eine Stärke entwickeln musste und diese Stärke auf beeindruckende Art und Weise bewiesen hatte. Ihr eigenes Leben, so dachte sie, bestand, seitdem sie auf den Hof gezogen war, aus Arbeit, Frust und Resignation, wobei sie einst in ihrem Beruf als Arzthelferin zufrieden gewesen war. Sie hätte auch stark sein müssen, dachte sie bei sich, sie hätte sich ihre eigene Selbstständigkeit bewahren sollen, um zumindest die sozialen Kontakte wahren zu können, die sie zu der Zeit gehabt hatte und die ihr in den Jahren auf dem Hof mehr und mehr fehlten. Früher hatte sie ein ganz normales Leben gehabt mit geregelten Arbeitszeiten, einem geregelten Einkommen und freien Wochenenden, an denen man ausschlafen konnte, die Freizeit genießen, wonach die Gesellschaft strebte, die Tage zählen bis zum heißersehnten Wochenende. So oft hatte sie darüber nachgedacht, wie unwirklich das Leben für sie geworden war als Bäuerin. Nie mehr Wochenende, kein Feiertag frei, Urlaub nur, wenn man für die Zeit eine vertrauenswürdige Aushilfskraft für den Hof fand, was sie in den letzten zehn Jahren nicht einmal mehr in Erwägung gezogen hatten. Das war echt verrückt, die normale

Gesellschaft würde doch im Traum nicht daran denken, so einen Job zu machen. Und dann noch die Tatsache, dass man sein Produkt, in ihrem Falle die Milch, die auf ihrem Betrieb produziert wurde, nicht selber verkaufen und somit einen angemessenen Preis bestimmen konnte. Sie waren an den Preis gebunden, den ihnen ihre Molkerei für die Rohmilch bot, die alle zwei Tage mit einem LKW von ihrem Hof abgeholt wurde. Sie hätten auch stark sein sollen, so wie Gerald, der es aus eigener Kraft mit sehr starkem Willen zu etwas richtig Großem gebracht hatte. Sie hatte größte Achtung vor ihm, doch sie wusste auch nur zu gut, in welcher Unterdrückung ihr Ehemann aufgezogen worden war. Da war es unsagbar schwer, einen eigenen Willen zu entwickeln und vor allem etwas zu ändern, was für die Eltern seit jeher undenkbar gewesen war.

Gerald hatte sich an diesem Nachmittag den beiden Menschen, die ihm immer vertrauter wurden und die er am liebsten nie mehr gehen lassen würde, in so hohem Maße anvertraut, wie er es noch nie bei einem Menschen getan hatte. Nachdem er damals alle vertrauten Menschen in seinem Leben verloren hatte, war es seit jeher sein Traum gewesen, sich wieder eine eigene Familie zu schaffen. Es war ihm aber nicht vergönnt gewesen, auch wenn er sich sehr bemüht hatte. Es hatte einfach nie gepasst und plötzlich, wie vom Himmel gefügt, ist er Vater dieser wunderbaren Tochter, die ihm so unglaublich ähnelte, geschenkt von dieser wunderbaren Frau, die er liebte und eigentlich fest in seine Arme schließen wollte. Nur leider war sie nicht frei für ihn und er achtete sie aufs Äußerste für die Stärke, die sie für ihren Ehemann bewies.

14.

„Ich freue mich sehr für Gerald, dass er uns gefunden hat und nun nicht mehr so einsam ist." Hilda saß gut gelaunt neben ihrer Mutter auf dem Beifahrersitz des kleinen PKW der Familie. Heute am vierundzwanzigsten Dezember hatten die zwei sich nach der Stallarbeit und einem gemütlichen Frühstück mit Hans, dem Betriebshelfer, der für die nächsten drei Tage die Hofarbeit erledigen würde, damit Hilda und ihre Mutter das Weihnachtsfest bei Ehemann und Vater in der Rehaklinik verbringen konnten, auf den Weg Richtung Duisburg gemacht.

„Ja, Hilda, mich freut es auch sehr für Gerald, er ist ein sehr lieber Mensch und hat viele Schicksalsschläge ertragen müssen", antwortete Anni ihrer Tochter. Dem ersten gemeinsamen Besuch bei Gerald in dessen Wohnung waren seitdem schon einige weitere gefolgt begleitet von sehr angenehmen Gesprächen. Es freute Anni sehr zu beobachten, wie vertraut Gerald und Hilda mittlerweile miteinander waren. Ihre Tochter genoss die Besuche bei Gerald mehr und mehr, er hatte einen besonderen Draht zu ihr, was vielleicht auch daran liegen mochte, dass sie sich so ähnlich waren. Hilda konnte sogar mit Gerald über ihre Panikattacken reden. Er erzählte ihr von Gretas ähnlichen Angstzuständen und Anni schien es, als würde es Hilda auf eine Art beruhigen, von Gerald zu erfahren, dass es Greta ähnlich ergangen war wie ihr. Sie ging seither anders mit den Angstzuständen um, so hatte Anni das Gefühl, es fiel ihr allem Anschein nach etwas leichter, sich abzulenken und sich nicht so heftig in die Panikattacken hineinzusteigern. Wieder schmerzte es Anni nun in der Seele, wenn sie daran dachte, wie schroff sie ihre Tochter oft behandelt hatte. Sie hatte sich Gerald diesbezüglich geöffnet, sie hatte es sich quasi von der Seele geredet und Gerald hatte so verständnisvoll reagiert und hatte mit intelligenten Worten versucht, das schlechte Gewissen in Anni zu beschwichtigen. Immer wieder kamen in letzter Zeit in Anni

Erinnerungen hoch, wo sie ihrer Tochter dem eigenen Frust geschuldet enormes Unrecht getan hatte. Sie wusste ja selber nur zu gut, in welch tiefe Gemütszustände sie sich viel zu oft bewegt hatte, aus Frust hervorgerufen durch den Alltagstrott, die nicht enden wollende, oft undankbare Arbeit, die letzten Endes schlechte Laune und miese Stimmung verursacht hatte. Doch es hätte ihr nicht passieren dürfen, ihre wunderbare Tochter, die doch am allerwenigsten für das ganze Elend konnte, dafür büßen zu lassen, dass sie sich in dieser Endlosschleife aus früh aufstehen, Stallarbeit, Essen zubereiten, wieder Stallarbeit, und dies tagtäglich aufs Neue, befand, Diese Erkenntnis tat sehr weh, auch wenn Gerald ihr bestätigt hatte, dass es eben menschlich war, Unzufriedenheit nach außen hin schlecht verbergen zu können, und bei jedem Menschen äußere es sich halt unterschiedlich. Sie, Anni, hatte ja schließlich auch keine Menschenseele gehabt, der sie sich hätte anvertrauen können. Dem eigenen Ehemann ging es ja ebenso und dies bekam vor allem sie, Anni, zu spüren. Sie hatte sich im Grunde von der Welt und allen guten Mächten verlassen gefühlt, da war es unausweichlich gewesen, dass es diejenigen zu spüren bekamen, die halt gerade vor Ort waren. Anni war dankbar gewesen für Geralds Worte, und sie hatten auch auf gewisse Weise etwas geholfen, das schlechte Gewissen in ihr zu besänftigen, aber dieses schlechte Gewissen in ihr drückte sich immer mehr und immer heftiger an die Oberfläche. Seit dem Unfall ihres Mannes hatte sich auch Annis Leben verändert, es war nicht mehr dieser Alltagstrott aus Arbeit und Verpflichtungen, da der Betriebshelfer vieles allein bewältigte, wobei sie ihren Ehemann immer unterstützt hatte, sei es auch nur aus Solidarität heraus gewesen, ihn nicht in seiner Arbeitsfalle allein zu lassen. Nun genoss sie bedeutend mehr Zeit für sich selbst, und die Zusammenarbeit mit dem Betriebshelfer war zudem eine andere als die mit ihrem Mann, der nur zu oft seine Frustration an seiner Frau abgelassen hatte. So etwas gab es natürlich zwischen ihr und dem Betriebshelfer nicht. Ehepartner und zugleich Arbeitskollegen zu sein, das war halt eine spezielle Konstellation, die nicht immer leicht war, nicht in der Rolle als Arbeitskraft und erst recht nicht in der Rolle als Ehepartner. Anni fand seither in gewisser Weise wieder zu sich selbst, und es wurde ihr natürlich dadurch mehr und mehr bewusst, in welch einem Gefühlstief sie jahrelang gelebt hatte. Somit kam auch zunehmend und mit eiskalter Gewissheit das Bewusstsein der ungerechten Behandlung ihrer Tochter. Sie konnte natürlich nichts rückgängig machen, aber sie schwor sich bei allem, was ihr heilig war, es niemals mehr so weit kommen zu lassen.

„Ich bin schon gespannt, wie gut Papa schon laufen kann mit der Prothese." Hildas Worte rissen Anni aus ihren Überlegungen. „Ja, ich bin auch gespannt. Am Telefon klingt er sehr begeistert und meint, dass wir staunen werden, wie gut er gehen kann", antwortete sie ihrer Tochter. Vier Wochen waren schon wieder vergangen, seitdem sie ihren Mann das letzte Mal besucht hatte, und bei Hilda war es sogar schon länger her. Wegen der hohen schulischen Anforderungen hatte sie ihre Mutter beim letzten Besuch nicht begleitet, und Anni war eigentlich auch froh darüber gewesen, denn so hatte sie ihrem Mann schon einmal von Gerald berichten können ohne Zutun ihrer Tochter. Sie hatte ihm mit gut bedachten Worten davon berichtet, die in keiner Weise auf etwas anderem schließen lassen sollten als auf diesen Zufall, dem Bruder von Greta begegnet zu sein. Sie hatte erzählt, wie euphorisch Gerald Jakobs von Greta berichtet hatte und seinerseits alles erfahren wollte aus der kurzen Zeit, die sie bei der Familie Ihben gelebt hatte.

Anni hatte wohlwollend bemerkt, wie ihr Ehemann nichts in Frage gestellt hatte. Er hatte im Gegenteil sogar sehr begeistert zugehört und bekundet, bald auch Bekanntschaft mit Gerald Jakobs machen zu wollen. Er hatte von ihm gewusst, aber niemals Kontakt oder Ähnliches zu der Person gehabt, hatte er bekundet. Anni hatte generell nach dem letzten Besuch bei ihrem Mann in der Rehaklinik bemerkt, dass dieser sich zunehmend veränderte. Er war bei Weitem nicht mehr der gefrustete Mensch, der er vor seinem Unfall gewesen war. Er hörte interessiert zu und gab Antwort, wobei er in der Regel immer wortkarg war und bei Fremdthemen, die nicht grad den Tagesablauf auf dem Hof oder generell die Landwirtschaft betrafen, oftmals gar nicht reagierte. Aber Anni hatte noch eine andere Veränderung bei ihrem Mann bemerkt, eine, die sie nicht recht deuten oder einordnen konnte. Wo er zuvor immer ihren Rat als seine Ehefrau oder auch eine Art Absicherung bei ihr gesucht hatte, sich mit ihr abgesprochen hatte, da war er nun neuerdings vermehrt selbstbestimmt und eigenständig unterwegs. Das hatte sie so nie zuvor von ihm gekannt. Gemischte Gefühle breiteten sich daher in Anni aus. Solange sie sich kannten, hatte Anni immer die Rolle der Beschützerin gespielt, so konnte man es bezeichnen. Sie lobte ihn der korrekten Handlungen wegen, wenn er unsicher war, und sprach ihm Mut zu. Sie stand immer felsenfest hinter ihm und gab ihm die Zuversicht, schwere Hürden meistern zu können und stark zu sein. Diese Rolle, die sie all die Jahre übernommen hatte, wurde zunehmend nicht mehr benötigt, so hatte sie das Gefühl. Er brauchte plötzlich keinen Beschützer mehr, so schien es ihr, und sie wusste nicht, wie sie diese Veränderung einschätzen sollte.

Natürlich war es immer schon die enorme Verantwortung dem Betrieb gegenüber gewesen, die ihren Mann zu einem vorsichtigen, alles in Frage stellenden, unsicheren Menschen hatte werden lassen. Er hatte sich immer schon, solange Anni ihn kannte, schwergetan, Entscheidungen zu treffen, zerfraß sich teilweise selber vor Zweifel und brauchte die Unterstützung von ihr, seiner Ehefrau, auch wenn dies niemals ausgesprochen wurde, denn er hatte ja auch seinen Stolz, wie es bei den meisten Männern eben so war, dachte Anni bei sich. Irgendwie machte es sie nun ein wenig wütend, dass er so plötzlich einem Wandel unterzogen war und, wie sie befand, eher schon gleichgültig Entscheidungen gegenüber stand. Es hatte sie schließlich all die Jahre auch Kraft gekostet, ihn immer wieder aufzubauen. Nun tat er fast so, als hätte es diese Zeit nie gegeben. Ja, sie hätte sich gewünscht, er hätte ihr mal ein paar Worte des Dankes gesagt, dass sie ihn all die Jahre bedingungslos unterstützt und auf so vieles verzichtet hatte, ohne sich je zu beschweren.

Es schien ihr fast so, als hätte ihr Mann all das plötzlich vergessen oder hielt es gar nicht für wichtig, seiner Frau zu danken und ihr somit zu zeigen, welchen Stellenwert er ihr zuschrieb. Ja, sie fühlte sich wütend, aber auch traurig.

Sie dachte an das Gespräch zurück, als sie ihm vom tragischen Tod des Deckbullen berichtet hatte, der in der Nacht versucht hatte, über die Abtrennung seiner Box zu springen und somit hinaus und zu den Jungrindern zu gelangen, wobei das Tier auf der Boxabtrennung hängenblieb und sich darauf durch sein eigenes Gewicht erdrückte. Sie hatte dann hinzugefügt, dass es vielleicht die rechte Strafe sei für die schwere Verletzung, die der Bulle ihm, ihrem Mann, zugefügt hatte, aber ihr Mann war gar nicht weiter auf das für sie und Hilda sehr aufwühlende Ereignis in der Nacht eingegangen. Ganz im Gegenteil sogar hatte er geäußert, dass er dem Deckbullen geradezu dankbar sein musste, weil dieser ihm durch die Verletzung, die das Tier ihm zugefügt hatte, wohl sehr schmerzhaft, aber endlich aus seiner Arbeitsfalle herausgeholfen hatte, wozu er aus freien Stücken niemals in der Lage gewesen wäre. Anni fragte sich seither insgeheim, wie das Leben wohl in Zukunft werden würde, wenn ihr Ehemann irgendwann so weit genesen war und wieder in sein Leben zurückkehren konnte. Natürlich war sie selbst mittlerweile auch zufriedener mit ihrem Alltag als je zuvor und sie wünschte sich nichts sehnlicher, als dass dies auch für die Zukunft, wenn ihr Mann zurück war, so bleiben würde. Doch so recht vorstellen konnte sie es sich nicht, wie dies ablaufen könnte. Sie wünschte sich, den Betriebshelfer Hans weiterhin für die Zukunft an ihren Betrieb binden zu können, aber was ihr Ehemann für Pläne hatte, wie es weiter gehen sollte, das hatte er noch nicht durchleuchten lassen, zumal dieses Thema bislang auch noch nicht angesprochen worden war.

Annis Gedanken wanderten nun wieder zu Gerald und ihr wurde warm ums Herz, als sie daran dachte, mit welch herzlichen Worten er ihr bei ihrem letzten Besuch das Weihnachtsgeschenk für Hilda in die Hand gedrückt hatte. „Anni, würdest du unserer lieben Hilda dieses Päckchen hier zu Weihnachten von mir überreichen?" Seine Augen hatten förmlich geleuchtet, während er ihr das Päckchen übergeben hatte. Es war ein größeres, viereckiges Kästchen, wunderschön verpackt mit einer Schleife darauf, und Anni vermutete, es dürfte sich bei dem Geschenk um ein gerahmtes Bild oder ähnliches handeln. Sie war an dem Vormittag allein bei ihm gewesen, während Hilda in der Schule war. Sie hatte ihm die kopierten Fotografien, die sie ihm versprochen hatte, vorbeigebracht und die Gelegenheit genutzt, auch ihm ein Päckchen zu Weihnachten zu überreichen mit der dringlichen Ansage, es tatsächlich erst an Heiligabend zu öffnen. Sie musste schmunzeln, während sie sich vorstellte, wie er reagieren würde, wenn er es auspackte. Da er ein Mensch war, der eigentlich schon alles hatte, war es für Anni gar nicht so einfach gewesen, ein passendes Geschenk für Gerald zu finden. Sie hatte sich letztendlich dafür entschieden, eine Kaffeetasse mit einem Foto von ihr und Hilda bedrucken zu lassen. Kurz hatte sie Bedenken gehabt, ihr Ehemann könnte es eines Tages bei Gerald entdecken und unangenehme Fragen stellen, dann aber wiederum hatte sie ihre Bedenken verworfen und nur noch mit einem frohen Gefühl im Bauch darüber nachgedacht, wie sehr der einsame Gerald sich an Heiligabend darüber freuen würde, die Tasse mit dem Abbild der beiden Menschen, die ihm in Zukunft die Einsamkeit nehmen würden, in Händen zu halten. Anni musste sich eingestehen, wenn sie tief in sich hineinhorchte, hätte sie den Heiligabend auch sehr gerne mit Gerald zusammen verbracht. Es hätte ihr große Freude bereitet beobachten zu können, wie er es genießen würde, den Heiligabend nicht wie all die Jahre zuvor einsam vor dem Fernseher zu verbringen, sondern Glück und Freude mit ihr und Hilda zu teilen. Sie hatte sich aber vorgenommen, ihn für die kommenden Jahre, wenn er mit der Zeit ein guter Freund der Familie geworden war, zum Weihnachtsfest und auch zu anderen besonderen Feierlichkeiten und Gelegenheiten zu sich einzuladen. Er sollte in Zukunft nicht mehr einsam leben müssen.

„Ich bin schon sehr gespannt, was in den Päckchen steckt, die Gerald für uns beide mitgegeben hat." Erneut riss Hildas Aussage Anni aus ihren Gedanken. „Ich befürchte Hochwertigeres als die bedruckte Tasse und das Fotoalbum mit Fotos von früher, das ich ihm angefertigt habe, aber es ist etwas Persönliches genau wie die herrliche Zeichnung seines Wohnhauses, die du für ihn angefertigt hast. Er wird ganz sicher begeistert sein, und was will man auch schon so jemandem schenken, der schon alles hat."

Anni lächelte ihrer Tochter zu. „Lass uns mal die Päckchen ohne Papas Beisein in der Ferienwohnung auspacken, Hilda. Ich möchte die Stimmung nicht dadurch trüben, dass dein Vater die Geschenke von Gerald vielleicht falsch deutet und eifersüchtig wird. Er kann das alles ja gar nicht einschätzen, verstehst du?" Anni hatte sich von vornherein vorgenommen, diese spontane Schenkerei mit Gerald von ihrem Mann fernzuhalten. Es war ihr unangenehm ihm gegenüber, zumal er Gerald noch nicht einmal kennengelernt hatte. „Ja, da hast du recht, Mama", antwortete Hilda. „Schade, dass Gerald nicht herfahren kann, um uns hier zu besuchen. Papa hätte sich gefreut, ihn endlich kennenzulernen", fügte sie hinzu. Anni hatte die Idee gehabt vom Besuch Geralds, sie hatte es auch als Vertrauensbeweis für ihren Mann gedacht, sich nicht sorgen zu müssen, er würde hintergangen werden, doch leider hatte Gerald die Einladung ablehnen müssen. Das Weihnachtsgeschäft wäre so ziemlich das wichtigste und zugleich stressigste Geschäft des Jahres, da war es ihm unmöglich zu verreisen. Da galt es, präsent zu sein und das Unternehmen und die Mitarbeiter zu unterstützen. Die Weihnachtsfeiertage würde er zudem dazu nutzen müssen, Büroarbeiten zu erledigen, die vor Jahresschluss getan werden mussten. Das hatte Anni natürlich eingesehen und sie hatten sich darauf geeinigt, für das neue Jahr ein gemeinsames Treffen anzusetzen.

Wie es schon immer zu Heiligabend Tradition war in der Familie Ihben, hatte Anni einen Kartoffelsalat zubereitet und Wiener Würstchen besorgt. Beides lagerte in einer Kühlbox im Kofferraum des kleinen Autos der Familie. Anni hatte wieder die

kleine Ferienwohnung an der Sechsseenplatte nahe der Rehaklinik, in der ihr Mann untergebracht war, mieten können. Hier
würden die drei den Heiligabend und die Feiertage verbringen,
nur zur Übernachtung würde ihr Mann in die Klinik zurückkehren müssen, ansonsten würden sie die Zeit aber komplett
für sich haben, da während der Feiertage keine Anwendungen
stattfanden. Alle Mahlzeiten der beiden Tage könnte ihr Mann
jedoch in der Klinik zu sich nehmen und sogar sie und Hilda
würden bei zeitiger Anmeldung in der Klinik mitspeisen können. Diese Option hatten sie sich bislang noch offengelassen,
jedoch heute am Heiligabend würden sie, wie es seit jeher Tradition war, gemeinsam in der gemütlichen Ferienwohnung den
warmen Kartoffelsalat aus dem Backofen und die Würstchen
dazu genießen. Es würde das erste Weihnachtsfest werden,
das sie drei ganz ohne Stallarbeit verbringen würden. Dank des
überaus großzügigen Angebotes des Betriebshelfers Hans und
von Stefan, dem Studenten, der über die Feiertage nicht an seiner Universität war, die Hofarbeit zu übernehmen, war es Hilda
und Anni möglich, das Weihnachtsfest komplett in Duisburg zu
verbringen. Die zwei fuhren voller Vorfreude darauf Richtung
Duisburg und Anni erinnerte sich zunehmend an ihre Jugendzeit, als sie noch ein normales Leben gehabt hatte, ja, so wollte
sie es nennen, ein normales Leben mit normalen Tagesabläufen
und freie Zeit, wie es die Gesellschaft, die nicht wie ihre Familie an einem Milchviehbetrieb gebunden war, gar nicht anders
kannte. Sie hatte sich immer sehr auf die freie Zeit an Feiertagen oder auch nur an einem ganz normalen Wochenende gefreut, ausschlafen an einem Sonntag, ausgeruht in eine neue
Arbeitswoche starten. Dies hatte sie nun schon so viele Jahre
entbehren müssen, dass es ihr Körper wahrscheinlich erst einmal wieder lernen musste, ganz und gar loszulassen, sich einfach zu entspannen und auf sich und die eigenen Bedürfnisse zu
konzentrieren. Es hatte sich in ihr diese natürliche Unruhe der
Verpflichtung wegen entwickelt, die es ihr unmöglich machte,
eine Entspannung zu entwickeln und abschalten zu können. Die
Verantwortung lastete unentwegt auf ihren Schultern und ge-

nauso erging es natürlich auch ihrem Mann. Schon alleine ausschlafen zu können, am Morgen keine frühen Verpflichtungen zu haben, sie konnte sich nicht einmal mehr daran erinnern, wie sich dies angefühlt hatte. Die kurze Zeit, die ihnen nun zur freien Verfügung stand, war natürlich bei Weitem nicht ausreichend, um irgendeine Veränderung der inneren Einstellung oder der über die Jahre fest im Körper verankerten Gewohnheiten zu beeinflussen. Das war ihr auch gar nicht wichtig, sie wollte es einfach nur fühlen und genießen, diese kurze Freiheit, die ihnen an diesen Weihnachtsfeiertagen gegeben war.

Es war schon ein Riesenwandel, den sie als Familie in den letzten Monaten durchlebten, dachte Anni bei sich, für ihren Ehemann, der in seinem bisherigen Leben nie etwas anderes gekannt hatte als die tägliche Arbeit auf dem Hof und die damit verbundene Verantwortung, die alles abverlangende, zeitraubende Hofarbeit, sowie auch für sie und für Hilda, die unwillkürlich als Familienmitglieder mit hineingezogen wurden als Geisel der Verantwortung. Es wunderte sie allerdings, wie schnell sich ihr Mann an diese abrupte Veränderung gewöhnt hatte, war er noch vor Beginn der Reha in einem seelischen Tief gewesen, wo man ihm mit energischem Zureden zum Antritt der Reha bewegen und ihm immer wieder bestätigen musste, der Hof sei während seiner Abwesenheit in guten Händen. So hatte er sich mittlerweile regelrecht abgenabelt von der Verantwortung, kam es Anni vor. Er erkundigte sich so gut wie gar nicht mehr nach Veränderungen oder Geschehnissen auf seinem Bauernhof und reagierte zudem auf Berichte und Erzählungen von diesem relativ gleichgültig und unberührt. Anni fragte sich insgeheim, ob diese Veränderung bei ihrem Mann eine auf Dauer war oder ob es einfach nur der momentanen Situation geschuldet war und er, sobald er die Reha abgeschlossen hatte und langsam wieder sein altes Leben antreten würde, wieder ganz der werden würde, der er immer gewesen war: ein Mensch, der mit der Tatsache groß geworden war, eigene Bedürfnisse und Interessen hintenan zu stellen, um sich voll und ganz der Verantwortung des Familienunternehmens zu stellen. Seine Verletzung und die damit verbundene Abstinenz von der Hofarbeit hatte ihm die einmalige Chance gegeben, ein anderes Leben kennenzulernen, eines das er so nie kennengelernt hätte, und wie es ihr schien, genoss ihr Mann dieses Gefühl, Zeit für eigene Interessen zu haben. Sie gönnte es ihm zudem von Herzen, aber die Zukunft sah sie hierdurch zunehmend ungewiss. Wie würde es weiter gehen und inwieweit würde ihr Mann zudem wieder einsatzfähig werden, das war noch so ein Thema, das noch nicht abzuschätzen war. Über all ihrem Grübeln und Sinnieren war die Fahrt nach Duisburg Anni so kurz vorgekommen, dass sie sich nun wunderte, die Abfahrt Duisburg vor sich zu sehen.

15.

Hilda saß mit ihren Eltern an dem großen Massivholztisch in der gemütlichen Küche der Ferienwohnung, die sie und ihre Mutter schon einige Male gemietet hatten und nun auch über die Feiertage bewohnen würden. Hildas Mutter hatte einen kleinen, künstlichen Tannenbaum von zuhause mitgebracht und diesen mit ein paar roten Christbaumkugeln und einer goldglitzernden Girlande geschmückt. Zusätzlich hatte sie ihn mit einer Lichterkette versehen und in der Küche aufgestellt. Im Gegensatz zu den echten Kerzen, die zuhause jedes Jahr an einem lebenden Nadelbaum brannten, der von Hildas Vater traditionell aus dem eigenen Garten, wo viele alte Nadelbäume ungepflegt und wild wuchsen, herausgeschnitten wurde, hatte Anni sich entschlossen, für diesen kleinen Kunstbaum eine elektrische Lichterkette zu verwenden, zumal ihr die Gefahr zu groß erschien, der Kunstbaum könnte Feuer fangen. Während der Kartoffelsalat, den Hildas Mutter nach einem Familienrezept mit Frischkäse hergestellt und fertig angerührt mit Käsescheiben belegt hatte, noch einige Minuten im Backofen verweilen musste, hatten die drei es sich bei leckeren Getränken am Küchentisch gemütlich gemacht. Zuvor waren Hilda und ihre Mutter trotz der kurzen Wegstrecke hin zur Rehaklinik mit dem Auto gefahren, um den Vater und Ehemann endlich wieder in die Arme schließen zu können und gemeinsam in die Ferienwohnung zurückzukehren. Das Wetter war wie so oft in den letzten Jahren am heutigen vierundzwanzigsten Dezember eher nasskalt und windig, nicht winterlich stille und vielleicht mit etwas Frost, wie man es sich eigentlich zu Weihnachten wünschte. Aber der heiß aufgegossene Winterfrüchtetee, den Anni von zuhause mitgebracht hatte, und auch die heiße Schokolade schmeckten den dreien trotz des fehlenden Frostes nicht weniger gut, und sie sprachen gut gelaunt durcheinander über alles Mögliche an Ereignissen der letzten Wochen, was ihnen so einfiel. Hilda hatte ihren Vater im ersten Moment des Aufeinandertreffens sehr emotional erlebt, als sie und ihre Mutter in die große Aula der Rehaklinik traten und ihr Vater nach Hildas WhatsApp-Nachricht, sie würden in wenigen Minuten vor Ort sein, in einem Wartebereich der Aula saß und auf sie zwei wartete. Er war sofort, nachdem er sie erblickt hatte, aufgestanden, um ihnen entgegenzulaufen. Zwar noch die beiden Krücken haltend, aber diese kaum nutzend, war sein Gang verblüffend flüssig und kaum hinkend gewesen, wie es Hilda mit glücklichem Herzen bemerkt hatte. Ihr waren sofort die Tränen in die Augen gestiegen, als sie in das Gesicht des Vaters geblickt hatte und diesen so emotional bewegt mit den Tränen kämpfen sah. Ohne Worte und alle drei mit Tränen in den Augen hatten sie sich in die Arme geschlossen und Hildas Mutter hatte als Erstes das Wort ergriffen, nachdem sie ihrem Mann einen Kuss auf den Mund gegeben hatte und ihm zärtlich mit dem Daumen die Tränen von der Wange gestrichen hatte. „Es ist unglaublich, wie gut du schon läufst. Wer es nicht mit eigenen Augen sieht, der glaubt es kaum." Mit bewunderndem Blick und einem Lächeln auf den Lippen hatte sie ihm in die Augen gesehen und auch Hilda hatte ihm glücklich lächelnd bestätigt, man würde nicht meinen, er trüge eine Beinprothese. Er hatte ihnen beiden glücklich bestätigt, dass auch seine Therapeuten sehr zufrieden mit ihm seien und ihm jedes Mal bestätigten, welch großartige Fortschritte er machte. Er könne in absehbarer Zeit in sein altes Leben zurückkehren, die Nachsorge und weitere Therapien seien von zuhause aus möglich. Sie waren alle drei sehr froh über diese Neuigkeiten und befanden dies zugleich als das beste Weihnachtsgeschenk überhaupt. Glücklich waren sie dann hinaus in Sturm und Regen getreten, um sich schleunigst in das kleine Auto zu begeben, das Hildas Mutter des Wetters wegen schon direkt am Eingang der Klinik geparkt hatte.

Nachdem Anni nun den fertigen Kartoffelsalat aus dem Ofen geholt hatte und auf den Esstisch platzierte, gleich neben der Schüssel mit den dampfenden Wienerwürstchen, die Hilda zuvor daraufgesetzt hatte, setzte auch sie sich an den

Tisch und faltete die Hände, um das Tischgebet zu sprechen, wie es seit jeher so gehalten wurde in der Familie. „Komm, Herr Jesus Christ, sei du unser Gast und segne alles, was du uns bescheret hast", sprach sie, während alle drei die Hände gefaltet hielten und gemeinsam sagten sie dann die Worte: „Amen, Segen, Mahlzeit!" und wünschten sich einen guten Appetit. Hilda kannte dieses Ritual von klein auf, es gehörte zu jeder warmen Mahlzeit dazu. Hildas Vater bemerkte, dass er es in dem Speisesaal der Rehaklinik sehr vermisse. Er würde es doch für sich alleine sprechen können, bemerkte Anni dazu. Da würde sich sicher der ganze Saal zu ihm umdrehen, gab darauf der Vater von sich, und alle drei lachten darüber. Nun wurde mit sehr gutem Appetit gegessen und wie jedes Jahr wurde der warme Kartoffelsalat in höchsten Tönen gelobt, woraufhin Anni bemerkte, sie hätte eine weitere Schüssel mit Kartoffelsalat für den Betriebshelfer Hans und Stefan, den Studenten, zubereitet. Die zwei würden den Heiligabend gemeinsam verbringen. Als der Betriebshelfer bemerkt hatte, noch nie zuvor warmen Kartoffelsalat gegessen zu haben, nachdem Anni ihm davon berichtet hatte, hatte sie sich kurz entschlossen, den beiden zum Dank für die großzügige Unterstützung auch einen Salat anzurühren. Sie hatte ihm die Schüssel am Morgen, kurz bevor sie und Hilda abgefahren waren, überreicht und ihm eine kurze Anleitung gegeben des Backvorganges wegen und die von ihr zuvor frisch vom Goudastück geschnittenen Scheiben, die vor dem backen auf den Salat zu legen waren, in Frischhaltefolie gewickelt mitgegeben. Er hatte sich sehr darüber gefreut und Anni direkt versprochen, sich am Abend per WhatsApp bei Hilda zu melden, wie es ihm und Stefan schmecken würde. Wohlwollend hatte Anni die große Freude bei Hans über ihre Geste wahrgenommen und hatte bei sich gedacht, wie doch so eine Kleinigkeit zur großen Freude werden konnte. Es brauchte zumeist nur diese kleinen Gesten, um Glück und Freude zu bereiten, und Anni selber hatte diese Freude, die sie damit bewirkt hatte, auch direkt glücklich und zufrieden gemacht.

„Willst du denn überhaupt im neuen Jahr wieder zurück zu uns auf den Hof, dich wieder der ganzen Verantwortung und den Anforderungen stellen, oder hältst du an deiner neu gewonnenen Freiheit fest?" Anni lächelte ironisch über den Tisch hinweg ihrem Ehemann zu. Heinz antwortete ihr direkt und ohne zu zögern, was Anni nicht erwartet hatte. „Wenn ich ganz ehrlich zu euch sein soll ..." Er sah Hilda an und dann wieder seine Frau. „Zum ersten Mal in meinem Leben habe ich erfahren, was das Leben wirklich ist, dass es ganz andere Dinge geben kann als nur funktionieren, agieren, Verantwortung tragen. Einfach Mensch sein. Im Nachhinein betrachtet ist es echt verrückt, wie wir uns all die Jahre für den Familienbetrieb geopfert haben, Anni, das Leben ist an uns vorbeigezogen." Er sah seine Frau eine Weile in die Augen und sprach dann weiter. „Ich mag es eigentlich kaum so sagen, aber es ist die Wahrheit, ich bin dankbar dafür, dass mir die Augen geöffnet wurden. Zwar geschah dies auf denkbar schmerzhafteste Art und Weise, aber ich durfte auf diese Weise ein normales Leben kennenlernen." Anni sah ihrem Mann nachdenklich ins Gesicht. „Ich war auch nicht glücklich in dem Leben, das wir bislang geführt haben, Heinz." Sie wirkte etwas trotzig. „Wie oft hab' ich dir gesagt, dass wir etwas ändern müssen? Wir hätten uns mehr vom Leben nehmen sollen, und wenn dies finanziell nicht möglich gewesen wäre, dann, das sagt mir mein gesunder Menschenverstand, hätten wir die Hände heben und uns ergeben sollen. Viel zu lange waren wir Opfer in einem nicht enden wollenden Kreislauf von Arbeit, Schulden, Anfeindungen der Gesellschaft, und wenn wir ganz ehrlich sind, auch vom Staat so nicht mehr gewollt. Kleine Familienbetriebe wie der unsere sollen von der Bildfläche verschwinden. Die Gewissheit haben wir seit Jahren nun schon, das bisschen, das man uns für unsere wertvolle Milch zukommen lässt, das reicht kaum zum Überleben und das geht schon über Jahre so. Wir werden nie auf einen grünen Zweig kommen!" Anni wirkte nun sehr aufgebracht, ihre Wangen hatten sich gerötet. „Das Gute an der Sache ist, dass wir wegen der Unabkömmlichkeit vom Hof keine Zeit haben, am Leben teilzunehmen, was ja wiederum nur zu oft mit Geldausgaben verbunden ist, Geld, das wir nicht zur Verfügung haben, da der Hof es direkt wieder verschluckt." Annis Aufregung schlug schlagartig in Erstaunen um über die Worte ihres Mannes. Auch wenn sie beide seit Jahren die Wahrheit wussten, war es doch ein Tabu gewesen, das ganze Elend mit so deutlichen Worten anzusprechen. Es hätte ihre Situation, die ja so schon immer bedrückend genug war, nur noch schlimmer gemacht und das versuchte man immer zu vermeiden, zumal dies gar nichts geändert hätte.

„Mit der Erwerbsminderungsrente, die Papa bekommt, können wir doch den Hans bezahlen, wir müssen ihn nur fragen, ob er bleiben möchte." Hilda versuchte, mit ihrem Einwand die bedrückende Situation zu retten, und tatsächlich lächelte ihr der Vater nun zu und nahm ihre Hand, die er wie zum Dank leicht drückte. „Wir werden eine Lösung finden für die Zukunft Hilda." Sein Blick wanderte wieder hinüber zu seiner Frau. „Wenn nicht noch so viele Verbindlichkeiten auf dem Hof lägen, würde ich versuchen, ihn zu verpachten, aber das wird finanziell nicht möglich sein. Auf jeden Fall wird sich etwas ändern, ich kann und will es euch zwei auch nicht mehr zumuten, euch für etwas zu opfern, das nichts außer Arbeit und Verdruss aufschmeißt." Die Worte ihres Mannes berührten Anni sehr und sie dachte nun bei sich, dass sie ihm im Vorfeld Unrecht getan hatte, indem sie ihn der Gleichgültigkeit angeklagt hatte.

„Ach Gott, haben wir ein Glück, dass wir das Weihnachtsfest hier in aller Ruhe begehen dürfen. Wisst ihr noch im letzten Jahr, pünktlich zum Heiligabend, die Färse, die sich entschlossen hatte zu kalben und uns von dem leckeren Kartoffelsalat und der anschließenden besinnlichen Bescherung fernhielt?" Das Wort besinnlich hob Heinz theatralisch hervor. „Ja, das war wirklich sehr ungünstig letztes Jahr", gab ihm Anni recht. Es war eine schwere Geburt gewesen, welche das arme Tier letztes Jahr am Heiligabend durchleben musste, zumal es die erste Kalbung des Tieres war und alle Vorzeichen auf ein großes, kräftiges Kalb schließen ließen.

Zudem hatte Heinz das Kalb im Mutterleib drehen müssen, da es mit dem Hinterteil in Richtung Geburtskanal gelegen hatte, wodurch eine Totgeburt nicht auszuschließen gewesen wäre. Wegen der Größe des Kalbes hatte Heinz noch mit dem Geburtshelfer unterstützen müssen, wobei ein Tau um Kopf und Füße des noch ungeborenen Kalbes geknotet wurde und mit Hilfe eines ratschenartigen Gestelles, welches zum Abstützen gegen die Hüftknochen des Muttertieres gelehnt wurde. Dieses Tau konnte Stück für Stück bei jeder Betätigung der Ratsche verkürzt werden und das Kalb wurde somit vorsichtig aus der Gebärmutter gezogen. Hierbei galt es darauf zu achten, die Unterstützung mit dem Geburtshelfer natürlich nur in einer Geburtswehe, die das Kalb ans Tageslicht befördern sollte, zu betätigen. Bei nicht korrekter Anwendung konnte das Muttertier innere Verletzungen davontragen und anschließend daran versterben. Die ganze Prozedur an dem Abend hatte in etwa drei Stunden gedauert und am Ende war Gott sei Dank ein gesundes Kuhkalb zur Welt gekommen. Das Muttertier aber hatte die Strapazen weit weniger gut überstanden. Es hatte am nächsten Morgen, als Anni und Heinz den Stall betreten hatten, in der Box gelegen und hatte vor Schwäche nicht aufstehen können. Man hatte noch den Tierarzt hinzugezogen, der auch schnellstmöglich vor Ort gewesen war und einige stabilisierende Maßnahmen ergriffen hatte, doch allem Anschein nach hatte das Muttertier schwerwiegende innere Verletzungen erlitten und war somit im Laufe des Tages unter den Augen der niedergeschlagenen Familie verstorben. Das war im letzten Jahr ihr Weihnachtsfest gewesen. Die restliche Weihnachtszeit hatte man trübsinnig die erforderlichen Arbeiten verrichtet und war wieder einmal froh gewesen, als diese unsägliche, ach so hochgepriesene besinnliche Zeit vorübergewesen war.

„Dieses Weihnachtsfest wollen wir einmal so feiern, wie es die normale Gesellschaft gar nicht anders kennt, nämlich mit Zeit zur freien Verfügung. Ich freue mich übermäßig darauf, was uns da geschenkt wird in diesem Jahr." Die Augen von Hildas Vater glänzten bei seinen Worten und Hilda erkannte die hohe Freude und die Ergriffenheit in seinem Gesicht. „Und wir werden es uns so richtig gut gehen lassen." Anni erhob sich von ihrem Stuhl. Von der Euphorie ihres Mannes angesteckt lief sie zu ihrem Korb mit Lebensmitteln und Getränken, den sie von zuhause mitgebracht hatte, und nahm zwei Glasflaschen heraus, eine mit Auricher Glühwein und die zweite mit Auricher Früchtepunsch ohne Alkohol.

Heinz hatte seit seinem Unfall und der damit verbundenen Beinamputation keinen Alkohol mehr zu sich genommen und dies wollte er auch in Zukunft so beibehalten, schon allein um den Gleichgewichtssinn nicht zu stören und dadurch einen Sturz zu verursachen. So hatten es ihm auch die Ärzte in der Rehaklinik empfohlen. Für ihn und auch für Hilda hatte sie den Früchtepunsch mitgebracht, der jedes Jahr gerne getrunken wurde in der Familie. Sie selber wollte sich jedoch zur Feier des Tages ein herrliches Glas Auricher Glühwein mit Alkohol gönnen.

Anni durchsuchte den Küchenschrank der Ferienwohnung nach passenden Gläsern für die Heißgetränke und fand nun Teegläser mit Haltegriff, die sie für perfekt befand, Gleich füllte sie zwei Gläser mit dem fruchtigen Punsch, um diese in der Mikrowelle, die ebenfalls zum Kücheninventar zählte, zu erhitzen. Ihr eigenes Glas befüllte sie bis zur Hälfte mit dem Auricher Glühwein, um dann mit kochendem Wasser aus dem Wasserkocher aufzufüllen, so wie sie es immer tat, um den Alkoholgehalt pro Glas zu senken. Auf diese Weise hatte man natürlich auch mehr von einem Liter Glühwein. Während Anni damit beschäftigt war, die Heißgetränke zuzubereiten, hatte Hilda den Tisch abgeräumt und das Geschirr in die Geschirrspülmaschine gepackt, die auch zum Kücheninventar zählte, nun aber zum ersten Mal von Anni genutzt wurde. Wenn sie und Hilda alleine die Küche genutzt hatten, war so wenig Geschirr und Besteck benutzt worden, dass die beiden es jedes Mal schnell per Hand gesäubert hatten. Am heutigen Heiligabend jedoch sollte das Gerät für sie zum ersten Mal zum Einsatz kommen, zumal sie ja beschlossen hatten, es sich gutgehen zu lassen und an diesem Abend auch genug an verschmutztem Geschirr und Besteck zusammengekommen war, sodass es sich auch lohnen würde, den erhöhten Energieverbrauch in Kauf zu nehmen. Gemütlich am Küchentisch sitzend und mit Heißgetränken versorgt beschlossen die drei nun, mit der Bescherung zu beginnen. Heinz bat Hilda, ihm doch bitte die schwarze Stofftasche zu reichen, die er in einer Ecke der Küche abgestellt hatte.

Die geheimnisvolle Atmosphäre, die sich nun im Raum verbreitete, zauberte allen dreien ein Schmunzeln auf die Lippen. Hilda ließ sich ungewöhnlich viel Zeit, während sie andächtig und hochkonzentriert in Richtung der Stofftasche lief, die so unschuldig dort auf dem Boden lag und anscheinend nur darauf wartete, ihren Inhalt zu offenbaren.

„Schön vorsichtig bitte, Hilda, der Inhalt ist zerbrechlich." Heinz zwinkerte seiner Tochter zu. Hilda nahm den Hinweis des Vaters sehr ernst und setzte die Stofftasche sanft auf dem Küchentisch vor ihm ab. Heinz nahm die Tasche sogleich und zog sie sich auf den Schoß. Er öffnete sie und lugte vorerst geheimnisvoll hinein. Dann sah er wieder auf und blickte zu den beiden Wartenden am Tisch hinüber. „Ihr habt Glück", lachte er, „die Geschenke sind noch drin in der Tasche." „Nun spann uns nicht noch weiter auf die Folter", lachte Anni zurück. „Hilda wird schon ganz hibbelig." Hilda fiel in das Lachen mit ein und sagte zu ihrem Vater: „Wir werden dich gleich auch zappeln lassen, Papa, gleiches Recht für alle." „Oha, na dann!" Heinz machte theatralisch große Augen, während er den beiden nun identische, quadratische Päckchen über den Tisch zuschob. „Es scheint fast, der Weihnachtsmann hat für uns zwei das gleiche Geschenk gewählt." Anni grinste schelmisch und zog die Augenbrauen hoch, während sie ihre Tochter ansah und das für sie bestimmte Päckchen zu sich heranzog. Beide begannen nun, ihre mit dunkelblauem Geschenkpapier und einer weißen Schleife versehenen Päckchen auszupacken, und lächelten sich dabei immer wieder zu. Heinz betrachtete die beiden bei ihrem Tun und fand die beiden äußerst hübsch an diesem Heiligabend. Seine Frau hatte ihr dunkles Haar, das nur wenige graue Strähnen aufwies, zur Hochsteckfrisur drapiert, wobei einige Strähnen, die aus dem Knoten am Hinterkopf herausfielen, rhythmisch bei jeder Bewegung mitschwangen. Sie trug einen schwarzen wadenlangen Rock und ihre weiße Bluse mit den silbernen Knöpfen dazu, die Heinz schon oft an ihr gesehen hatte. Auch die schwarzen Pumps, die sie zu dem Outfit trug, kannte Heinz sehr gut. Er fand, er hätte eine noch jugendlich wirkende, sehr hübsche Frau, die er, wie er leider zugeben musste, in den letzten Jahren viel zu wenig beachtet hatte, woran natürlich nicht zuletzt auch der Stress und die Arbeit mit dem Hof die Schuld trug. Auch seine Hilda sah an diesem Abend sehr hübsch aus, dachte er nun. Sie trug einen dunkelgrünen Latzrock aus Cord, den Heinz auch schon einmal an ihr gesehen hatte. Auch sie trug dazu eine weiße Bluse, die mit einem Rüschenkragen dicht am Hals abschloss.

Ihre blonden Locken waren zu einem dicken Zopf am Hinterkopf gebändigt und Heinz sah ihre großen, blauen Augen vor Vorfreude funkeln. Was hatte sie auch für ein hübsches Engelsgesicht, dachte er nicht zum ersten Mal und war wieder einmal ratlos, in welche Richtung sie schlug. Auf jeden Fall hatte sie ihre sensible Art von ihm, ihrem Vater geerbt, da war er sich sicher. Anni und Hilda hatten fast zeitgleich das Päckchen vom Geschenkpapier befreit und hielten nun staunend dessen Inhalt in den Händen. Bewunderndes Raunen und Staunen erfüllte den Raum und die beiden drehten ihre individuell angefertigten Christbaumkugeln in den Händen herum, um jedes Detail zu betrachten. Heinz hatte für Anni und Hilda je eine ganz persönliche Christbaumkugel angefertigt. Bei Annis Kugel war auf der einen Seite ein Foto von ihr und Heinz eingearbeitet, das von Wasser umhüllt war, und dieses Wasser, das mit Goldglitter versehen war, setzte das Foto in eine Szenerie aus Goldregen, wenn man die Kugel schüttelte, wie es bei einer Schneekugel funktionierte. Auf der anderen Seite hatte Heinz mit eigener Hand eine Gravur versehen und Anni las die schwungvollen Worte „Für Anni". Ein Herz trennte die Worte „Frohe Weihnachten". Annis Kugel war in Rot gehalten und die Schrift darauf war golden. Für Hildas Kugel hatte Heinz ein süßes Foto von Hilda im

Kleinkindalter gewählt. Ihre Kugel war in Weiß gehalten und auch in goldener Schrift hatte Heinz dieselben Worte für Hilda gewählt, wie er sie auch auf Annis Kugel gewählt hatte. „Der Wolfgang gab mir den Tipp zu dieser Geschenkidee. Ich habe sie selber angefertigt. So ist es etwas ganz Persönliches, das jedes Jahr zu Weihnachten an dieses, unser erstes Weihnachtsfest ohne Rufbereitschaft und ohne Arbeit und Verpflichtung, erinnern soll", sprach Heinz mit zufriedener Miene, da er die Freude und auch die Anerkennung für diese Geste in den Gesichtern seiner Frau und seiner Tochter sah.

16.

Die drei hatten einen sehr harmonischen Heiligabend verbracht mit vielen Überraschungen, lachenden Gesichtern und heiteren Gesprächen. Nachdem Heinz sein Geschenk von Anni ausgepackt hatte, einen Apfel-Rosinenstuten, den Anni am Abend zuvor zuhause für ihren Mann gebacken hatte, war die gute Butter hinzugeholt worden und Anni hatte direkt ein paar Scheiben von der einem Christstollen ähnlichen Backware abgeschnitten und diese Scheiben mit der Butter beschmiert auf einen Teller angerichtet. Der Apfel-Rosinenstuten bestand zumeist aus gemahlenen Haselnüssen und geraspelten, süßsauren Äpfeln. Mit den Rosinen, Zimt und Rumaroma verfeinert erinnerte der Geschmack des Stuten an den eines Christstollens und sie alle drei liebten diesen Stuten, er wurde jedes Jahr zur Advent- und Weihnachtszeit gebacken. Da es Anni und Heinz schon seit Jahren so hielten, sich untereinander gar keine Weihnachtsgeschenke zu machen oder eben lediglich eine Kleinigkeit, hatte es sich Anni so angewöhnt, ihrem Mann jedes Jahr zu Weihnachten eine Leckerei zu backen, zumal er den Genuss von Backwaren liebte. Annis Ehemann hatte sich in diesem Jahr wohl für eine Ausnahme von dieser Regelung entschieden, denn er hatte für Anni noch ein weiteres Geschenk aus der Stofftasche gezaubert. Anni hatte laut gelacht und zugleich mit den Augen gedreht, als sie ein Handy ausgepackt hatte, ihren Mann gespielt zurechtweisend, sie wolle doch kein Handy haben, sie würde mit so etwas doch gar nicht umgehen können, hatte sie sich doch daran gesetzt, dieses Gerät mit Hilfe ihrer beiden Liebsten zu starten. Während Heinz das Kuhgemälde, mit dem Hilda den Malwettbewerb gewonnen hatte, als Geschenk von Hilda ausgepackt und stolz über das unsagbare künstlerische Talent seiner Tochter geschwärmt hatte, hatte Hilda ihrer Mutter geholfen, das Handy einzurichten, und direkt WhatsApp eingerichtet, um ihr die Funktionen dieser App zu erklären. Nach einer längeren Beschäftigung, bei der Kontakte ausgetauscht und abgespeichert und die Einrichtung personalisiert wurde, war auf Annis neuem Handy plötzlich eine Nachricht mit einem Foto hinzu aufgepoppt und Anni hatte erfreut aufgelacht. Sie hatte ihre erste Whats-App-Nachricht erhalten, und zwar von Hans, dem Betriebshelfer, dem Hilda zuvor den Kontakt ihrer Mutter geschickt hatte, mit dem Hinweis dazu, ihre Mutter hätte sich nun endlich auch der modernen Welt ergeben, dem sie noch ein händehebendes Männchen und ein grinsendes Gesicht hinzugefügt hatte. Hans hatte ein Foto von sich und Stefan, dem Studenten, geschickt. Die beiden aßen auf dem Bild genüsslich vom warmen Kartoffelsalat und machten dabei etwas übertrieben begeisterte Gesichter, dass man sofort lachen musste, so komisch sah es aus, und hinzugeschrieben hatte er begeisterte Dankesworte für den genussvollen Salat. Anni hatte mit Hilfe von Hilda ein Herz zurückgeschickt und hinzugeschrieben, dass es sie sehr freue, mit dem Kartoffelsalat den Geschmack der beiden getroffen zu haben. Frohe Weihnachten hatte Anni den beiden dann noch geschrieben. Dann war sie noch einmal zurück gewischt zu dem Foto der beiden vor der Schüssel mit dem Kartoffelsalat, hatte erneut gelacht, da die beiden tatsächlich mit je einer Gabel bewaffnet gemeinsam aus der Schüssel aßen, und Heinz hatte dazu erwähnt, dass ihm dies sehr sinnvoll erschien, zumal die beiden anschließend lediglich ihre benutzten Gabeln würden säubern müssen. Daraufhin hatten sie alle drei herzlich gelacht. Anni hatte aber auch noch befunden, dass es sie von Herzen freute, dass Hans und Stefan gemeinsam den Abend verbrachten. An Heiligabend sollte niemand alleine sein. In Hilda hatte sich bei dem Bekenntnis ihrer Mutter direkt wieder ein Angstgefühl breitgemacht. Alleine schon die Vorstellung, ohne irgendeine Menschenseele sein zu müssen, verursachte Angst in ihr und rief sofort einen Anflug von Panik hervor.

Sie hatte an die Geschichte von Robinson Crusoe denken müssen, der einsam und allein auf einer verlassenen Insel gestrandet war. Schon alleine die Vorstellung daran hatte in Hilda diese Panik ausgelöst, die in dem Moment ihre Gedanken vollständig in Beschlag nahm. Wenn da nichts und niemand war, der zu einer Ablenkung dieser tiefgründigen Gedankengänge führen konnte, dann, so hatte Hilda bei sich gedacht, würde sie das nicht überleben. Das schlimme Gefühl, das sie immer überkam bei diesen kaum erklärbaren Gedankengängen, das war erdrückend, erstickend. Ihr war dann, als sähe sie sich von außen betrachtet, und sie sah, wie sie sich bewegen konnte, wie sie reden konnte und wie das möglich war, dass sie in einem lebenden Körper steckte, der darauf reagierte, was sie mit ihren Gedanken steuerte. Diese Tatsache führte zu einer Art erschreckenden Ehrfurcht, die diese panische Angst verursachte.

Hilda hatte es sich schon so oft und so sehr gewünscht, diesen schlimmen Gedankengang vergessen zu können, diese schreckliche Gedankenwelt, in die sie immer wieder rutschte, bestimmte, solange sie denken konnte, schon ihr Leben und sie war sehr traurig darüber und konnte nicht verstehen, warum gerade sie irgendwann diese schlimme Welt ihrer Gedanken betreten hatte. Es erschwerte ihr Leben und sie wollte nur zu gerne ganz normal sein, wie alle anderen Menschen in ihrem Umfeld es auch sein durften. Einfach sich zurücklehnen zu können und sich auszuruhen, wenn man müde war, und nicht direkt nach irgendetwas suchen zu müssen, das Ablenkung verschafft, um nicht wieder in diese erschreckende Gedankenwelt abzurutschen, durch die es ihr dann unmöglich war, sich auszuruhen. Das Gegenteil war dann die Folge. Während der Panikattacken raste ihr Herz, dass es fast wehtat, und sie musste sich in diesen Momenten bewegen, je schneller, desto besser, hüpfen, springen, nur nicht denken, alles Mögliche versuchen, um nicht diese schlimme Gedankenwelt betreten zu müssen. Minutenlang konnte so eine Attacke dauern und darauf verfiel sie in tiefe Erschöpfung und Müdigkeit. Und dann war es ein schmaler Grad, nicht erneut den schlimmen Gedanken zu verfallen, da galt es abzulenken, so gut es ging.

Anni hatte die plötzliche Beklommenheit ihrer Tochter bemerkt und hatte dann direkt das Thema gewechselt und Hilda nach deren Freundin Sina befragt. Sie hatte wissen wollen, wie die Familie der Freundin den Heiligabend verbrachte, woraufhin Hilda erst einmal ihr Handy zur Hand genommen hatte, das sie schon eine Weile nicht mehr beachtet hatte, um sich voll ihrer Mutter zu widmen, das neue Handy einzurichten und zu erklären. Die Familie der Freundin würde den Abend gemeinsam zuhause mit Sinas Großeltern verbringen, erklärte Hilda, während sie nebenbei ihre WhatsApp-Nachrichten überprüfte. Hildas plötzliches, freudiges Jauchzen hatte alle Aufmerksamkeit sogleich auf Hilda und ihr Handy gelenkt, welches sie direkt in die Höhe gehalten hatte, damit jeder am Tisch das zuckersüße Video sehen konnte, das ihre Freundin ihr geschickt hatte. Sina hatte einen kleinen Beagle-Welpen als Weihnachtsgeschenk erhalten. Ein kleiner, pummeliger Welpe mit verschiedenen Brauntönen befleckt und weißen Pfoten tapste schwanzwedelnd durch das Video, und die begeisterten und bewundernden Ausrufe, die dann die Küche erfüllt hatten, zeugten auf sehr passende Weise von dem Eindruck, den der kleine, wahnsinnig süße Hund bei den Betrachtern hinterließ. Sina hatte den kleinen Anton genannt und die drei Betrachter am Tisch fanden diesen Namen außergewöhnlich, aber irgendwie passend für den Beagle. Die letzten Bilder des Videos zeigten eine überglückliche Sina, die ihren neu gewonnenen, kleinen Freund fest umschlossen hielt und ihm immer wieder Küsschen auf die Stirn drückte. Hilda hatte bemerkt, sie würde am liebsten in das Video ihrer Freundin hineinschlüpfen, um es ihrer Freundin gleichzutun, und Hildas Eltern hatten ihr verständnisvoll zugestimmt. Anni war froh gewesen über dieses wunderbare Video der Freundin ihrer Tochter, zumal es optimal gewesen war, um für die passende Ablenkung zu sorgen, und sie hatte bei sich gedacht, dass so ein soziales Netzwerk tatsächlich viele Vorteile bot. Selbst wenn man allein lebte, konnte man Ereignisse im Leben mit anderen teilen, und jeder wusste ja, dass ein wunderbares Erlebnis sich gleich doppelt wunderbar anfühlte, wenn man es mit anderen Menschen teilte, und umgekehrt war eben auch geteiltes Leid nicht mehr ganz so schmerzhaft.

Mit weihnachtlicher Musik im Hintergrund und anregendem Geplauder, wobei es sich zumeist um das neue Handy der Mutter handelte, war die Zeit rasend schnell davongegangen, und Heinz hatte irgendwann bemerkt, sich auf den Weg zurück in die Klinik machen zu müssen. Nach dreiundzwanzig Uhr war kein Zugang mehr möglich und dies würde zu Konsequenzen führen, wobei die Klinikführung hier, da es Heiligabend war, schon eine Ausnahme gemacht hatte, denn in der Regel lag die abendliche Schließzeit der Klinik bei zweiundzwanzig Uhr. Da der Sturm sich gelegt und auch der Regen nachgelassen hatte, war Heinz zu Fuß zur Klinik zurückgelaufen. Da er, wie er behauptet hatte, ein wenig zu viel gegessen hatte und ihm dies schwer im Magen liegen würde, hatte er es als gute Gelegenheit befunden, den Rückweg als Verdauungsspaziergang zu nutzen.

Hilda und ihre Mutter hatten ihm so lange nachgesehen, bis er schon die Zufahrt der Klinik erreicht hatte, und als ob er dies bemerkt hatte, hatte er sich noch einmal umgedreht und den beiden zugewunken. Die beiden hatten erfreut aufgelacht und waren dann vor Kälte bibbernd wieder ins Haus gehuscht. Sie hatten ihm ja nur kurz nachschauen wollen und hatten daher, ohne eine wärmende Jacke übergezogen zu haben, dann doch länger als geplant in der Tür gestanden, wo der immer noch kräftige Wind auffrischend vorbeigezogen war.

Hilda war bei dieser Witterung wieder einmal ihr Lieblingsgedicht eingefallen, das wohl auf den November bezogen war, aber generell ebenso typisch in den gesamten Winter hineinpasste, der ja in ihrer Heimat Ostfriesland typischerweise eher nasskalt und windig ausfiel. Erst im letzten Monat, also im November, hatte ihre Klassenlehrerin die Schüler dazu aufgerufen, ein Gedicht herauszusuchen, das sich auf den Monat November beziehen sollte. Dieses sollte dann vor der gesamten Klasse vorgetragen werden. Hilda hatte da nicht lange überlegen müssen, denn ihr Lieblingsgedicht war der Novemberzwerg. Sie liebte dieses wunderbare Gedicht und konnte es schon seit einigen Jahren auswendig aufsagen und es hatte ihr sehr große Freude bereitet, es voller Leidenschaft und Ausdrucksstärke vor der Klasse und der Lehrerin vorzutragen.

Der Novemberzwerg
Fast unsichtbar, weil ziemlich klein,
ist er meist grantig und gemein.
Bringt trübes Wetter, Nebel, Regen,
nasses Laub auf allen Wegen.
Grau ist seine Lieblingsfarbe,
rumzuzaubern seine Gabe,
er liebt es nass und eisig kalt,
geht der Oktober, kommt er bald.
Er schleicht umher in trüber Nacht,
und jeder weiß, was er dann macht:
Er pustet Laub von allen Bäumen
und lässt die Menschen oft schlecht träumen.
Wer ist der schrecklich fiese Wicht,
wer mag das schönste Wetter nicht,
wer verrichtet muffelig sein Werk?
Es ist der gemeine Novemberzwerg.[1]

Hildas Klassenlehrerin war sehr begeistert gewesen, zumal sie dieses seltene Gedicht auch nicht kannte. Hilda konnte auch keine Auskunft geben über den Verfasser. Sie hatte das Gedicht vor einigen Jahren auf einem ausgeschnittenen Zeitungsartikel zuhause in einer Schublade entdeckt. Zu der Zeit hatte sie es noch nicht vollständig lesen können, aber es war eine interessante Zeichnung eines gebeugt am Stock gehenden Zwerges darauf, den Hilda seither schon mehrfach in allen Farben und Facetten abgezeichnet hatte. Als sie dann mit der Zeit das Gedicht vollständig lesen konnte, war sie immer mehr begeistert gewesen von der Zeichnung des Zwerges. Er bekam plötzlich eine Seele, einen Charakter. Den Zeitungsartikel mit dem wunderbaren Ge-

---

1 Gedicht von Christina Wiesmann, 2013

dicht und der mystischen Zeichnung bewahrte sie seither auf wie einen Schatz. Hildas Lehrerin hatte sofort von der Mystik angesteckt gewirkt und sogleich versprochen zu forschen, von wem dieses Gedicht stammen möge, leider bislang ohne Erfolg. Aber Hilda setzte auf die Akribie ihrer Lehrerin und hoffte mit dieser auf eine erfolgreiche Recherche.

Kurze Zeit später saßen Hilda und ihre Mutter in der gemütlichen Sitzecke des Wohnbereiches ihrer Ferienwohnung und hatten den Fernseher eingeschaltet. Jedoch hatten sie beide die Aufmerksamkeit auf das Handy gerichtet. Als Hilda die neuesten Bilder von Anton, dem neuen, süßen Freund von Sina betrachtete, bemerkte sie amüsiert, dass der kleine Hund wohl an diesem Abend die Hauptattraktion war im Haus ihrer Freundin. Da hatte es wahrscheinlich jede weitere Überraschung schwer, die Aufmerksamkeit, die sie verdient hätte, zu erlangen. So ein kleines Tier als Weihnachtsgeschenk, das war schon etwas Besonderes, dachte sie bei sich. „Lass uns mal jetzt unser Geschenk von Gerald auspacken", fiel Hilda nun ein und sie sah ihre Mutter auffordernd an.

„Das ist eine gute Idee", bekannte ihre Mutter und stand auf, um die beiden Päckchen, die sie in ihrem Koffer verstaut hatte, zu holen.

Gespannt saßen sie nun vor ihren Päckchen und machten sich schmunzelnd ans Auspacken. Annis hübsch, in goldfarbenem Geschenkpapier mit roter Schleife darauf verpacktes Geschenk war eher klein und quadratisch, Hildas dagegen groß, flach und rechteckig. Es war in rotes Geschenkpapier mit kleinen, grünen Tannenbäumen darauf eingepackt. Hilda hatte als Erste das Geschenkpapier entfernt und hielt nun eine Staffelei in den Händen mit großem Zubehör an Farben und Pinseln. Ein Briefumschlag lag dem Geschenk bei, den Hilda direkt öffnete und der einen Gutschein für einen Anfängerkurs in Malen auf der Leinwand enthielt. Der Kurs bezog sich auf das Malen in Acryl und Öl und umfasste sechs Vormittage, jeweils an einem Samstag, an der Kreisvolkshochschule, las Hilda aus dem Gutschein vor und sah dann mit freudigen Augen ihre Mutter an. „Ich habe schon so oft gedacht, ob ich es auch könnte, ein Bild in Öl oder Acryl zu malen. Jetzt kann ich es endlich einmal ausprobieren", sagte sie und überlegte im selben Zug, es eventuell schon auf eigene Faust auszuprobieren. Anni freute sich mit ihrer Tochter, als sie deren Aufregung und Vorfreude bemerkte. Sie selber hielt nun eine kleine Schmuckdose in der Hand, die sie aus dem Geschenkpapier gewickelt hatte. Sie war zugleich etwas unsicher, es zu öffnen, vor allem in Gegenwart ihrer Tochter, denn wer wusste, was sich Gerald da für sie ausgedacht hatte? Es durfte auf gar keinen Fall einen falschen Eindruck bei ihrer Tochter erwecken, zumal es generell schon anzüglich erscheinen mochte, ein Schmuckgeschenk von Gerald zu erhalten, und dieses Schmuckdöschen ließ auf nichts anderes schließen. Kurz zögerte sie noch und betrachtete das Schmuckdöschen aus verschiedenen Perspektiven, dann öffnete sie es. Zugleich huschte ihre Tochter näher heran, um auch einen Blick zu erhaschen. Bewundernde Ausrufe machten sich im Raum breit, als die beiden das vergoldete Herz mit einem roten Edelstein auf einer Herzhälfte betrachteten, das an einer zierlichen Goldkette befestigt war. Anni hatte sogleich bemerkt, dass der kleine Herzanhänger sich öffnen ließ, verbarg es aber vorerst vor ihrer Tochter. Stattdessen nahm sie die Kette aus ihrer Verpackung, hielt sie sich probeweise vor das Dekolleté und wandte sich ihrer Tochter zu, die bewundernd die Hände faltete und der Mutter bekundete, wie wunderbar ihr die Kette stand. Anni legte die Kette zurück in das Döschen. Sie würde bei Gelegenheit, wenn sie allein war, schauen, was der Inhalt des Schmuckstückes barg.

Während Hilda sich nun an ihrer Staffelei zu schaffen machte und nebenbei in Google nach Maltechniken, erst einmal in Akryl, suchte, sah Anni gedankenversunken auf den Bildschirm des Fernsehers, der eine Weihnachtsmusikshow zeigte. Heinz sah auf seinem Zimmer in der Klinik dieselbe Show, wie er ihr per WhatsApp geschrieben und sie zugleich benachrichtigt hatte, gut angekommen zu sein und sich auf den morgigen ersten Weihnachtsfeiertag zu freuen, den sie drei im Zoo Duisburg verbringen würden.

Anni hingegen focht derweil einen inneren Kampf aus, seitdem sie vor wenigen Minuten eine WhatsApp-Nachricht gelesen hatte, die, wie sie sofort nach den ersten gelesenen Worten erkannt hatte, von Gerald stammte. Es war lediglich seine Handynummer als Absender angezeigt worden, da Anni Geralds Kontakt noch nicht abgespeichert hatte, dies aber gleich nach dem Lesen und der Erkenntnis, von wem sie stammte, nachholte. Hilda hatte Gerald den Kontakt ihrer Mutter geschickt, nachdem er sich bei ihr für die Zeichnung seines Wohnhauses bedankt hatte. Hilda hatte sich sehr über seine lieben Worte gefreut und dann gedacht, dass er auch ihrer Mutter eine große Freude machen würde mit einer persönlichen Dankesnachricht, zumal sie sich sicher war, er würde es direkt in Anspruch nehmen. Annis Herz hatte einen kleinen Hüpfer gemacht, gleich bei den ersten herzlichen Worten seiner Nachricht, und diese Tatsache beschäftigte sie nun sehr.

„Frohe Weihnachten für die wunderbarste Frau der Welt." Anni war es heiß über den Rücken gelaufen, als sie die ersten Worte las: „Unsere wundervolle Hilda hat mir deinen Kontakt geschickt und ich kann gar nicht ausdrücken, wie sehr ich mich darüber gefreut habe, dass ich dir nun direkt mitteilen kann, was diese unglaublichen Weihnachtsgeschenke von euch zweien, meine liebsten Menschen, mit mir machen." Darauf hatte ihr das Herz bis zum Hals geschlagen und sie hatte sich viel zu sehr zu ihm hingezogen gefühlt, der Wunsch war viel zu groß gewesen, Gerald in die Arme zu schließen, seine Wärme zu spüren. „Unsere Hilda besitzt ein wahrlich unsagbares zeichnerisches Talent, die Art und Weise, wie sie mein Zuhause auf Papier gebracht hat, das übertrifft auch das Talent, das meine Schwester besaß." Betende Hände folgten der Nachricht. „Die mit eurem Foto bedruckte Kaffeetasse und das Fotoalbum, das du mir so liebevoll gestaltet hast, hat mir den Rest gegeben, liebe Anni, mir laufen immer noch die Tränen. Ich würde sonst etwas dafür geben, wenn ihr zwei, meine Liebsten, hier bei mir sein könntet. Ich hoffe, dir gefällt das Geschenk von mir auch nur halb so gut, dann wäre ich glücklich. Meine Hilda hat mir ihre Freude über die Staffelei und den Gutschein geschrieben, ich warte nun sehnlichst auf eine Nachricht von dir, meiner wunderschönen, starken Frau. PS: Verzeih meine Worte, es liegt wohl daran, dass ich mir einen oder auch zwei Glühwein genehmigt habe." Ein Smiley und ein Herz folgten den Worten. „Ich liebe dich und ich vermisse dich unendlich, meine Anni." Mit den Emotionen kämpfend hatte Anni eine Weile auf das Handy gestarrt. „Was passiert da mit mir?", hatte sie sich in Gedanken gefragt. „Was machst du nur mit mir?"

17.

Gerald hatte am Morgen desselben Tages schon alle Hände voll zu tun gehabt. Der alljährliche Andrang von Menschenmassen, der im Einzelhandel, vorwiegend im Lebensmittelbereich, am Heiligabend herrschte, erforderte jedes Jahr aufs Neue großen Einsatz und starke Nerven vom gesamten Personal. Bis vierzehn Uhr hatten die Kunden noch Zeit, sich mit allem, was zu genussvollen und gemütlichen Feiertagen benötigt wurde, einzudecken, und dies wurde jedes Jahr aufs Neue bis zum letzten Moment ausgenutzt. Es war wieder ein erfolgreiches Jahr gewesen, das nun fast zu Ende war, und auch das Weihnachtsgeschäft hatte wieder einmal alle Erwartungen erfüllt. Nach Geschäftsschluss hatte er, wie es schon Tradition war in seiner Firma, wieder einmal sprichwörtlich die Korken knallen lassen und für das Personal ein paar Flaschen Sekt spendiert. Die wurden alljährlich in fröhlicher Runde vor dem Kassenbereich geleert, und wie es auch jedes Jahr der Fall war, drehten sich die lautstarken, mit fröhlichem Gelächter durchfluteten Gespräche zumeist um lustige oder auch weniger lustige Begebenheiten mit den zumeist gestressten Kunden des Verkaufstages, und wie dies ebenfalls in jedem Jahr der Fall war, war Gerald der Letzte gewesen, der am Spätnachmittag, es hatte bereits zu dämmern begonnen, das Center verlassen und sich dann einsam und erschöpft in seinem großen Wohnzimmer wiedergefunden hatte.

Er hatte sich hungrig über eines der beiden Lachsbrötchen hergemacht, die die Fischtheke im Frischebereich seines Centers passenderweise für ihn übriggelassen hatte. Er liebte Fisch und ganz besonders Lachs. Da er es wieder einmal versäumt hatte, sich um etwas Nahrhaftes zum Abendessen zu kümmern, kamen ihm die beiden Leckerbissen ganz recht, zumal es ja auch Heiligabend war. Da sollte es doch auch etwas besonders Gutes sein, hatte er schmunzelnd gedacht. Den Latte Macchiato, den er sich dazu aus seinem Kaffeevollautomaten gezogen hatte, genoss er mit einem kräftigen Schuss Baileys. Der tat das seine hinzu, damit er endlich herunterfahren und sich entspannen konnte. Irgendwann musste Gerald dann auf seinem Ledersofa in der großen Wohnstube eingenickt sein, denn als er aus einem unruhigen Schlummer, verursacht durch den stressigen Tag, aufschreckte, war es bereits nach achtzehn Uhr, als er erschrocken auf die Uhr sah. Er hatte sich aber sehr schnell wieder beruhigt und zurückgelehnt, denn letztlich war ihm die Uhrzeit völlig gleich. Es wartete niemand auf ihn und auch er erwartete niemanden. Er würde den Heiligabend wie jedes Jahr alleine zuhause auf dem Sofa vor dem Fernseher verbringen. Nur eines war anders in diesem Jahr: Es gab da plötzlich zwei Menschen in seinem Leben, die ihm wichtiger waren als alles andere, und das für ihn immer noch Unfassbare war, dass einer dieser Menschen sein eigen Fleisch und Blut war.

Er stellte sich vor, wie es sein würde, wenn er den heutigen Heiligabend mit den beiden, seiner einzigen kleinen Familie, verbringen könnte und sogleich machte sich eine beklemmende Traurigkeit in seiner Brust breit, denn nicht nur räumlich waren sie drei getrennt. Er würde auch in Zukunft niemals das Gefühl erleben dürfen, die beiden mit niemandem teilen zu müssen. Er betrachtete die Päckchen, die er von Anni und Hilda erhalten hatte, und die hübsch verpackt neben der kleinen, geschmückten Fichte, die es jedes Jahr in seinem Center fertig geschmückt zu kaufen gab, lagen. Jedes Jahr aufs Neue brachte er sich solch eine fertig geschmückte Fichte mit Wurzelwerk mit nach Hause. Das reichte ihm als Christbaum und jedes Jahr pflanzte er das Bäumchen nach dessen Nutzung als Christbaum draußen in seinen Garten. Doch leider hatte bisher keines der Bäumchen überlebt, dachte er bei sich, bis dann seine Gedanken sich wieder auf die Geschenke richteten, die Anni und Hilda so liebevoll für ihn verpackt hatten. Es war das erste Mal seit dem Tod seiner Eltern, dass er wieder Geschenke von einer eigenen Familie erhielt. Gerald sah sie beide, nicht nur Hilda, auch Anni als seine Familie an und diese unbändige Freude aufgrund der Gewissheit, dass es die beiden seit kurzer Zeit in seinem Leben gab, stieg erneut mit aller Kraft in ihm empor. Plötzlich konnte er es kaum noch erwarten, die Päckchen zu öffnen, und trotzdem wollte er sich die Vorfreude noch eine Zeit lang erhalten und erst einmal noch das Bad aufsuchen, um sich nach dem stressigen und arbeitsreichen Tag frischzumachen.

Anni, Hilda und Heinz würden wahrscheinlich schon gemeinsam in der Ferienwohnung sein, dachte er mit etwas Wehmut, während er sich müde aufraffte, um das Bad aufzusuchen.

Etwa eine Stunde später war Gerald frisch geduscht und locker gekleidet zurück auf seiner Couch in der Wohnstube. Er war in eine schwarze Jogginghose geschlüpft und trug dazu ein Kapuzenshirt ebenfalls in Schwarz. An den Füßen trug er nur seine warmen, roten Wollsocken. Im Haus trug er selten Schuhe und die Tatsache, dass das gesamte Haus mit Fußbodenheizung geheizt wurde, sorgte dabei für warme Füße. Er hatte sich das letzte der beiden Lachsbrötchen aus dem Kühlschrank genommen und sich noch einen Latte Macchiato aus dem Vollautomaten gezogen. Die Geschenke von Anni und Hilda hatte er zu sich aufs Sofa gelegt. Während er sich noch erst über das Lachsbrötchen hermachte, sah er nebenbei die WhatsApp-Nachrichten auf seinem Handy durch. Seine Hilda hatte ihm geschrieben, bemerkte er mit glücklichem Herzen und machte sich sofort daran, die Nachricht zu lesen.

„Huhu, lieber Gerald", schrieb sie, „ich habe gerade das Geschenk von dir ausgepackt und freue mich grad sehr darüber." Zwei Herzchen folgten. „Ich wollte schon immer mal in Akryl oder Öl malen und freue mich sehr auf den Malkurs." Noch ein Herzchen folgte. „Mama und ich sind schon sehr gespannt, wie dir unsere Geschenke gefallen und wir wünschen dir einen gaaanz schönen Heiligabend. Nächstes Jahr sollst du ihn mit uns zusammen verbringen. Ich drücke dich ganz fest, deine Hilda." Weitere Herzchen und ein Stern beendeten die Nachricht. Gerald sah noch ein paarmal gerührt über die Nachricht von Hilda und wieder verbreitete sich Traurigkeit in seiner Brust, dass die zwei nicht hier bei ihm in seiner Stube waren, sondern weit weg. Keine Berührung, kein Umarmen, kein Blickkontakt war möglich, lediglich WhatsApp-Nachrichten und da war er sehr froh, dass zumindest dies möglich war.

Er nahm sich dann zuerst das Päckchen von Hilda vor und öffnete das Geschenkpapier. Es verschlug ihm die Sprache, als er die perfekte Zeichnung seines Wohnhauses in Händen hielt. Hilda hatte es mit Blei gezeichnet und ganz zart mit Buntstiften bearbeitet. Leichte Grünschraffierungen im Garten, kontrastreiche Schattierungen der Hauswände und des Giebels, die die gesamte Zeichnung fast dreidimensional wirken ließen. Vor Begeisterung stiegen ihm Tränen in die Augen. Er legte die Zeichnung, die Hilda in einem schwarzen Kunststoff Bilderrahmen eingerahmt hatte, behutsam neben sich auf das Sofa und stand auf, um sich einen Becher Glühwein heißzumachen, bevor er das Päckchen von Anni öffnen würde. Er füllte den Glühweinbecher mit Auricher Glühwein und erhitzte das Getränk in der Mikrowelle. Während das Gerät seine Arbeit erledigte, kramte er in seinem Küchenschrank auf der Suche nach etwas zum Naschen. Er fand eine Packung Spekulatius und nahm den fertig erhitzten Glühwein aus der Mikrowelle. Nun saß er mit seinem Proviant vor sich auf dem Tisch wieder auf dem Sofa und trank ein paar Schluck von dem Heißgetränk. Er biss noch vom Spekulatius ab, den er sich aus der Packung genommen hatte, und wandte sich dann seinem Geschenk von Anni zu.

Nachdem er das Geschenkpapier gelöst hatte, sah er, dass es aus zwei verschiedenen Geschenken bestand. Das eine schien ein Fotobuch zu sein und das zweite war noch einmal extra in einer kleinen Kartonbox verpackt. Auf der Box war ein Werbeaufdruck für personalisierte Fotogeschenke. Gerald öffnete die Box und zog eine Tasse heraus, die mit einem Foto bedruckt war. Ihm ging das Herz auf, als er das Foto von Anni und Hilda betrachtete, das die Tasse schmückte. Es war ein älteres Foto, Hilda war darauf noch im Kleinkindalter und saß bei ihrer Mutter auf dem Schoß, wobei sich die beiden anlächelten. Gerald erinnerte sich sofort an das Foto, das er bereits in dem Album gesehen hatte, das Anni ihm vor einiger Zeit zum Anschauen mitgebracht hatte. Schon damals hatte er es länger betrach-

tet als die meisten anderen Fotos in dem Album, wahrscheinlich hatte Anni sich daran erinnert und daher dieses tolle Bild
gewählt. Er drehte die Tasse in den Händen und bemerkte die
Worte, die auf der entgegengesetzten Seite aufgedruckt standen: „Frohe Weihnachten! Von Herzen, deine beiden Mädels".
Gerührt drehte er die Tasse, um erneut das aufgedruckte Foto
zu betrachten. „Greta hat sie mir geschickt, die beiden", dachte er nicht zum ersten Mal. So oft schon hatte Gerald darüber
nachgedacht, was für ein Wunder ihm geschehen war, und er
war sich sicher, dass es etwas Überirdisches geben musste, das
hier nachgeholfen hatte. Er fühlte es ganz einfach, seine verstorbene Schwester wachte über ihn. Dieser Zufall damals am
Grab von Wilfried und dessen und Gretas kleinem Sohn Theo,
als auch Anni zeitgleich dieses Grab aufgesucht hatte, und diese
Vertrautheit, die er sofort zu Anni verspürt hatte und sie auch
zu ihm, wie sie ihm später gestanden hatte, das fühlte sich im
Nachhinein alles so an, als ob es gerade so hatte kommen sollen.

Hildas Existenz hatte ihm letztendlich die Bestätigung seiner
Annahme gegeben, das alles war von seiner Schwester gelenkt
worden. Gerald wischte sich über das tränennasse Gesicht. Er
hatte keine Kontrolle mehr über seine Gefühle. Die Tränen liefen nur so und dies nahm auch kein Ende, während er das Fotoalbum durchblätterte, das mit liebevollen Sätzen aus Annis
Hand beschriftet war.

Zwischenzeitlich hatte Gerald sich mit einem weiteren Becher Glühwein versorgt und auch den Fernseher hatte er eingeschaltet, der irgendeinen Weihnachtsfilm zeigte, dem Gerald
aber nur hin und wieder mal seine Aufmerksamkeit schenkte, da er noch immer zu sehr mit dem Fotoalbum beschäftigt
war. Wieder und wieder betrachtete er dieselben Bilder, die
Anni ihm, sorgfältig darauf achtend, Hildas erste Lebensstatio-
nen in Jahreszahl, Bedeutung und Erklärung zu beschrif-
ten, so herzlich gestaltet hatte. Nach einer gefühlten Ewigkeit
des Betrachtens und Bewunderns der Bilder aus den ersten Le-
bensjahren seiner Tochter lehnte sich Gerald mit dem Gefühl
von Glückseligkeit und auch großer Dankbarkeit zurück in

die Polster. Zumindest das Gefühl von Einsamkeit bestimmte nicht mehr sein Leben. Es gab da nun mindestens seine Hilda, die zu ihm gehörte und Teil von ihm war. Anni trug er in seinem Herzen. Die Sehnsucht nach mehr musste er für die Zukunft lernen zu unterdrücken.

Er nahm sein Handy zur Hand und las verschiedene „Frohe Weihnacht"-Bekundungen von Mitarbeitern, Freunden und Bekannten durch und wünschte dies zurück. Zuletzt sah er eine neue Nachricht von Hilda. „Huhu, lieber Gerald, ich hoffe, du schläfst noch nicht." Gerald schmunzelte, während er registrierte, dass es gerade einmal kurz nach zwanzig Uhr war. Wahrscheinlich hält die Hildamaus mich für einen alten Mann, der zeitig zu Bett geht, dachte er amüsiert. „Meine Mama hat vom Weihnachtsmann ein Handy geschenkt bekommen. Ich habe ihr schon einmal WhatsApp eingerichtet und dachte mir, ich schicke dir mal ihren Kontakt." Ein Link mit dem Kontakt ihrer Mutter folgte und ein „gaaanz liebe Grüße" und natürlich ein Herz und ein Stern.

Was für ein liebes Kind er doch hatte, dachte Gerald, während er Annis Kontakt speicherte und direkt begann, ihr zu schreiben. Er wünschte ihr zunächst Frohe Weihnachten und erklärte sie zur wunderbarsten Frau der Welt. Dann erklärte er ihr, ihren Kontakt von der wunderbaren Hilda geschickt bekommen zu haben, und schrieb ihr dann von seiner Überwältigung der Geschenke wegen und dass er immer noch ergriffen war. Aus einem Gefühl heraus hatte er ihr dann noch aus tiefstem Herzen seine Liebe und seine Sehnsucht geschrieben. Eine Hemmungslosigkeit, wahrscheinlich auch dem Glühweinkonsum geschuldet, lag dabei so sehr in seinen Worten, doch sie offenbarten gerade das, was in seiner Seele vorging. Er betrachtete seine Nachricht noch eine Weile, sah die beiden Häkchen dahinter, die ihm zeigten, dass seine Nachricht Anni erreicht hatte. Sobald diese Häkchen sich blau färben würden, würde Anni seine Nachricht lesen, doch dies ließ auf sich warten. Wahrscheinlich war Anni noch zu sehr mit ihrem Mann beschäftigt, dachte er ein wenig traurig und bemerkte zugleich eine leichte Eifersucht in sich aufsteigen, die er aber sofort zu unterdrücken versuchte. Was fiel ihm nur ein? Heinz war ja schließlich Annis Ehemann. Seufzend lehnte er sich wieder zurück und starrte auf den Bildschirm des Fernsehers, der immer noch diesen Weihnachtsfilm zeigte. Oder war es mittlerweile schon ein anderer Film, überlegte er beiläufig. Er wusste es gar nicht genau, er schaute einfach weiterhin zu. Irgendwann musste er eingeschlafen sein, denn als er wegen Schmerzen im Nackenbereich, sein Kopf hatte eine ganze Weile in einer ungünstigen Position gelegen, aufschreckte und auf die Uhr sah, war es bereits weit nach zweiundzwanzig Uhr.

Er nahm sein Handy zur Hand. Die Frage brannte sich sofort in sein Gedächtnis. Hat sie es schon gelesen? Wie denkt sie über meine Worte? Hat sie vielleicht schon zurückgeschrieben? Sein Herz klopfte stark, als er registrierte, dass sie zurückgeschrieben hatte.

„Du bist mir so einer." Ein lachendes Gesicht mit einem Heiligenschein darüber folgte und Gerald schmunzelte darüber, wie schnell seine süße Anni doch gelernt hatte, wie WhatsApp funktionierte. Er las weiter. „Ich danke dir für deine lieben Worte, mein Lieber, und ich muss zugeben, dass es etwas mit mir macht. Und doch wissen wir beide ganz genau, dass es keine Zukunft haben kann." Betende Hände und ein leidvolles Gesicht folgten. „Natürlich bedeutest du mir etwas, vielleicht auch etwas mehr, das gebe ich zu, aber du weißt genau, warum wir zusammen keine Zukunft haben können. Ich will dir aber sagen, wie glücklich ich bin, dass wir uns wiedergefunden haben. Du veränderst meine Welt, mein Lieber. Seitdem es dich wieder gibt in meinem Leben, fühle ich mich lebendiger denn je und viel mehr noch, ich fühle mich wieder als begehrenswerte Frau und dafür danke ich dir." Es folgte ein Herzchen und ein Küsschen. Gerald las die Nachricht wieder und wieder. Er lehnte sich zurück in sein Sofa, seine Gedanken rasten.

Annis Worte zeigten ihm deutlich, dass es lang nicht mehr die große Liebe zwischen Anni und ihrem Ehemann sein konnte. Natürlich war es wahrscheinlich in einer Ehe, die schon länger als zwanzig Jahre bestand, nicht mehr die Verliebtheit wie am Anfang einer Beziehung. Das konnte er sich vorstellen, auch wenn seine ehemaligen Beziehungen nie von langer Dauer waren. Aber eine Frau sollte sich zu jeder Zeit in einer Beziehung mit einem Mann von diesem begehrt fühlen. War dies nicht mehr der Fall oder war es gar niemals so gewesen, dann war in seinen Augen eine Beziehung nicht echt. Annis Worte ließen ein wenig Hoffnung in ihm aufkeimen. Er hatte Annis Ehemann Heinz nie kennengelernt. Er kannte ihn nur von den Fotos in dem Album, das Anni ihm vor einiger Zeit zeigte, und auch in Gesprächen mit Anni über ihren Ehemann war es zumeist um dessen Gesundheitsstand und die Fortschritte mit der Prothese gegangen. Er konnte jedoch erahnen, dass die Ehe nie viel Zeit für die Liebe gehabt hatte. Der Alltag der Eheleute bestand nach Annis Erzählungen hauptsächlich aus Arbeit und Stress, glückliche Zeiten hatte es kaum gegeben, wie sie ihm berichtet hatte. Selbst nach dem Glück durch Hildas Geburt war man ganz schnell wieder, auch durch die Doppelbelastung Stall und Kind, auf den Boden der Tatsachen zurückgekommen.

Anni hatte so viel mehr verdient, dachte er bei sich, er wollte Heinz um Gottes willen nicht verurteilen, der Mann war ganz sicher auch nur ein Opfer seiner selbst und natürlich seines Erbes, der Last der Verantwortung für den Hof, die er auf den Schultern trug. Jedoch hätte er in Geralds Augen niemals das Wichtigste in seinem Leben, nämlich Frau und Kind, aus den Augen verlieren dürfen. Was würde er dafür geben, so eine wundervolle, starke Frau wie Anni an seiner Seite zu wissen, dachte er, und dazu noch die sehr hübsche, intelligente, verantwortungsbewusste Tochter. Er würde sie auf Händen tragen, sie achten, lieben und ehren zu jeder Stunde, da konnte kommen, was wolle.

Er wollte Annis Stimme hören. Sollte er sie einfach anrufen? Besser, er schrieb ihr vorher. Er nahm das Handy wieder zur Hand. „Anni, ich möchte deine Stimme hören, können wir telefonieren?" Anscheinend hatte Anni das Handy zur Hand, denn die beiden Häkchen färben sich direkt blau. „Hilda ist noch wach, da kann ich nicht so offen reden, wie ich es möchte, lieber Gerald." Betende Hände folgten. „Lass uns doch morgen früh ganz zeitig telefonieren, so um acht? Dann schläft Hilda ganz sicher noch." Das verstand Gerald und er fand, dass es eine gute Idee war, auch wenn er eine leichte Enttäuschung spürte.

Sie wünschen sich gegenseitig noch eine gute Nacht und freuten sich auf das Telefonat am kommenden Morgen.

18.

Anni war natürlich schon gegen sechs Uhr am Morgen wach geworden, wie es ihre innere Uhr so gewohnt war. Eine Weile hatte sie versucht, noch ein wenig Schlaf zu finden, doch zu mehr als ein wenig dämmern hatte es nicht mehr gereicht. Nun schlich sie leise, um Hilda nicht zu wecken, aus dem kleinen Schlafzimmer der Ferienwohnung. Die beiden schliefen gemeinsam in dem Doppelbett. Auch wenn es in der Wohnung noch einen weiteren Raum mit zwei Einzelbetten gab, schliefen Mutter und Tochter gemeinsam in dem Zimmer mit dem Doppelbett, zumal Hilda viel besser einschlief, wenn noch jemand mit im Zimmer schlief.

Anni machte sich an der Kaffeemaschine zu schaffen, um sich etwas Filterkaffee durchlaufen zu lassen, und begab sich dann in das Badezimmer. Mit müdem Blick betrachtete sie ihr Spiegelbild. Sie betrachtete ihre großen, dunklen Augen und stellte zudem fest, dass sie trotz ihres Alters von sechsundvierzig Jahren noch recht straffe, fast faltenfreie Gesichtshaut besaß, und nachdem sie sich die Haare gekämmt und zurecht gemacht hatte, befand sie ihr Aussehen für recht flott und jugendlich. Sie putzte sich die Zähne, machte sich noch ein wenig zurecht und begab sich dann wieder in die Küche, um sich eine Tasse von dem frisch durchgelaufenen Kaffee einzugießen. Sie gab nur ein wenig Milch hinein, da sie ihren Kaffee immer ungesüßt trank. Sie trank einen Schluck von dem Milchkaffee und sah dann auf die Uhr, die ihr anzeigte, dass es kurz nach halb acht war. Gleich wollten sie und Gerald telefonieren und sie freute sich auf das Telefonat.

Wenig später hatte Anni sich in warme Kleidung gehüllt, die dicke Daunenjacke angezogen und sich draußen auf die kleine Holzbank gesetzt, die windgeschützt an der Hauswand stand. Sie hatte sich noch eine Tasse heißen Kaffee mit rausgenommen und wartete auf Geralds Anruf. Zuvor beantwortete sie nun noch die WhatsApp-Nachricht ihres Mannes, der ihr schrieb, schon gefrühstückt zu haben und sich auf den Tag im Zoo zu freuen. Sie schrieb zurück, sich auch schon darauf zu freuen und ihm schreiben zu wollen, sobald Hilda aufgestanden sei und sie fertig seien.

Gerald ließ, wie Anni es nicht anders erwartet hatte, nicht auf sich warten und kurz vor acht klingelte ihr Handy.

„Überpünktlich, ich habe es nicht anders erwartet, guten Morgen, Gerald!" Anni schmunzelte bei ihren Worten. „Guten Morgen, Anni. Ja, ich konnte es nicht erwarten, deine Stimme zu hören. Wie geht es euch beiden, dir und Hilda, hattet ihr einen schönen Heiligabend?", hörte sie nun seine vertraute Stimme, die so viel tiefer klang als die ihres Mannes. „Ja, danke, das hatten wir und das nicht zuletzt dank deiner großzügigen Geschenke. Die Halskette mit dem Foto von der Preisverleihung darin, du und Hilda, es gefällt mir sehr, lieber Gerald, auch wenn ich sie heimlich aufbewahren werde. Gerald, du weißt, ich möchte nichts gefährden." Es dauerte einen Moment, bis Gerald antwortete: „Anni, mein Bekenntnis gestern war echt, ich brauche dich in meinem Leben, euch beide, Anni, dich und Hilda, ich bitte dich, hör auf dein Gefühl, auf dein Herz, was sagt es dir, liebe Anni, bist du wirklich glücklich mit deinem Mann?" „Gerald, was soll diese Frage, ob ich glücklich bin mit meinem Mann. Du weißt meine Situation nur zu gut, versuche, dich doch bitte hineinzuversetzen. Wie würdest du handeln? Mein Mann hat eine schlimme Zeit hinter sich. Ich kann nur ahnen, was er durchgemacht hat, nur ein Unmensch würde ihm weiteres Leid antun können!"

Anni wurde das Herz schwer bei ihren Worten, doch ihr blieb nichts anderes übrig, als ihm die Wirklichkeit deutlich zu machen. „Ihr habt mir gestern Abend so sehr gefehlt, ihr beiden." Geralds Stimme war plötzlich nur noch ein Flüstern. „Hilda ist mein Kind, Anni, du weißt, wie einsam ich all die Jahre zuvor war. Ich verlange nach meiner Tochter und ich habe doch ein Recht dazu." Er sprach immer flehender.

„Nun mach es mir doch nicht so schwer, mein Lieber!" Anni klang ebenfalls flehend. „Ja, Hilda ist deine Tochter, aber sei doch bitte in erster Linie dankbar für diese Tatsache, Gerald. Bitte, mach es uns doch nicht so schwer!" „Anni, was geht hier vor, was redest du da?" Anni erschrak bis ins Mark. Sie fuhr blitzartig herum und blickte in das bleiche Gesicht ihres Mannes.

Heinz hatte sich nach dem Frühstück fertig gemacht und da seine Frau geschrieben hatte, dass Hilda noch schlief, hatte er sich spontan zu Fuß aufgemacht in Richtung der Ferienbehausung seiner Frau und Tochter, zumal es herrliches Wetter zu werden schien. Ganz im Gegensatz zu den letzten Tagen war der Himmel an diesem Morgen wolkenlos und es wehte lediglich ein laues Lüftchen. Kurz vor dem Erreichen des Häuschens hatte er die Stimme seiner Frau vernommen, die allem Anschein nach draußen vor dem Haus ein anstrengendes Telefonat führte. Langsam trat er näher an das Haus heran, stockte aber zunehmend, je mehr Gesprächsfetzen er vernahm. Anni hatte ihren Mann nicht kommen sehen können, da sich die Holzbank, auf der sie saß, an der westlichen Seite des Hauses befand. Ihr Mann kam aus südlicher Richtung gelaufen.

„Was soll das bedeuten, was passiert hier, Anni?" Bleich vor Schreck starrte Anni ihren Mann an. Sie war wie erstarrt und brachte kein Wort heraus. Heinz blickte nun auf das Handy in der Hand seiner Frau, aus dessen Lautsprecher deutlich vernehmbar die fragende Stimme eines Mannes erklang. Heinz hörte die Stimme nach Anni rufen und fragen, was passiert sei. Er war nun im Begriff, nach dem Handy zu greifen, um den Anrufer zur Rede zu stellen, doch plötzlich hatte Anni sich wieder gefangen, beendete mit einer blitzschnellen Bewegung des Daumens das Gespräch und sprang auf von der Bank, um auf ihren Mann zuzugehen.

„Heinz, beruhige dich erst einmal!" Sie fasste ihm an die Schultern. „Ich will, dass du mir erklärst, was hier los ist!" Heinz' Blick war aufgebracht und wütend. Anni schloss die Augen und atmete schwer.

„Komm, lass uns mal auf die Bank setzen."

Anni fühlte sich erschöpft und kraftlos und sie wusste nicht, welche Worte sie wählen sollte, um das kaum zu Erklärende zu erklären. Nur zögerlich folgte ihr Heinz. Er setzte sich mit etwas Abstand von ihr auf die Bank, beide Hände neben sich aufstützend wie zur Flucht bereit. Das Geräusch des Öffnens der Haustür unterbrach Annis Überlegungen, wie sie ihre Erklärung beginnen sollte.

Hilda war erwacht und von dem lautstarken Gespräch vorm Haus nach draußen gelockt worden. Nun spähte sie hinaus und sah fragend auf ihre Eltern.

„Was ist passiert, warum sitzt ihr hier draußen?" Anni, die mit dem Rücken zu ihrer Tochter saß, drehte sich zu ihr um und beruhigte sie mit den Worten, sie würden nur kurz etwas besprechen, sie solle sich schon einmal Frühstück machen. Auch Heinz riss sich nun zusammen und lächelte seiner Tochter zu. „Alles gut, mein Kind, wir kommen dir gleich hinterher ins Haus." Hilda lächelte zurück und ging wieder ins Haus, jedoch zeigte sie einen fragenden Gesichtsausdruck, nachdem sie die Haustür hinter sich geschlossen hatte.

Als Hilda zurück ins Haus gegangen war, sahen beide Elternteile eine Weile wortlos zu Boden. In Heinz stieg eine beklemmende Angst auf, erdrückende Hilflosigkeit machte sich in ihm breit. Entsprach es nicht der Wahrheit, wenn er Hilda, so wie er es gerade eben getan hatte, sein Kind nannte? Verzweiflung ergriff nun sein Gemüt, er sah auf und seine Frau an. Die erwiderte nun mit flackernden Augen seinen Blick. Beide sahen sich eine Weile an, Heinz mit vor Verzweiflung fragendem Blick, Anni mit vor Entschuldigung flehendem Blick. Heinz fand als Erster die Worte und presste mit vor Wut und Verzweiflung bebender Stimme hervor: „Du hast mich betrogen? Hilda ist nicht mein leibliches Kind?" Nun standen ihm Tränen in den Augen. Anni faltete flehend die Hände und beugte sich näher zu ihm hin, während sie antwortete: „Heinz, du bist Hildas Vater, für sie gibt es nur dich als ihren Vater und sonst niemand!" Annis Augen flackerten. Sie wandte ihren Blick nicht von ihrem

Mann, während ihre Fingerknöchel weiß wurden, so fest hielt sie ihre Hände gefaltet.

„Ich will die Wahrheit wissen, Anni, die ganze Wahrheit, lüg mich nicht weiterhin an!" Heinz hatte seinen Blick wieder zum Boden gerichtet und seine Stimme war fast bedrohlich gesenkt. Anni schlug die Hände vors Gesicht, verharrte eine Weile so und fuhr dann ruckartig hoch und mit beiden Händen durch ihr Haar, das sie noch nicht zum Zopf gebunden hatte. Sie setzte sich gerade auf, straffte den Rücken, wie um sich selber zu stärken und Kraft zu bündeln, und begann dann zu sprechen.

„Es tut mir alles so unsagbar leid, Heinz, ich traf ihn damals an Wilfrieds Grab!" Sie machte eine kurze Pause, weil schon diese ersten Worte so unglaublich viel Kraft kosteten. „Wieso am Grab meines Bruders, was erzählst du mir da?" Heinz war nach Annis ersten Worten schon heftigst verwirrt und gab direkt einen aufgebrachten Einwand.

„Ich war auf dem Weg zum Grab deines Bruders, um es herzurichten, wie ich es regelmäßig mache, und dann stand dort dieser fremde Mann an dem Grab." Jedes Wort, das Anni über ihre Lippen brachte, war für sie eine Qual. „Wir kamen ins Gespräch, und es stellte sich heraus, dass er der Bruder von Greta war, also der Onkel von dem kleinen Theo. Er wollte alles ganz genau wissen über die Zeit, in der Greta hier gelebt hat, und da es spät wurde, versprach ich ihm ein anschließendes Treffen, zu dem ich auch Fotografien mitbringen würde." „Und bei der Gelegenheit bist du zu ihm ins Bett gehüpft, alles klar!" Heinz hatte anscheinend genug gehört und warf seine Worte wütend dazwischen. „Wir hatten etwas Wein getrunken, Heinz, es ist einfach so passiert, du kannst mir glauben, wie sehr ich mich dafür schäme und wie oft ich es bereut habe!" Annis verzweifelten Worte war alle Kraft entwichen. Sie hatte ihre Hände erneut gefaltet und hielt sie flehentlich ihrem Mann zugewandt.

„Bitte, Heinz, du musst mir glauben!" Ihre Stimme war nun von Tränen erstickt, die ihr bereits übers Gesicht liefen. Heinz erwiderte erst einmal nichts und Anni sank nach einer Weile mit den Ellenbogen auf ihre Knie. Die Hände immer noch gefaltet, das Gesicht zum Boden gerichtet weinte sie mit geschlossenen Augen. Plötzlich stand Heinz auf, nahm seine Krücken in die Hände und wandte sich noch einmal seiner Frau zu, die sich nun horchend aufsetzte und ihren Mann erwartungsvoll ansah.

„Du kannst dir ja sicher vorstellen, dass ich unter Schock stehe, Anni, ich muss das erstmal verarbeiten, wenn ich das überhaupt jemals kann. Ich möchte, dass ihr nach Hause fahrt, ich kann den heutigen Tag unter diesen Umständen unmöglich mit dir verbringen", sprach er und wollte sich bereits umdrehen, um zu gehen. Anni aber sprang auf und hielt ihn an der Schulter zurück. „Das kannst du jetzt nicht machen, Heinz, was soll ich denn Hilda sagen? Sie freut sich doch auf unseren gemeinsamen Tag!" Sie sah ihm mit vor Verzweiflung flackernden Augen ins Gesicht. „Wer ist denn nun schuld an dem Elend, Anni, ich doch wohl ganz sicher nicht. Erkläre deiner Tochter die Situation. Das ist jetzt deine Pflicht", sagte er mit gespielter Gelassenheit und riss sich von ihr los, um zurück zur Klinik zu laufen. Er versuchte, sich stark zu zeigen, wurde aber nach einer Weile des Gehens von seinen Gefühlen übermannt und konnte die Tränen nicht mehr zurückhalten, die ihm nun über die Wangen liefen. Er hatte alle Mühe, Schritt zu halten und somit keine Schwäche zu zeigen. Anni würde ihm mit Sicherheit hinterherschauen und er wollte es auf gar keinen Fall riskieren, dass sie ihm aus Sorge hinterherlief.

Anni zerriss es innerlich, ihren Mann so unsagbar verletzt zu haben. Sie mochte sich gar nicht vorstellen, wie es nun in ihm aussah, welche seelischen Qualen er durchlitt. Und sie hatte ihm diese Qualen angetan! Niemals hatte er es erfahren sollen und nun war es auf so entwürdigende Art und Weise geschehen, dass es Anni drohte, das Herz zu zersprengen, während sie ihrem Mann wie versteinert hinterher sah. Ihr Körper schmerzte, dass es kaum zum Aushalten war, und es gab keine Lösung und keinen Ausweg aus dieser kaum zu ertragenden Situation.

Wie in Zeitlupe setzte sie sich zurück auf die Bank, nachdem ihr Mann aus ihrem Sichtfeld verschwunden war. Sie hielt ihre Arme um ihren Körper geschlungen und wimmerte nachdenklich vor sich hin. Wie sollte es nun weitergehen? Hatte sie alles zerstört? War ihre kleine Familie für immer zerbrochen, fragte sich Anni verzweifelt.

Sie konnte sich nicht bewegen und sie wollte einfach nur noch auf dieser Bank vor dem Häuschen sitzenbleiben. Leise vor sich hin weinend bemerkte sie nicht, dass ihre Tochter schleichend aus dem Haus getreten war und auf sie zukam. Hilda legte vorsichtig die rechte Hand auf den Rücken der Mutter und begann vorsichtig, diesen zu streicheln. Erschrocken fuhr Anni hoch und blickte mit verweinten Augen in das sorgenvolle Gesicht ihrer Tochter. Sie fasste nach Hildas Hand, führte diese an ihre eigene Wange und begann, hemmungslos zu weinen.

„Was ist denn passiert, Mama, warum ist Papa wieder gegangen?" Hildas Stimme klang zögerlich und flüsternd. „Ach, Hilda!" Annis Antwort kam zögernd und mit zittriger Stimme. „Manchmal fällt es so unsagbar schwer, wenn die Wahrheit ans Licht kommt, und doch wirst auch du sie heute erfahren, mein liebes Kind." Anni sprach mit tränenerstickter Stimme und sie hielt die Augen geschlossen, während sie Hildas Handoberfläche an ihre von den Tränen genässte Wange hielt.

Mit vor Angst und Sorge steifen Gliedern trat Hilda näher an ihre Mutter heran und wartete bang auf das, was nun folgen würde. Sie war total verwirrt und hatte keine Vorstellung davon, was ihrer Mutter so zusetzte. Es musste auf jeden Fall etwas Schreckliches sein.

Eine ganze Weile des Wartens verging für Hilda, ohne dass ihre Mutter auch nur ein Wort sprach. Ihre Glieder begannen langsam vor Kälte zu zittern, denn sie war immer noch in ihre Nachtbekleidung gehüllt, einen weißen Kinderpyjama mit Kuhfleckprint, und sie steckte barfuß in ihren Hausschuhen. Anni bemerkte nun das Bibbern ihrer Tochter und sprang plötzlich auf von der Bank. „Ach, Kind, du steckst ja noch im Pyjama! Du erfrierst mir noch, lass uns schnell ins Haus gehen!" Innerlich aufgebracht, sich zu sehr dem eigenen Wehschmerz ausgeliefert zu haben, versuchte Anni nun, während sie beide zurück ins Haus traten, sich wieder zur Ordnung zu rufen. „Zieh' dir etwas Warmes über, Hilda, ich mach' dir währenddessen eine heiße Schokolade", sprach Anni nun, während sie schon dabei war, eine Tasse mit Milch zu befüllen und diese in der Mikrowelle zu erhitzen. „Gerald hatte mich auf dem Handy angerufen," entgegnete Hilda, woraufhin sich ihre Mutter ihr ruckartig zuwandte. „Er wollte wissen, was passiert sei, ihr wart während eures Telefonats unterbrochen worden." „Ich schicke ihm eine Sprachnachricht, ich werde dir gleich alles erklären, Hilda." Anni wirkte plötzlich fest entschlossen. Es galt nun in erster Linie, Rücksicht auf Hildas Psyche zu nehmen, und sie überlegte schon, welche Worte sie wählen würde, wie sie beginnen würde, ihrer Tochter diese schwer zu begreifende Situation zu erklären.

Während Hilda sich ins Schlafzimmer begeben hatte, um in warme Kleidung zu schlüpfen, setzte Anni die fertige Tasse heiße Schokolade auf den Küchentisch und zog einen der vier Stühle zurück, um sich zu setzen. Sie sah auf das Handy und öffnete zunächst den Chat ihres Mannes. Sie sorgte sich sehr um ihn. Es zog ihr bereits den Magen zusammen und sie überlegte krampfhaft, welche Worte sie ihm schreiben sollte. Trost konnte sie nicht geben in dieser Situation, das war ihr bewusst, aber sie wollte ihm deutlich machen, wie sehr auch sie litt in dieser Stunde und all die Jahre gelitten hatte mit dieser Gewissheit. Sie begann zu schreiben. „Heinz, bitte, ich ertrage es nicht, dich leiden zu sehen. Für Hilda bist nur du ihr Vater, wir brauchen dich doch, bitte lass uns reden!" Betende Hände und ein Herz folgten. Dann schickte sie die Nachricht ab und betrachtete die beiden Häkchen, die sich sogleich am Ende der gesendeten Nachricht bildeten. Sie färbten sich blau. Das hieß, er hatte sie gelesen, doch noch schrieb er nicht zurück. Anni betrachtete das Handy in ihrer Hand, das sie erst gestern von ihrem Mann geschenkt bekommen hatte. Wie verrückt konnte es doch alles sein. Hätte sie es nicht bekommen, wäre die ganze Situation so gar nicht erst passiert, dachte sie. Auf der anderen Seite war es natürlich so, dass früher oder später die Wahrheit ans Licht gekommen wäre, zumal sie wusste, dass Geralds Drängen stärker und stärker werden würde. Aber niemals hätte es auf diese Art und Weise herauskommen dürfen. Niemals hätte ihr Mann es auf so entwürdigende Weise erfahren dürfen, aber es war geschehen und nun musste sie alles daransetzen, ihren Mann wieder aufzubauen. Sie hatte keine Ahnung, wie sie dies bewerkstelligen sollte, aber es war jetzt ihre uneingeschränkte Pflicht.

Sie öffnete nun Geralds Chat und sah mehrere Sprachnachrichten, die er ihr in der vergangenen Stunde geschickt hatte. Sie hörte keine davon ab, zumal sie sich deren Inhalt denken konnte. Sie wählte ein paar kurze Worte, die sie ihm schrieb. „Gerald, Heinz hat unser Gespräch belauscht, er weiß alles." Ein schmerzverzerrtes Gesicht folgte. „Ich werde es jetzt gleich Hilda erklären, das arme Kind ist total verwirrt und sorgenvoll, zumal sie ja alles miterlebt hat, ich muss mich jetzt um sie kümmern. Ich schreib dir später." Betende Hände und ein Herz beendeten die Nachricht.

Sie legte das Handy auf den Tisch und wartete mit mulmigem Gefühl im Bauch auf ihre Tochter. Sie sorgte sich, wie Hilda reagieren würde, sie musste gut bedachte Worte wählen, um ihr schonend beizubringen, dass Gerald ihr leiblicher Vater war. Kurze Zeit später saßen sie beide sich gegenüber am Küchentisch, Hilda trank etwas verlegen von der heißen Schokolade. Man sah ihr die Unbehaglichkeit an, die ihr diese merkwürdige, ungewohnte Situation eingebrockt hatte. Anni hatte sich vorgenommen, nicht um den heißen Brei herumzureden, sondern direkt mit offenen Karten zu spielen. Das war sie ihrer Tochter in dieser Situation schuldig. Sie nahm nun allen Mut zusammen, schob etwas nervös ihr Handy zur Seite, als ob es ihr im Weg gelegen hatte, legte dann die Hände ineinander, straffte ihren Rücken, wobei sie tief einatmete, und begann zu sprechen. „Hilda, was ich dir jetzt zu sagen habe, das ist lediglich eine wahrhaftige Tatsache, es ändert rein gar nichts an deinem bisherigen Leben, wie du es bis jetzt gekannt und gelebt hast, verstehst du? Es wird schwer zu verstehen sein, vor allem, weil du noch ein Kind bist und weil es in erster Linie dich betrifft, aber du darfst es nicht als absolute Veränderung deines bisherigen Lebens sehen, Hilda, alles bleibt ganz genauso, wie es immer war." Anni atmete erneut tief durch und sah in das vor Sorge bleiche Gesicht ihrer Tochter. Was tue ich dem Kind da nur an, fragte sich Anni besorgt, es fiel ihr unsagbar schwer, die richtigen Worte zu finden. „Ich habe den Gerald doch schon früher gekannt, Hilda, ich habe ihn sogar sehr gut gekannt und wir mochten uns sehr." Annis Herz schlug ihr bis zum Hals und sie schämte sich so sehr vor ihrer Tochter. Wie würde das Kind diese Wahrheit nur aufnehmen? Doch es gab einfach keinen Weg zurück, Hilda musste nun die ganze Wahrheit erfahren.

„Gerald ist dein leiblicher Vater, Hilda." Kurze Zeit herrschte gespenstische Stille im Raum. Hilda blickte verwirrt in die Augen ihrer Mutter, mit schmerzverzerrtem Gesichtsausdruck blickte Anni zurück in die ängstlichen Augen ihrer Tochter. „Gerald weiß es auch erst, seit wir uns durch den Malwettbewerb wiedergesehen haben. Es war all die Jahre mein Geheimnis, Hilda. Papa hat es heute Morgen auf schmerzliche Weise erfahren müssen, das war auch der Auslöser unseres Streits." Beschämt hielt Anni ihren Blick nun der Tischplatte zugewandt.

Eine ganze Weile des Schweigens verging, in der Hildas fragender Gesichtsausdruck Bände sprach, dann fand sie einige Worte.

„Papa ist gar nicht mein Papa?" Verwirrt krauste sie die Stirn. „Natürlich ist Papa dein Papa, Hilda, und das wird er auch für immer bleiben. Es gibt da eben nun auch Gerald und du wirst von beiden Papas von Herzen geliebt, Hilda." Nun fasste Anni nach der Hand ihrer Tochter und drückte diese wie zur Bestätigung. Plötzlich huschte ein Lächeln über Hildas Gesicht.

„Sina hat erst letztens behauptet, ich hätte sehr viel Ähnlichkeit mit Gerald, der könne direkt mein Vater sein. Wir haben uns beide sehr darüber amüsiert." Das Lächeln auf ihrem Gesicht verschwand wieder und sie sah gedankenverloren auf die Tischplatte. „Ich möchte aber nicht, dass Sina erfährt, dass es tatsächlich der Wahrheit entspricht!" Hildas Aussage ließ Anni einen Schauer über den Rücken fahren. „Natürlich wird es niemand erfahren, Hilda, es bleibt unser Geheimnis. Für den Rest der Welt ist und bleibt Papa dein Papa." Anni schob sich näher an ihre Tochter heran und sah ihr nun fest in die Augen. „Es bleibt ein Geheimnis unter uns Vieren, Gerald, Papa, dir und mir."

19.

Heinz saß auf dem Bett seines kleinen Patientenzimmers der Rehaklinik und fühlte sich so schlecht wie nie zuvor in seinem Leben. Er glaubte, nicht einmal damals, als sein älterer Bruder Wilfried sich erhängt hatte, hatte er sich so schlimm gefühlt wie jetzt in diesem Moment. Vielleicht lag es auch daran, dass seit dem schrecklichen Ereignis in seiner Familie nun schon drei Jahrzehnte vergangen waren und die Erinnerungen daran immer mehr verblassten. Auf jeden Fall schwirrten nun die Bilder von damals vor seinem inneren Auge, sein Bruder dort oben am Balken im Giebel hängend. Plötzlich kippte seine jahrelange Sympathie gegenüber Greta, die von seiner und Wilfrieds Mutter zu der Zeit als Schuldige am Selbstmord des Sohnes geächtet wurde. Er steigerte sich weiter in seine Grübeleien hinein. War es etwa ein Fluch, eine späte Rache aus dem Jenseits?

Seine unbändige Wut, die in ihm brodelte, kippte nun plötzlich wieder in schmerzliche Verzweiflung um. Seine kleine Hilda, sein Mädchen, sollte nicht sein Mädchen sein? Das konnte nicht wahr sein, das durfte niemals wahr sein. Er weinte bittere Tränen und die Verzweiflung übermannte ihn so sehr, dass er schließlich vom Weinkrampf gebeutelt auf seinem Bett zusammenbrach. Gott im Himmel, was passiert da mit mir, dachte er und fühlte sich einer Ohnmacht nahe. „Willst du mich prüfen oder willst du mich strafen?", rief er nun mit vom Weinkrampf verzerrter Stimme aus. Er kam von einem Weinkrampf in den nächsten und meinte, vor Schmerz und Verzweiflung nicht mehr leben zu können. Irgendwann war er dann vor Erschöpfung eingeschlafen und schreckte erst wieder auf, als es an seiner Zimmertür klopfte.

„Herr Ihben? Hallo, sind Sie da? Geht es Ihnen gut?", hörte er eine Frauenstimme von draußen vor seiner Zimmertür rufen. Er raffte sich auf, fuhr mit einer Hand über sein Gesicht. Dann hörte er erneut das Rufen vom Flur. „Es ist Besuch für

Sie da, Herr Ihben!" Wieder wurde geklopft. Nun rief Heinz zurück: „Entschuldigen Sie bitte, ich war eingeschlafen, mir geht es gut, wer ist denn der Besuch?" „Alles gut, Herr Ihben!" Die Frauenstimme klang erleichtert. „Ihre Frau und Ihre Tochter möchten zu Ihnen."

Heinz verkrampfte sich bei den Worten. „Ich mache mich ein wenig frisch und komme dann hinunter, richten Sie es bitte aus?" Heinz brauchte Zeit zum Nachdenken. „Sehr gerne, Herr Ihben, ich gebe es weiter." Heinz hörte kurz darauf die Schritte der Schwester, die sich von seiner Tür entfernte. Nun nahm er das Handy zur Hand und sah die neuen Nachrichten von seiner Frau. Sie sorgte sich sehr und bat immer und immer wieder um ein Gespräch. Er registrierte die Uhrzeit: bereits Mittag. Er hatte fast drei Stunden geschlafen, dachte er verwundert und bemerkte zugleich seinen hungrigen Magen. Er wollte nicht mit seiner Frau sprechen und Hilda gegenüber verspürte er eine Art Scham. Er wusste nicht wieso, aber er schämte sich, vor seine Hilda zu treten. Er war ja absolut unschuldig an der ganzen Situation und trotzdem fühlte er eine große Scham, vielleicht auch der ganzen Erniedrigung geschuldet, so hintergangen worden zu sein.

Er schrieb seiner Frau, erklärte ihr, Zeit zu benötigen und bat um die Abreise der beiden. Natürlich ließ Anni sich nicht so schnell abspeisen und bat ihn erneut darum, seine Meinung zu ändern und sich direkt auszusprechen, doch Heinz blieb hartnäckig. Er konnte einfach nicht vor seine Frau und seine Tochter treten, wobei diese ja nun nicht mehr seine Tochter war. Erneut stieg der Schmerz in ihm auf. „Es reicht, Anni, quäle mich nicht weiter, reist bitte ab", schrieb er ihr mit deutlichen Worten. Unten im Eingangsbereich der Rehaklinik las Anni die Forderung ihres Mannes und mit bleichem Gesicht begriff sie nun, dass sie aufgeben musste. Sie fasste ihrer Tochter an die Schulter und erklärte ihr resigniert die Forderung des Vaters. Hilda vernahm die Worte ihrer Mutter und spürte zugleich, wie ihr heiße Tränen in die Augen stiegen. Sie wollte etwas sagen, aber ihr Hals war wie zugeschnürt. Sie wollte zu ihrem Papa, sie wollte ihn in die Arme schließen, ihn trösten. Sie würde es nicht überstehen, nun einfach abzureisen, ohne ihn noch einmal zu sehen, zu sprechen, lieb zu nehmen.

Plötzlich, wie von einem Instinkt getrieben, wandte Hilda sich dem Eingangsbereich der Rehaklinik zu und lief los. Sie lief durch die große Halle in Richtung des Treppenaufganges. Sie kannte den Weg zum Zimmer des Vaters genau. Hinter sich hörte sie ihre Mutter ihren Namen rufen, doch sie ignorierte es, sie lief einfach weiter. Keine Menschenseele lief ihr über den Weg, die meisten Patienten verbrachten die Feiertage mit der Familie und das Klinikpersonal war nur im Notdienst. Hilda betrat das Treppenhaus und lief die Stufen hinauf bis zur Station, wo ihr Vater untergebracht war. Sie bemerkte, dass ihre Mutter ihr gefolgt war, und registrierte auch deren wiederholte Ausrufe, sie möge bitte zurückkommen, doch es interessierte sie nicht. Sie erreichte die Zimmertür ihres Vaters und klopfte heftig, wobei sie laut rief: „Papa, bitte, Papa, mach die Tür auf, Papa, ich habe dich doch lieb, Papa, und nur du bist mein Papa!" Sie weinte laut, sie schluchzte, ihre Stimme war vom Weinen verzerrt. „Bitte, bitte, Papa, mach die Tür auf!"

Heinz erschrak bis ins Mark, als er die hilflosen Rufe und das Klopfen seiner Tochter vernahm, ihm schossen die Tränen in die Augen, sein Beinstumpf schmerzte wie schon lange nicht mehr, als er sich erschrocken vom Bett aufraffte. Er lief auf die Tür zu, sein Herz drohte zu zerspringen, so sehr trafen die Rufe seiner Tochter seine Seele. Kurz zögerte er noch, dann schloss er die Tür auf. Sogleich flog sie auf und seine Hilda stürzte ihm in die Arme.

Anni war wenige Schritte vor der Zimmertür ihres Mannes stehen geblieben und sah nun, wie die Tür geöffnet wurde und Hilda in das Zimmer stürzte. Sie vernahm das Wehklagen der beiden, das Weinen, das Schluchzen, sie fühlte auch diesen Schmerz in der Seele, der ihr fast die Sinne raubte. Sie lehnte sich nach Halt suchend mit dem Rücken gegen die Wand und ließ sich dann weinend zu Boden gleiten. Sie wollte einfach nur noch dort auf dem Boden sitzen bleiben und weinen. Sie hielt die Hände vors Gesicht und weinte den ganzen Seelenschmerz und die Hilflosigkeit hinaus.

„Es tut mir alles so leid, Hilda!" Anni hörte vom Flur aus das Gespräch der beiden, die sich immer noch umarmend im Zimmer standen, vor der noch offenen Tür. „Gar nichts muss dir leidtun, Papa, du hast mich und ich habe dich, das alleine zählt doch." Anni vernahm das Schluchzen ihres Mannes nach Hildas Worten und wurde direkt von Schuldgefühlen übermannt. Diese Machtlosigkeit, nichts rückgängig machen zu können, zerfraß sie. Sie verachtete sich selbst. Anni vernahm nun, wie ihr Mann krampfhaft versuchte, die Stimme zu halten, während er sprach. „Du hast recht, mein Kind, ich bin so froh, dass es dich gibt, meine Hilda!" „Ich bleibe hier bei dir, Papa, ich fahre nicht nach Hause."

Hildas Worte klangen energisch. Der Vater seufzte. „Das Ganze ist ein Schock für mich, Hilda, das kannst du dir sicher vorstellen. Ich brauche Zeit zum Verarbeiten." Sprach der Vater und hatte seine Stimme wieder im Griff. „Aber doch nicht alleine und es ist Weihnachten, da sollte niemand alleine sein", sprach Hilda. Anni dachte sogleich an Gerald, der die letzten Weihnachtsfeste immer einsam und alleine verbracht hatte und nun wahrscheinlich auch noch mit Sorge daheim saß sich ausmalend, welch schlimme Szenen sich hier bei ihr und Hilda abspielten. Sofort schämte sie sich dann aber, nun in diesen für sie alle so schlimmen Momenten auch noch an Gerald denken zu müssen.

„Wenn du möchtest, kannst du ein paar Tage bleiben, Hilda, hier bei mir auf dem Zimmer. Von deiner Mutter brauche ich erst einmal Abstand, es tut mir leid, Hilda." Anni vernahm die Worte ihres Mannes und sie fuhren ihr wie ein Stich ins Herz. „Das möchte ich sehr gerne." Hildas Stimme klang erleichtert. „Ich frage Mama gleich." Anni war nun vom Boden aufgestanden und ging auf die Zimmertür zu. Kurz davor blieb sie stehen und sprach: „Ich habe alles mit angehört und ich denke, es ist die beste Lösung."

„Holt Hildas Sachen und dann kannst du fahren." Heinz' Worte, die an seine Frau gerichtet waren, klangen abgehackt und kalt. Hilda löste sich etwas von ihrem Vater und wandte sich zur Tür. „Ist es auch wirklich in Ordnung für dich, Mama, wenn ich ein paar Tage bei Papa bleibe?" „Ich habe euch schon genug angetan, Hilda, ich möchte nur, dass es euch gut geht." Annis Stimme klang erschöpft. „Das hast du allerdings!" Heinz konnte die schroffen Worte nicht unterdrücken. Anni erwiderte nichts.

Während Hilda und ihre Mutter sich auf den Weg zurück zur Ferienwohnung machten, um Hildas Tasche zu packen, bemühte sich Heinz um das Zustellbett, das er zu Beginn seiner Reha ein paar Mal beim Besuch seiner Frau genutzt hatte. Er fühlte nun ein wenig Trost in der gebrochenen Seele, ihm war klar, wären Hilda und seine Frau gemeinsam abgereist, hätte ihn die Verzweiflung wahrscheinlich in den Wahnsinn getrieben. Nun da Hilda ein paar Tage bei ihm blieb, würde er sich nicht ganz und gar verraten und verlassen fühlen. Hilda liebte ihn über alles und er würde sich seine Hilda nicht nehmen lassen, nie im Leben, und schon gar nicht von diesem hinterhältigen Gerald.

Mutter und Tochter standen noch eine Weile vor dem Eingang der Klinik, um sich zu verabschieden, bevor Anni sich alleine auf den Heimweg machen würde.

„Hilda, du bist ein starkes Mädchen, weißt du das?" Anni stand dicht vor ihrer Tochter und fasste ihr an die Schultern. „Du weißt genau, was diese Tatsache, die nun ans Licht gekommen ist, mit uns dreien macht, und ganz besonders mit deinem Vater. Ich sage bewusst Vater, weil er dein Vater ist und es immer bleiben wird!" „Ich will auch keinen anderen Vater, niemals, Gerald ist mein Freund, mehr nicht", antwortete Hilda trotzig.

„So ist es gut, Hilda, kümmere dich um Papa, zeige ihm, dass du, dass wir ihn brauchen, ja?" Anni setzte alle Hoffnung in ihre Tochter und schloss sie noch einmal fest in die Arme, bevor sie mit schwerem Herzen fuhr. Nach einer kurzen Strecke, die sie bereits gefahren war, fuhr Anni rechts ran. Sie konnte sich nicht auf das Fahren konzentrieren, sie bekam die Bilder nicht aus ihrem Kopf. Ihre Tochter, die den Eingang der Klinik betrat, sich noch einmal umsah und der Mutter zuwinkte, ihren Seelenschmerz, den sie dabei gefühlt hatte. Was hatte sie ihrer kleinen

Familie da nur angetan? All die Jahre hatte dieses Geheimnis sie gebeutelt, so oft war die Angst in ihr aufgestiegen, es würde eines Tages ans Licht kommen, und dann die Horrorszenarien, die sie sich ausgemalt hatte, wie es sein würde. Und nun war es alles ganz genau so eingetreten und sogar schlimmer noch, als sie es sich hatte vorstellen können. Sie saß in ihrem Auto, das sie am Straßenrand geparkt hatte, und weinte bittere Tränen.

Anni dachte nun an die vergangenen Jahre zurück, es waren zumeist unglückliche Jahre gewesen, das musste sie sich eingestehen. Nichts als Arbeit mit dem Hof hatten sie gehabt, zum Leben blieb kaum Zeit und doch wünschte sie sich nun diese Zeit zurück, denn es war eine vertraute Zeit gewesen. Sie hatten sich drei und konnten sich aufeinander verlassen. Es schmerzte Anni zutiefst, diese Vertrautheit nun zerstört zu haben. Plötzlich hatte sie eine Riesenangst vor der Zukunft. Wie würde es nun weitergehen, hatten sie als Familie noch eine Chance, und falls Heinz ihnen noch eine Chance gab, würde es je werden, wie es immer war, fragte sie sich und bezweifelte sogleich, dass es diese gewohnte Vertrautheit zwischen ihr und ihrem Mann jemals wieder geben konnte, zumal ihr Mann sich generell schwer damit tat zu vertrauen. Nein, es konnte niemals mehr werden, wie es einmal war, das wurde Anni mit Gewissheit bewusst. Sie überlegte, was sie nun tun sollte. Würde sie alleine, ohne Hilda, bei Hans auf dem Hof erscheinen, würde dies unangenehme Fragen aufwerfen. Das wollte sie unbedingt vermeiden. Kurz entschlossen nahm sie das Handy zur Hand und wählte Geralds Nummer.

Bereits nach einem Freizeichen vernahm sie Geralds besorgte Stimme.

„Anni, endlich, wie geht es euch?" Anni nahm sich eine Scheibe vom übriggebliebenen Apfelrosinenstuten, den sie in der Kühltasche, die auf dem Beifahrersitz stand, verstaut hatte, da sich ihr Magen nun deutlich meldete. Sie antwortete, bevor sie hineinbeißen wollte. „Hallo, Gerald, schön, deine Stimme zu hören. Ich bin allein, ohne Hilda auf dem Weg nach Hause. Sie wird ein paar Tage bei Heinz bleiben." Nun biss sie hungrig in den Stuten und lauschte Geralds Stimme. Gerald pustete in den Hörer. „Ich tigere hier von einer Ecke in die andere, male mir sonst was aus, was bei euch abgeht!" Erneut pustete er in den Hörer. „Wollte Heinz, dass Hilda bei ihm bleibt?" „Ich muss mal kurz zu Ende kauen Gerald, außer einer Tasse Kaffee heute Morgen habe ich bisher nichts weiter zu mir genommen, ich habe einen Bärenhunger." Gerald wartete geduldig und erfuhr dann die ganze Geschichte, die sich seit dem Morgen abgespielt hatte.

„Was hast du jetzt vor", fragte Gerald besorgt. „Ich möchte nicht nach Hause fahren und somit dem Hans erklären müssen, was passiert ist. Kann ich zu dir fahren?" Anni wusste instinktiv, diese Frage war überflüssig. Gerald sehnte sich danach, sie bei sich zu haben, das schrieb er ihr schließlich jeden Tag. „Mir wäre nichts lieber, als dich bei mir zu haben, Anni, das weißt du, Hilda am liebsten gleich dazu!" Seine Worte klangen flehend. „Gerald, ich bin ganz froh über diese Lösung. Hilda wird Heinz vom Grübeln ablenken. Ich wäre umgekommen vor Sorge, hätten wir ihn allein hier zurückgelassen", antwortete Anni erschöpft. „Dein Mann nimmt aber in Kauf, dich ganz allein zurückfahren zu lassen und noch dazu mit dem Kopf voller Sorgen!" Gerald befand dies als unverantwortlich. „Na ja, ich bin ja auch schuld an dem ganzen Elend." Anni seufzte. Es geschah ihr schon alles recht, so dachte sie, und außerdem war sie es seit Jahren nicht anders gewohnt, als jegliche Schuld auf sich zu nehmen, des lieben Friedens willen. Ihr Mann war zumeist launisch gewesen, nicht zuletzt wegen der Arbeitsfalle, in der er sich befand. Ließ er dies dann, wie es in der Regel immer so gewesen war, an seiner Frau ab und sprach sie ihn dann darauf an, hieß es immer, sie hätte ja im Vorfeld dieses und jenes gesagt oder getan. Anni hatte es sich dann mit den Jahren angewöhnt, ihm direkt rechtzugeben und sich zu entschuldigen. Dann hatte sie ihre Ruhe gehabt und konnte ihre Nerven schonen. In Ordnung war das natürlich alles nie gewesen, hatte sie oft genug gedacht, aber ewige Streitereien hielt kein Mensch auf die Dauer aus. Leider hatte sie dann aber viel zu oft ihre Frustration wieder an ihrer Tochter abgelassen. Diese Tatsache schmerzte in letzter Zeit mehr und mehr.

„Wenn wir bei Schuldzuweisungen anfangen, Anni, dann hat doch alles irgendwo seinen Ursprung. Jede Handlung hat doch einen Auslöser, oder etwa nicht?" Geralds Bekenntnis bewirkte einen kleinen Trost in Anni und sie dachte liebevoll, was für einen intelligenten, einfühlsamen Freund sie da doch hatte.

„Ich fahre dir entgegen Anni, dein Auto kannst du die Tage am Rastplatz stehenlassen. Ich fahre dich dann, wenn du Hilda holst, wieder zur Raststätte." Anni war etwas gerührt von Geralds Vorschlag, befand es aber für sinnvoller, alleine durchzufahren, zumal sie ab morgen wieder auf dem Hof sein musste. Beim Gedanken an den Hof wurde ihr direkt wieder flau im Magen. Ganz alleine würde sie im Haus und bei der Arbeit sein. Natürlich war der gute Hans da, aber ihr grauste nun schon vor diesem Gefühl, dort alleine zu sein, wo sie bislang immer zu dritt oder zumindest zu zweit waren, seit ihr Mann in der Reha war.

Anni hatte sich nun nach Geralds liebevollen Worten, sie möge vorsichtig fahren und sich bitte sofort melden, falls etwas sein sollte, auf den Heimweg gemacht. Tatsächlich musste sie sich immer wieder während der Fahrt zur Konzentration aufrufen. In Grübeleien versunken bemerkte sie immer wieder ihre Abgelenktheit, aber ihre Gedanken versanken immer wieder in das Geschehene vom Morgen, sie konnte es nicht steuern. Sie war froh, als sie endlich ihre Autobahnausfahrt sah, und freute sich nun schon auf ihren Freund, der sie ganz sicher trösten würde. Auf Gerald konnte sie sich voll und ganz verlassen, ihm vertraute sie, und er würde wieder die richtigen Worte finden, um sie aufzubauen und ihr Kraft zu geben.

Sorgenvoll hatte Gerald auf sein Handy gestarrt, nachdem er das Gespräch mit Anni beendet hatte. Am liebsten wäre er ihr direkt entgegengefahren, aber er wollte ihr Argument akzeptieren. Er überlegte, was er tun konnte, um Anni in ihrer Sorge abzulenken und es ihr bei ihm so angenehm wie möglich zu machen. Auf jeden Fall wollte er ein gutes Essen für sie zubereiten. Er dachte an den frischen Lachs, den er noch im Kühlschrank hatte. Dazu würde er Rosmarinkartoffeln zubereiten. Er lief zur Speisekammer, um die Kartoffeln zu holen, die er schon einmal vorkochen würde. Er gab die kleinen Kartoffeln in einen Kochtopf und gab Wasser darauf, um den befüllten Topf anschließend zum Garen auf das Ceranfeld zu setzen. Während er so werkelte, dachte er über die ganze Situation nach. Wie würde es nun weitergehen, fragte er sich. Er musste sich eingestehen, dass er sicherlich nicht bedauerte, dass Heinz seinem Telefonat mit Anni gelauscht und somit die Wahrheit erfahren hatte, zwar auf denkbar unglückliche Weise, aber nun wusste er es und Anni war somit letztlich eine Riesenlast von den Schultern genommen. Er selber hatte sich, seit er von seiner Vaterschaft wusste, nichts sehnlicher gewünscht, als dass er sich in aller Öffentlichkeit dazu bekennen durfte. Er liebte Hilda und auch Anni liebte er über alles und sein größter Wunsch war es, sie beide für sich zu gewinnen. Natürlich tat Annis Ehemann ihm leid und er mochte sich gar nicht vorstellen, wie es derzeit in diesem Mann aussehen mochte, wie es in dessen Seele arbeitete. Auf der anderen Seite hatte Heinz in Geralds Augen mindestens als Ehemann versagt. Sein Verhältnis zu Hilda konnte er nicht genügend einschätzen, um sich ein Urteil zu bilden.

Das Kartoffelwasser begann zu bullern und er reduzierte die Hitze des Ceranfeldes und setzte den Deckel des Topfes schräg auf den Topf, damit während des Garvorgangs der heiße Dampf entweichen konnte. Gerald sah auf die Uhr an der Küchenwand. Bereits halb zwei, gegen vier Uhr konnte Anni bei ihm sein. Gegen halb vier würde er den Fisch zubereiten und die fertig gegarten Kartoffeln mit Rosmarin in der Pfanne anbraten. Er wollte das Gericht heiß vom Herd auf den Tisch bringen, Anni sollte sich versorgt und geborgen fühlen.

Je weiter die Zeit voranschritt, desto größer wurde Geralds Vorfreude auf Anni. Voller Eifer werkelte er herum und bereitete vor. Er ging ins Gästezimmer, um nachzusehen, ob alles ordentlich und sauber war. Natürlich wäre er der glücklichste Mensch der Welt, falls sich Anni entscheiden würde, mit ihm zusammen in seinem Schlafzimmer zu übernachten, doch er kannte

Anni gut genug, um zu vermuten, dass das schlechte Gewissen in ihr ihm einen Strich durch die Rechnung machen würde. Daher sollte ihr das Gästezimmer eine angenehme Bleibe bieten. Gerald entschloss sich aber dazu, in seinem Weinvorrat nach dem Rotwein zu suchen, den sie vor nunmehr fast elf Jahren an dem unvergessenen gemeinsamen Abend getrunken hatten. Etwas Alkohol ließ jegliche Bedenken und Zweifel nicht mehr so mächtig wirken, dachte er, und außerdem linderte es kurzweilig die Sorgen. Er wollte sie auf gar keinen Fall zu etwas zwingen, so einer war er absolut nicht, aber er fühlte tief drinnen in seinem Herzen, dass auch Anni ihm nahe sein wollte.

Mit all seinem Werkeln und Herrichten hatte er die Zeit ganz aus dem Blick verloren und sah nun verwundert auf, als es an der Tür läutete. Viertel vor vier, sagte ihm sein Blick zur Uhr. Geschwind wendete er den Lachs in der Pfanne, setzte einen Deckel zum Schutz vor Fettspritzern darauf und lief zur Tür. Schon während er sich der Eingangstür näherte, erkannte er draußen davor Annis Umrisse. Ganz automatisch begann sich sein Puls zu erhöhen. Er öffnete die Haustür, sah in das blasse Gesicht seiner Anni, und ohne auch nur ein Wort zu sagen, trat er auf sie zu und schloss sie ganz fest in die Arme. Diese für Anni emotionale Geste brachte sie sofort zum Weinen. Sie drückte sich noch fester an Gerald und weinte ihre Sorgen und Ängste hinaus. Die Schuldgefühle, die sich seit dem Morgen tief in ihre Seele gebrannt hatten, übermannten sie nun, und sie weinte alles hinaus. Es war die richtige Entscheidung gewesen, zu Gerald zu fahren. Sie brauchte jetzt ihren Freund.

„Lass uns ins Haus gehen." Gerald küsste Annis Haar, fuhr mit dem Daumen über Annis nasse Wange und sah ihr dabei sehnsüchtig in die Augen. Anni stimmte mit leichter Kopfbewegung zu und Gerald hielt sie weiterhin mit einem Arm umschlungen, während sie das Haus betraten. „Es riecht verführerisch gut nach Essen, Gerald, hast du gekocht für uns?" Bei dem Duft nach gutem Essen lief Anni das Wasser im Mund zusammen und nun bemerkte sie auch wieder diesen Bärenhunger. „Natürlich, du brauchst doch etwas in den Magen, du klappst mir sonst noch zusammen." Gerald strich Anni erneut mit der Hand über die Wange und löste sich nun erst von ihr. „Aber damit mir nichts anbrennt, husch ich schon mal in die Küche und schau nach den Pfannen." Anni legte ihre Garderobe ab, während Gerald schon in der Küche verschwunden war. Dann folgte sie ihm. Sie lugte über seine Schulter in die Pfanne. „Lachs und Rosmarinkartoffeln, du bist mein Held." Mit noch verweinten Augen lächelte sie ihm zu. „Das will ich doch hoffen!" Gerald grinste. „Du setzt dich schon mal an den Küchentisch, ich kümmere mich um alles." Gerald zog bestimmend die Augenbrauen hoch, während er sprach.

„Ach, Gerald, das habe ich doch alles gar nicht verdient." Annis Blick wurde wieder traurig. „Du redest Unsinn, Anni, in meinen Augen verdienst du nur das Beste. Ich würde dir die Welt zu Füßen legen und das weißt du." Gerald zog sie an sich und sah ihr tief in die Augen. Vorsichtig näherte er sich ihrem Mund. Annis Augen flackerten, während sie wie versteinert seinen Handlungen folgte. Innerlich hin- und hergerissen, schlug ihr das Herz nun bis zum Hals. Erst kurz bevor Gerald sein Ziel erreicht hatte, legte sie ihren Kopf ein wenig zur Seite und legte ihre Wange an die Seine. Zugleich hielt sie mit beiden Händen zärtlich seinen Kopf, während sie ihm ins Ohr flüsterte: „Gerald, es geht nicht, ich kann das nicht tun." „Ich weiß", sagte er traurig. „Es ist diese unbändige Sehnsucht in mir nach dir, es fällt mir unsagbar schwer, sie zu zügeln." Anni war wieder einmal gerührt von Geralds direkten Worten und sie seufzte schwer.

20.

Nachdem die Mutter abgefahren war, hatten sich Hilda und ihr Vater zum Speisesaal der Rehaklinik begeben. Nach einem kurzen Gespräch mit der diensthabenden Köchin und der Bitte um die Genehmigung eines spontanen weiteren Essensgasts saßen Vater und Tochter zusammen mit nur wenigen weiteren Patienten im Speisesaal und aßen zu Mittag. Die meisten Patienten hatten sich zum heutigen Speiseplan nicht eingetragen, um den gesamten Tag mit der Familie zu verbringen. Trotz Bemühungen beider, eine einigermaßen angenehme Stimmung herzustellen, verlief das Mittagessen relativ wortkarg. Es war eine beklemmende Situation, so ohne Mutter am Mittagstisch zu sitzen und mit dem Gedanken an den Grund im Hinterkopf fühlte Hilda sich traurig, bemühte sich aber darum, es dem Vater nicht zu zeigen. Hilda hatte wählen können zwischen Rinderbraten mit dunkler Soße, Salzkartoffeln und Wurzelgemüse oder einem vegetarischen Nudelauflauf. Sie hatte sich für Letzteres entschieden, da sie kein großer Fleischesser war, und sie befand es direkt als gute Wahl, denn der Auflauf schmeckte ihr sehr gut.

Sie beobachtete ihren Vater, der den Rinderbraten gewählt hatte, aber bisher nicht viel davon gegessen hatte. Vielmehr stocherte er lustlos darin herum und auch sonst machte er einen eher trotzigen, teilnahmslosen Eindruck. Hilda fühlte sich bedrückt, so sehr sogar, dass sie nun plötzlich auch keinen Appetit mehr verspürte. Sie schob ihren vollen Teller demonstrativ ein Stückchen von sich und nahm das Handy zur Hand. Sie bemerkte, dass ihr Vater kurz zu ihr aufsah und ihre Handlungen registrierte, sich dann aber wieder seinem Teller zuwandte, um weiter in seinem Essen herumzustochern.

Hilda sah sich die neuen Bilder von Sinas Beagle-Welpen an. Traurig dachte sie, wie schön es wäre, nun bei ihrer besten Freundin zu sein und den kleinen Hund zu knuddeln. Stattdessen saß sie hier so weit weg von ihrer Freundin im großen Speisesaal der Rehaklinik und sie fühlte sich verloren und allein, denn es herrschte so etwas wie Trauerstimmung und ihr Vater sprach kaum ein Wort.

„Schreibst mit deiner Mutter?" Hilda erschrak, denn die Stimme ihres Vaters klang laut und verachtend. Nun lachte er hart auf. „Hat wohl so sein sollen, dass ich Trottel es so erfahre, passenderes Geschenk als das Handy hätte ich deiner Mutter nicht machen können!" Er lachte erneut hart und ätzend. „Pah", gab er von sich und verzog verächtlich den Mund, während er seinen Teller von sich schob. „Kannst nicht fressen, den Scheiß!"

„Papa, bitte!" Besorgt sah Hilda rüber zum Vater. „Wollen wir heute Nachmittag noch in den Zoo?", versuchte sie ihn abzulenken.

„Interessieren dich die Tiere dort? Und überhaupt, interessiert dich die Landwirtschaft, Hilda?" Seine Lippen bebten, nun gingen seine Nerven mit ihm durch. „Oder hat dein richtiger Vater andere Pläne mit dir?" Wütend sah er in das ängstliche Gesicht seiner Tochter.

Hilda erschrak nun zutiefst, eine Sekunde lang sah sie ihn mit geöffnetem Mund an, dann erhob sie sich vom Stuhl und lief hastig durch den Saal Richtung Ausgang.

Heinz sah ihr nach und wollte schon ihren Namen rufen, da er im selben Augenblick erkannt hatte, was er da eigentlich angerichtet hatte, doch da schon einige im Saal zu ihm rüber blickten, wollte er die Situation nicht noch weiter dramatisieren und ließ es bleiben. Er war nun teils wütend auf sich selbst, dass er sich dermaßen hatte im Ton vergreifen können. Das Kind konnte genauso wenig für dieses Elend wie er selbst. Dann ging seine Wut auf seine Frau über, der er dieses Schicksal zu verdanken hatte, und auch Hilda war das Opfer der Hinterhältigkeit ihrer eigenen Mutter.

Von der Sorge um Hilda getrieben erhob er sich nun von seinem Stuhl und verließ den Speisesaal, um nach ihr zu sehen. Er fand Hilda in der großen Eingangshalle in einer Sitzecke sitzend und lief auf sie zu. Hilda bemerkte die Annäherung ihres Vaters, sah aber weiter aus der großen Glasfront hinaus auf den Parkplatz vor der Klinik. „Es tut mir leid, Hilda!" Der Vater setzte sich zu ihr auf das Sofa, Hilda wandte ihren Blick zum Boden, während sie antwortete. „Ich dachte, du würdest dich freuen, dass ich hier bei dir bin!" Ihre traurigen Augen waren weiterhin zum Boden gerichtet. „Natürlich freue ich mich sehr, meine liebe Hilda, es war unglaublich dumm von mir, so mit dir zu reden, bitte verzeih mir! Meine Nerven sind plötzlich mit mir durchgegangen und du hast es abbekommen. Ich verspreche dir, es kommt nicht wieder vor." Er legte ihr die Hand auf die Schulter. „Was meinst du, Hilda, machen wir uns fertig und fahren mit dem Linienbus in den Zoo?" „Ja, das machen wir!" Hilda gab sich fürs Erste versöhnt, doch ihr Vater hatte sie tief verletzt. Sie konnte ihm nicht mehr trauen.

Während Hilda den Nachmittag mit ihrem Vater im Duisburger Zoo verbrachte, saß Anni mit Gerald am Esstisch und freute sich über das köstliche Mahl, das dieser wunderbare Mensch extra für sie hergerichtet hatte. Sie genoss es und fühlte sich sehr geborgen und umsorgt von Gerald und trotzdem wurde sie von dem schlechten Gewissen in ihr fast erdrückt. Sie konnte sich kaum auf die Gegenwart konzentrieren, die ganze Situation bestimmte ihre Gefühlswelt und ihre Gedanken. Auch sorgte sie sich, da nun schon über einen längeren Zeitraum keine Nachricht mehr von ihrer Tochter gekommen war. Gerald versuchte, sie zu beruhigen, und wies Anni darauf hin, dass ihr Ehemann und Hilda wahrscheinlich auch viel reden würden und sich miteinander beschäftigten. Da würde es deshalb wahrscheinlich kaum Gelegenheit geben, nach dem Handy zu schauen. Anni gab Gerald vorerst recht und versuchte, sich zu beruhigen. Es brachte nun einmal gar nichts, ununterbrochen zu grübeln und sich zu sorgen. Das war ihr klar und doch konnte sie ihre Gedanken nicht steuern. Zu sehr nahm das schlechte Gewissen überhand. Auch der Lachs, den Gerald hervorragend zubereitet hatte, wollte ihr nicht so schmecken, wie es normalerweise der Fall gewesen wäre. Dieses Angstgefühl im Bauch nahm ihr den Appetit. Sie schob den Teller zur Seite, obwohl sie nur ein bisschen von dem Fisch probiert hatte. „Es schmeckt ausgezeichnet, Gerald", sagte sie daraufhin zu ihm, „aber ich bekomme einfach nichts hinunter. Es ist, als stecke ein Kloß in meinem Hals."

„Es war einfach zu viel heute. Es ist ja kein Wunder, dass es dir nicht gut geht, meine Liebe!" Gerald fasste nach Annis Hand. „Ich denke, ich habe das Richtige für uns beide." Er strich ihr sanft über die Wange und erhob sich dann von seinem Stuhl und lief Richtung Vorratsraum, in dem er kurzzeitig verschwand. Als er wieder herauskam, hielt er eine Flasche Rotwein in der Hand und lächelte Anni zu. „Das sorgt für Entspannung." Anni lächelte zurück und befand es für eine gute Idee, denn ihre Gedanken rasten, die Sorgen und das Schuldgefühl hatten sie fest im Griff. In diesem Zustand würde sie nicht zur Ruhe kommen.

Annis Handy gab ein Nachrichtensignal und als Anni darauf sah, bemerkte sie erleichtert, dass die Nachricht von Hilda war, sofort öffnete sie sie in WhatsApp und las: „Wie geht es dir, Mama, und was machst du gerade? Ich bin mit Papa im Zoo, aber es ist nicht so schön hier, zumal ich auch sehr traurig bin, weil Papa schlecht drauf ist und kaum spricht. Er holt gerade etwas zu trinken, deshalb schreibe ich dir schnell, weil jedes Mal, wenn ich nach dem Handy schaue, fragt er mich, ob ich dir schreib' oder ob du mir schreibst, und das in einem gemeinen Ton. So war er niemals zu mir. Es kommt mir so vor, als wäre er sauer auf mich." Ein trauriges Gesicht beendete die Nachricht.

„Ich hätte nicht fahren sollen und Hilda nicht mit ihm alleine lassen dürfen!" Annis Worte ließen Gerald besorgt aufhorchen. „Hast du Nachricht von Hilda?", fragte er. Gerald nahm beide mit Rotwein gefüllten Gläser mit rüber zu Anni an den Tisch und setzte sich zu ihr. „Sie hat soeben geschrieben, hier, lies mal!" Anni hielt ihm das Handy hin. „Wir sollten sie zu uns holen Anni. Hilda ist ein sehr sensibles Kind und dein Mann ist momentan in einer schlechten Verfassung", sagte er und klang äußerst besorgt.

Anni fühlte Panik in sich aufsteigen. „Was hab' ich da nur angerichtet? Es ist alles meine Schuld!" Die Verzweiflung schien sie zu erdrücken. „Wenn schon, unsere Schuld, und es ist nun einmal, wie es ist!" Gerald versuchte, Anni zu beruhigen. „Es braucht viel Zeit, das alles zu verarbeiten, vor allem für deinen Mann. Wir müssen in erster Linie darauf achtgeben, dass Hilda nicht zum Spielball wird." „Was sollen wir nur tun?" Verzweifelt legte Anni ihr Gesicht in beide Hände. Mit den Ellenbogen auf dem Tisch abgestützt verharrte sie so eine Weile. Gerald rückte näher zu ihr heran und strich sanft mit dem Handrücken über Annis Handrücken, fuhr herunter bis zur Armbeuge und umfasste ihren Unterarm.

„Mach dich nicht selber kaputt, Anni. Es braucht eben nun Zeit und ich stehe voll und ganz hinter dir. Du kannst dich zu hundert Prozent auf mich verlassen, das weißt du." Geralds Worte waren Balsam für Annis Seele und doch wusste sie nicht, wie es weitergehen sollte, was sie tun sollte. „Ich schreibe Hilda, wenn sie nach Hause möchte, werde ich sie jetzt gleich noch holen", sagte sie nun und nahm das Handy zur Hand. „Ich werde dich fahren." Gerald suchte Annis Blick und erkannte Dankbarkeit darin.

„Meine liebe Hilda, ich bin gut zuhause angekommen." Anni wollte die Tatsache, dass sie zu Gerald gefahren war, lieber verschweigen. Es war schon alles kompliziert genug und Geralds Person wollte sie daher vorerst außen vor lassen.

„Doch ich denke, es war die falsche Entscheidung, dich allein mit deinem Vater zurückzulassen, ich mache mir große Sorgen um dich und setze mich sofort ins Auto und fahre zurück um dich nach Hause zu holen." Die Häkchen hinter der Nachricht färbten sich direkt blau, was hieß, dass Hilda die Nachricht in diesem Moment sah. „Nein, ich bleibe auf jeden Fall bei Papa", las Anni nun die Antwort.

„Er entschuldigt sich ja und nimmt mich lieb, wenn ich ihn drauf anspreche, er ist nur so traurig und wütend zugleich, aber ich merke doch, wie froh er ist, dass ich bei ihm bin." Hildas Nachricht tröstete Anni etwas, aber zugleich stieg wieder dieses elende Schuldgefühl in ihr auf. Sie lebte nun schon so viele Jahre mit ihrem Mann zusammen und sie wusste ganz genau, was diese hauptsächlich für ihn schreckliche Gewissheit mit ihm machte. Es konnte ihn, diesen Menschen, der nie richtig gelernt hatte zu vertrauen, komplett zerstören.

Gerald hatte Hildas Antwort auch gelesen und befand Hilda im Recht. „Dein Mann liebt Hilda, er würde sie nicht absichtlich verletzen, denke ich." „Ich kann es mir von Heinz auch nicht vorstellen, auch wenn es eine Extremsituation ist", antwortete Anni und nahm einen Schluck vom Rotwein. Sie lehnte sich zurück in ihrem Stuhl. „Ich habe keine Kraft mehr, Gerald, ich dreh noch durch mit dieser ganzen Situation!" Gerald antwortete nichts. Er legte den Arm um Annis Schultern und zog sie an sich. Sanft streichelte er ihr Haar und Anni fühlte sich wie ein Kind, das getröstet werden wollte. Es tat so gut, von ihrem Freund umsorgt zu werden. Sie genoss jede Berührung und seinen Atem in ihrem Haar. Eine Weile saßen sie so da und Anni hatte das Gefühl, bis in alle Ewigkeit so dasitzen zu können.

Sie spürte, dass auch Gerald es genoss und wie seine Hand sich mehr und mehr vom Haar in Richtung Ohr und Hals schob. Er war nun ganz nah bei ihr, legte seine Finger an ihr Kinn und hob ihren Kopf ein wenig, sodass sie ihm unwillkürlich in die Augen sehen musste. Sehnsüchtig flackerte sein Blick in ihrem Gesicht hin und her und langsam näherte sich sein Mund dem ihren. Annis Herz schlug laut und sie musste ihn stoppen, diesen sehnsüchtigen, von beiden im Grunde so sehr gewollten Moment beenden. Doch dieses Mal war Anni zu schwach, mochte es an dem Rotwein liegen oder einfach an dieser großen Sehnsucht, die das Schuldgefühl zu betäuben vermochte. Es geschah und sie ließ es geschehen. Geralds Kuss war süß und zärtlich und Anni war direkt zurückversetzt. Dieselben süßen Gefühle, die ihr schon vor so vielen Jahren die Sinne geraubt hatten, durchfluteten mit voller Wucht ihren gesamten Körper, sodass sie zu zittern begann. Gerald küsste sie nun leidenschaftlich und immer energischer und fordernder. Sein Mund wanderte an ihrem Kinn zum Hals hinunter und es brachte Anni zum Stöhnen. Sie wand sich leicht wohlig und fühlte sich in diesem Moment so jung wie ewig nicht.

„Ich will dich, Anni!" Geralds Mund war dicht an Annis Ohr und seine sehnsüchtige Forderung durchflutete Annis Körper wie ein Feuerwerk. „Ich will dich ganz und gar und hier und jetzt, nichts auf dieser Welt will ich so sehr wie dich." Während er sich nun vom Stuhl erhob, umfasste er gleichzeitig Annis Kniebeugen. Federleicht hob er sie vom Stuhl. Anni war wie betäubt und ließ alles geschehen. Er trug sie in sein Schlafzimmer und Anni war klar, es gab kein Zurück, sie würde alles geschehen lassen.

21.

Der Ausflug in den Zoo war mehr oder weniger ein Zeit-Herumbringen gewesen und Hilda war nun froh, dass der schreckliche Tag sich dem Ende neigte und sie sich schlafen legen konnte. Hildas Vater hatte sich auch auf sein Bett gelegt, sah aber noch Fernsehen. Der leise gestellte Ton und das Flimmern des Bildschirms beruhigten Hilda und ließ sie bald weg dösen. Hilda vernahm schlurfende Schritte. Was war das? Befand sich jemand im Raum? War es ihr Vater, der im Raum herumlief? Das Schlurfen näherte sich ihrem Bett. Hildas Herz schlug vor Panik immer schneller. Das Schlurfen stoppte und Hilda war bewusst, dass sich jemand direkt an ihrem Bett befinden musste. Sie hatte die Bettdecke bis über die Ohren gezogen und wagte nicht, sich zu bewegen. Sie versuchte, langsamer zu atmen, um besser lauschen zu können, was hier vor sich ging, doch das Herzrasen ließ sie beinahe außer Atem geraten. Plötzlich klatschte jemand auf Hildas Bettdecke. Hilda erschrak fast zu Tode. Nun vernahm sie die laute Stimme ihres Vaters, der schrie: „Du bist nicht mein Kind, verschwinde, du hast hier nichts verloren. Du bist nicht mein Kind, du bist nicht mein Kind!" Immer und immer wieder rief der Vater die gleichen Worte und rüttelte an ihrem Bett. Hilda schrie um Hilfe, sie weinte laut, sie hielt sich die Ohren zu und kniff die Augen ganz fest zusammen. Nun rüttelte der Vater an ihrem Körper und das Geschrei ebbte langsam ab in sanftere Töne. Hilda ging nun wie durch eine Nebelwand und ganz dumpf in der Ferne klang nun die Stimme des Vaters, jedoch war die Aggressivität verschwunden. Die Stimme klang eher besorgt und sie hörte nun deutlich über ihr, wie er mit besorgter Stimme auf Hilda einredete: „Hilda, wach auf, du hast einen schlechten Traum, Hilda, alles ist gut, mein Mädchen, Papa ist bei dir, wach auf!" Hilda bemerkte, wie ihr Pyjama am Körper klebte. Sie war schweißgebadet. Als sie die Decke vom Kopf zog, war es hell im Raum. Ihr Vater hatte die Nachttischlampe eingeschaltet und stand an ihrem Bett, halb über sie gebeugt. Nun sah sie noch total verwirrt in sein besorgtes Gesicht. Erschöpft atmete sie tief durch. „Du hast immer wieder um Hilfe gerufen und geweint im Schlaf, Hilda, was hast du da Schlimmes geträumt?" Besorgt strich der Vater über Hildas Wange. Hilda konnte sich genau erinnern, was gerade in ihrem Traum geschehen war, und sie war heilfroh darüber, dass es nur ein Traum gewesen war, aber sie wollte ihrem Vater auf gar keinen Fall davon berichten. Es war ihr peinlich und ihrem Vater wäre es ganz sicher unangenehm, das wollte sie ihm nicht antun. „Ich kann mich gar nicht mehr erinnern", sagte sie und schälte sich weiter aus der schweißfeuchten Decke, „auf jeden Fall war es nicht schön." Sie lachte ein wenig verlegen. „Das hat man ganz deutlich gemerkt, dass es kein schöner Traum war." Der Vater setzte ein tröstendes Lächeln auf. „Ich verschwinde mal ins Bad, ich muss mich umziehen, ich bin klitschnass." Sie krabbelte unter der Decke hervor und verschwand im Bad.

Eine Weile stand Hilda nur so da vor dem Spiegel und es schauderte sie immer noch von dem so real wirkenden Traum, den sie soeben durchlebt hatte. Der Rücken und die Schultern schmerzten sie wie bei einem Sonnenbrand. Sie kannte diesen Schmerz genau, der sie immer befiel, wenn ihre Seele belastet wurde. Sie fühlte sich dann kurzweilig regelrecht fieberkrank. Der Schmerz verschwand nach kurzer Zeit, doch die Unruhe blieb. Plötzlich überkam Hilda wieder eine dieser Panikattacken. Sie erschrak, während sie sich im Spiegelbild selbst in die Augen sah, und wandte sich blitzartig ab. Schlagartig begann ihr Herz zu rasen, ihr wurde schwindelig, die Angst stieg ins Unermessliche, als sie nun die Wand auf sich zukommen sah. Schwankend hielt sie sich am Waschbecken fest. Was passierte hier nun wieder mit ihr? Sie fühlte sich einer Ohnmacht nahe, aus Angst, hier und jetzt die Besinnung zu verlieren, sprang sie auf und rang nach Luft. Sie riss die Badezimmertür auf und lief hastig raus in den Raum. Ihr Vater sah erschrocken zu ihr hinüber und bemerkte besorgt die vor Panik weit aufgerissenen Augen seiner Tochter. „Hilda, was ist passiert?" Er lief hin zu ihr, doch Hilda sprang hastig auf der Stelle und versuchte mit wilden Gesten, sich Luft zuzufächern. „Ich habe solche Angst, Papa, ich glaub', mit mir stimmt etwas nicht, mein Herz rast, mir ist schwindelig!" Mit Schrecken in den Gliedern sah Heinz, wie seine Tochter die Zimmertür zum Flur hinaus aufriss und rausstürmte. Da er seine Prothese in der Nacht nicht trug, musste er sich seine Krücken schnappen, um ihr folgen zu können. Als er den Flur erreicht hatte, hörte er jedoch nur noch Hildas schnelle Schritte auf der Treppe. Während er sich nun mit seinen Krücken in Richtung des Schwesternzimmers kämpfte und zusätzlich um Hilfe rief, öffnete sich diese bereits und die ihm bekannte Nachtschwester sah mit besorgter Miene in den Flur hinaus. „Herr Ihben, was ist passiert?", fragte sie in seine Richtung gewandt, als sie ihn erkannte.

„Meiner Tochter geht es nicht gut, sie ist in Panik geraten und aus dem Zimmer gerannt, ich kann ihr so schnell nicht folgen." Während er kurz Auskunft gab, zeigte Heinz mit einer Krücke in Richtung des Treppenhauses. Die Nachtschwester lief sofort los in die gewiesene Richtung. „Ich folge ihr", sagte sie noch und war bereits auf dem Weg. Heinz blickte ihr nervös hinterher und entschied sich dann, ins Zimmer zurückzugehen, um die Beinprothese anzulegen.

Dann lief er wieder hinaus auf den Flur, um nach Hilda zu suchen. Im Treppenhaus lief er die Stufen hinunter bis zur großen Aula im Eingangsbereich. Die Aula war auch in der Nacht beleuchtet. So konnte Heinz schon durch die Glastür erkennen, dass die Nachtschwester Hilda bereits gefunden hatte. Sie standen beide vor einem der großen Fenster, das die Schwester allem Anschein nach mit dem Generalschlüssel geöffnet hatte. Eine Sekunde lang beobachtete Heinz die zwei, dann zog er die Glastür zur Aula hin auf und trat auf sie zu. Die Nachtschwester bemerkte ihn und wandte sich ihm zu. „Ihre Tochter hatte eine Art Panikattacke, Herr Ihben, sie verlangte nach frischer Luft, deshalb habe ich das große Fenster geöffnet." Sie untermalte ihre Aussage mit Gesten und einer Mimik, die ihn beruhigen sollten.

„Meine Tochter hatte einen schlimmen Traum, außerdem gab es am Morgen familiäre Probleme." Heinz sah kurz zu Boden. „Hilda hat zudem seit frühester Kindheit mit diesen Panikattacken zu kämpfen. Ich danke Ihnen sehr, dass Sie Hilda gefolgt sind." Heinz schenkte der Schwester ein dankbares Lächeln. „Ich bitte Sie, das ist doch mein Beruf." Die Schwester machte ein ernstes Gesicht. „Ich könnte schauen, ob ich ein beruhigendes Medikament da habe, das auch für Kinder geeignet ist", sagte sie und wandte sich wieder Hilda zu. „Damit du dich etwas beruhigst und vielleicht noch etwas Schlaf findest." „Ja, vielleicht." Beschämt sah Hilda ihren Vater an, es war ihr nun unangenehm, solche Umstände zu machen.

Heinz trat nun auf Hilda zu und nahm sie in den Arm. „Das war einfach zu viel zum Ertragen heute, für uns beide zu viel," sagte er und strich ihr über das Haar. Die Nachtschwester machte sich nun daran, das Fenster wieder zu schließen. Hildas Panikattacke war allem Anschein nach vorüber und nun ließ der kalte Wind, der durchs Fenster hereingeweht war, ihr die Glieder zittern. Wenig später saßen beide vor einer dampfenden Tasse Baldriantee, den die Nachtschwester ihnen zubereitet hatte. Hilda hatte die vom Schwitzen feuchte Kleidung gewechselt und sich eine Strickjacke übergezogen. Bibbernd hielt sie die heiße Tasse vor ihrem Mund und pustete den heißen Tee. Heinz betrachtete Hilda besorgt. „Es wird alles gut, Hilda, mach dir keine Sorgen, mein Kind!" „Ja, ich bin nur so traurig, weil plötzlich alles so anders ist." Sie trank einen Schluck vom Tee und verzog das Gesicht. „Das schmeckt genauso merkwürdig, wie es riecht", sagte sie und sah ihren Vater fragend an. Heinz schmunzelte. „Das ist Baldriantee. Er schmeckt zwar nicht besonders, aber er beruhigt gut. Hier, gib etwas Honig hinein, dann schmeckt es besser!" Er reichte Hilda ein kleines Aluschälchen mit Blütenhonig, das er sich gelegentlich zu diesem Zweck aus dem Speisesaal mit aufs Zimmer nahm. Hilda kratzte ein wenig mit dem Löffel heraus und gab es in ihren Tee. Sie beobachtete, wie sich der Honig darin auflöste.

„Hilda, wenn du nach Hause möchtest, dann ist das völlig okay, hörst du? Du sollst nicht aus Rücksicht mir gegenüber deine Ferien hier in der langweiligen Klinik verbringen. Ich bin erwachsen und komm' schon klar. Es geht in erster Linie um dich, du sollst dich wohlfühlen und glücklich sein." Hilda sah weiterhin in ihren Tee, während sie antwortete: „Aber ich will nicht, dass du einsam und traurig bist." Nun sah sie ihn an. „Schon morgen starten wieder erste Anwendungen, Hilda, und Wolfgang ist morgen auch wieder da. Ich werde nicht einsam sein und du bist noch ein Kind. Für dich ist es noch viel schwer zu verstehen, was da passiert ist. Es gilt jetzt in erster Linie, dich zu schützen."

„Ich vermisse Sina und ich möchte ihren kleinen Anton kennenlernen." Hilda lenkte ihren traurigen Blick auf die Tasse in ihrer Hand. „Ich möchte so gerne mit Sina sprechen!" „Das ist auch das einzig Richtige, Hilda. Schreib deiner Mutter, sie soll dich morgen abholen, und dann fährst du direkt zu deiner Freundin und machst dich mit dem kleinen Welpen bekannt." Heinz lächelte ihr zu. Hilda lächelte zwar zurück und freute sich auch einerseits, aber was wurde aus ihrem Vater, hier, alleine mit seinen Grübeleien? Dieses mulmige Gefühl in ihrem Bauch wollte einfach nicht verschwinden, zu groß waren ihre Sorgen um ihn.

Heinz fühlte sich deprimiert, abgeschlagen, und wie ein verletztes Tier wollte er eigentlich nur ganz weit fort und alleine für sich sein. Dass Hilda sich so sehr um ihn sorgte, das setzte ihm zusätzlich zu und er wollte ihr auf gar keinen Fall zeigen, dass er litt und sie zurecht besorgt sein konnte. Er wollte sich ihr gegenüber stark zeigen und doch musste er sich eingestehen, dass ihm die Seele brannte bei dem Gedanken an seine Frau. Er liebte seine Anni, er hatte sie doch immer geliebt, wie hatte sie ihm nur so etwas antun können, fragte er sich. Immer wieder trat das Bild seiner Frau in sein Gedächtnis und es schmerzte ihn so sehr, er fühlte sich so verletzt wie nie zuvor in seinem Leben. Alles war zerstört, dachte er, sein Leben, wie es bisher gewesen war, das gab es plötzlich so nicht mehr.

Eigentlich, so dachte er nun, hatte sich schon mit seiner Verletzung im Sommer alles verändert. Diese Veränderung aber, das musste er zugeben, die war ihm letztendlich nicht unangenehm gewesen. Im Gegenteil, er hatte es mittlerweile zu schätzen gelernt, viel Zeit für sich selbst und seine Bedürfnisse zu haben, und auch fühlte er sich mittlerweile sehr wohl hier in Duisburg in der Rehaklinik. Täglich umsorgt zu werden und viel Freundlichkeit den ganzen Tag über genießen zu können, das war für ihn eine ganz neue, angenehme Erfahrung, die es in seinem Alltag als Landwirt niemals gab. Ja, er hatte sich in den letzten Wochen immer besser gefühlt und auch rein gar nichts vermisst aus seinem vorherigen Leben. Auch die Dauertrennung von seiner Frau und von Hilda hatte ihn zuletzt nicht mehr belastet. Doch diese Wahrheit, die nun seit einigen Stunden bestand, hatte in seinem Leben alles verändert. Seine kleine Familie, wie es sie bisher gegeben hatte, war nichts als Illusion gewesen, hatte keinen Bestand mehr.

Er fühlte sich plötzlich so einsam wie nie zuvor und glaubte, alles verloren zu haben, was ihm je etwas bedeutet hatte. Er konnte nicht so weiterleben wie bisher. Er konnte einfach nicht leben mit der Gewissheit, seine Frau hatte ihn betrogen und zudem all die Jahre belogen.

Er betrachtete Hilda mit ihren blonden Locken und den großen blauen Augen und seine Traurigkeit wurde noch größer. Er war immer so stolz auf sein Mädchen gewesen, stolz ein so hübsches und liebes Kind sein Eigen nennen zu können, und nun musste er plötzlich akzeptieren, dass es nur Schein war, dass nicht er, sondern jemand anderes ihr leiblicher Vater war. Er wusste in diesem Moment nicht, wie er dies je verkraften sollte.

Der Baldriantee tat seine Wirkung und auch das Flimmern und die leisen Geräusche des Fernsehers beruhigten Hilda so weit, dass sie irgendwann einschlief und auch bis zum Morgen durchschlief. Ihr Vater hingegen hatte, auch nachdem er gegen Morgengrauen den Fernseher ausgeschaltet hatte, keinen Schlaf mehr finden können.

Hilda nahm nun, kurz nachdem sie wach geworden war, ihr Handy zur Hand. Noch in der Nacht hatte sie ihrer Mutter geschrieben und ihr berichtet von ihrer Panikattacke. Auch hatte sie ihr geschrieben von ihrem Heimweh und der Einsamkeit, die sie hier bei ihrem Vater fühlte. Nun hoffte sie, ihre Mutter hatte zurückgeschrieben und würde sich auf den Weg machen, um sie nach Hause zu holen, auch wenn dieser Gedanke bei ihr wieder ein flaues Gefühl in der Magengrube erzeugte, vor allem wenn sie an ihren Vater dachte. Trotzdem war das Heimweh zu groß. Sie wollte nun nichts sehnlicher als endlich nach Hause.

„Ich mache mich gleich auf den Weg, Hilda, gegen Mittag bin ich bei euch. Wie geht es deinem Vater?" Hilda freute sich über die Antwort ihrer Mutter und schrieb zurück: „Ich freue mich, Mama, und es tut mir leid, solche Umstände zu machen. Papa geht es einigermaßen, glaube ich, er spricht nicht viel." Hilda wartete eine Weile, doch ihre Mutter war noch nicht am Handy. Sie legte ihres zur Seite, stand auf und ging ins Badezimmer.

Hilda erschrak bis ins Mark, als sie ihren Vater im Badezimmer auf dem Boden liegen sah. Er lag quer vor dem Waschbecken und unter seinem Kopf hatte sich eine Blutlache gebildet. Hilda griff zum Türrahmen, denn ein Schwindelgefühl überkam sie. Fast mechanisch wandte sie sich ab, rannte zur Tür und auf den Flur hinaus. „Hilfe, wir brauchen Hilfe!", rief sie laut über den Flur und blickte dabei abwechselnd in alle Richtungen. Es dauerte nicht lange und einige Neugierige betraten den Flur. „Mein Vater ist ohnmächtig und er blutet am Kopf!" Hilda sah eine Schwester aus dem Schwesternzimmer treten. Als die Schwester Hilda als rufende Person ausgemacht hatte, rannte sie in ihre Richtung. „Wo befindet sich dein Vater?" Die Schwester war nun bei Hilda und folgte dieser ins Zimmer und dann ins Bad, wo die Schwester den ohnmächtigen Mann am Boden liegen sah. Sofort kniete sie nieder zu ihm und drehte seinen Kopf in ihre Richtung, um die Ursache der Blutung auszumachen. Eine große Platzwunde kam zum Vorschein, aus der immer noch Blut trat, doch was der Schwester mehr noch Sorge bereitete, war das schief verzerrte Gesicht des Mannes. Hilda stand wie versteinert da und beobachtete, wie die Schwester an das Handgelenk ihres Vaters fasste und kurz innehielt, um den Puls zu ertasten. Im selben Zug fasste sie in die Tasche ihres Kittels und zog ein Handy heraus. Sie hatte den Notruf gewählt und nachdem sie ihre Personalie und den Standort durchgegeben hatte, begann sie im selben Zug genaue Angaben zum Grund des Notrufes zu machen. Hilda vernahm, wie die Stimme aus dem Telefonhörer verschiedene Fragen stellte und zudem Anweisungen für erste Maßnahmen gab. Alles lief wie ein Film vor ihr ab. Als nach nur kurzer Zeit zwei Rettungskräfte mit einer Trage den Raum beraten und noch ein weiterer Mann hinzutrat, dessen Jackenaufschrift ihn als Notarzt zu erkennen gab, stand Hilda immer noch wie angewurzelt da. Sie konnte sich nicht bewegen, sie stand unter Schock. Hilda sah, wie der Notarzt erste Untersuchungen bei ihrem Vater vornahm. Als er ihm jeweils ein Augenlid aufzog und mit einer kleinen Lampe hineinleuchtete, vernahm sie dessen ersten Verdacht auf Schlaganfall. Zudem hatte der Kopf ihres Vaters beim Sturz, wahrscheinlich aufs Waschbecken, einen heftigen Schlag abbekommen, wodurch eine Hirnblutung nicht ausgeschlossen werden konnte. So schnell die Rettungskräfte vor Ort gewesen waren, so schnell waren sie mit Hildas Vater auf der Trage auch wieder verschwunden. Nun erst nahm die Schwester Hildas bleiches Gesicht wahr. Sie nahm sie bei der Schulter und zog sie aus dem Badezimmer heraus durch den Raum und auf den Flur hinaus. „Komm, Mädchen, du setzt dich erst mal zu mir ins Schwesternzimmer und ich bereite dir einen Beruhigungstee." „Wird mein Vater sterben?" Die ersten Worte, die aus Hildas Mund kamen nach diesem Schock, den sie in den vergangenen Minuten durchlebt hatte, waren fast mechanisch aus ihr herausgesprudelt und sie hörte die Antwort der Schwester: „Dein Vater ist in den besten Händen." Doch sie erreichte Hildas Bewusstsein nicht wirklich, sie war zu verwirrt und konnte nicht mehr klar denken.

22.

Anni und Gerald hatten gemeinsam eine wundervolle Nacht verbracht, und als Anni am Morgen als Erste erwachte, stand ihr Entschluss fest: Sie liebte ihn, ihren Gerald, und sie wusste nun mit Gewissheit, dass sie bei ihm bleiben wollte und mit ihm alt werden wollte. Dieses Glücksgefühl, das sie empfand, wenn sie mit ihm zusammen war, das war wunderschön und sie wollte es nie mehr missen. Das Vertrauen ihres Mannes zu ihr, das war unwiederbringlich zerrüttet, das wusste sie, und wenn sie ehrlich zu sich selbst war, dann war die Beziehung zu ihrem Ehemann schon lange keine glückliche mehr. Es brauchte jetzt einfach viel Zeit. Ihr Mann brauchte Zeit, um sich mit der neuen Situation abzufinden, und auch Hilda brauchte die Zeit, um diese Veränderung zu verarbeiten.

Anni betrachtete ihren schlafenden Gerald von der Seite. Wie friedlich er so dalag, friedlich und glücklich, dachte sie. Er liebte sie über alles, das wusste sie und sie würde ihn mit ihrer Entscheidung, für immer bei ihm zu bleiben, zum glücklichsten Menschen der Welt machen, da war sie sich sicher. Vorsichtig darauf bedacht, ihren Gerald nicht zu wecken, hatte sie sich unter der Decke hervorgeschoben und das Bett verlassen. Sie hatte sich noch frische Unterwäsche und Kleidung aus ihrer Reisetasche genommen und war damit auf leisen Sohlen hinaus in den Flur gegangen. Anni hatte noch ihr Handy vom Küchentisch genommen, bevor sie im Bad verschwunden war. Dort hatte sie sich Handtücher zurechtgelegt, und noch bevor sie die Dusche bestiegen hatte, hatte sie die WhatsApp-Nachricht ihrer Tochter gelesen, die diese am Morgen gesendet hatte. Besorgt hatte sie beim Lesen registriert, dass es ihrer Tochter nicht gutging und sie daher darum bat, abgeholt zu werden. Sofort schrieb sie ihrer Tochter zurück, dass sie sich so schnell wie möglich auf den Weg machen würde und noch gegen Mittag bei ihr sein wollte.

Nachdem Anni fertig geduscht hatte und in frische Kleidung geschlüpft war, trat sie aus dem Badezimmer hinaus auf den Flur, und direkt stieg ihr der verführerische Duft von frisch gebrühtem Kaffee in die Nase. Als sie die Küche betrat, war Gerald gerade dabei, zwei Kaffeetassen, die auf einem Tablett standen, mit dem heiß dampfenden Kaffee zu befüllen. Sie lehnte sich kurz an den Türrahmen und betrachtete ihn.

Er hatte sie bemerkt und trat sogleich auf sie zu, zärtlich nahm er ihr Gesicht in beide Hände und küsste sie auf den Mund. „Meine kleine Frühaufsteherin," schmunzelte er. „Im ersten Moment hatte ich befürchtet, du hättest dich davongeschlichen, dann aber hörte ich die Dusche und ich war ausgesprochen erleichtert." Er sah ihr glücklich in die Augen. „Ich werde mich nie mehr davonschleichen, Gerald." Anni sah ihm nun erst in die Augen. „Ich habe einen Entschluss gefasst. Ich werde bei dir bleiben, denn ich möchte nie mehr ohne dich sein." Gerald sah sie nun mit großen Augen an. Plötzlich hatte er mit seinen Emotionen zu kämpfen. Seine Augen flackerten, er schloss Anni in seine Arme und drückte sie fest an sich.

Anni war sehr gerührt von seiner Reaktion und schmiegte sich kurz an ihn, dann aber versteifte sie sich. Er bemerkte es sogleich und sah runter zu ihr. Sie blickte in seine Augen und berichtete dann von Hildas WhatsApp. „Ich möchte mich gleich auf den Weg machen und Hilda nach Hause holen." „Ich fahre dich, Anni, wir holen sie gemeinsam. Wir holen unser Kind nach Hause." Anni lief ein Schauer über den Rücken, so sehr bewegten sie seine Worte.

„Ich habe uns Kaffee gemacht. Trink du schon mal, ich springe schnell unter die Dusche." Schon machte Gerald sich auf ins Bad. „Ich mache uns ein kleines Frühstück zurecht, dann können wir danach so starten," rief Anni ihm hinterher und war bereits dabei, sich ans Werk zu machen.

Kurze Zeit später saßen Gerald und Anni in Geralds großem Van und waren auf dem Weg nach Duisburg. Anni schrieb ihrer Tochter, dass sie auf dem Weg seien, und bemerkte dabei, dass Hilda ihre Nachricht vom Morgen noch nicht gelesen hatte.

Sie beruhigte ihre leichte Besorgtheit damit, dass Hilda wahrscheinlich noch mit Heinz im Speisesaal mit dem Frühstück beschäftigt war. Sie konnte ja nicht ahnen, welche Tragödie sich an diesem Morgen vor den Augen ihrer Tochter abgespielt hatte. Hilda war nach dem Beruhigungstee, den die Schwester ihr zubereitet hatte, auf der Liege im Schwesternzimmer eingenickt. Als sie nun wieder erwachte und etwas verwirrt auf ihr Handy sah, bemerkte sie, dass es bereits nach zehn Uhr war. Sie musste etwa eine Stunde geschlafen haben.

Sie war ganz allein im Raum und bemerkte den kleinen Teller mit belegten Brötchen, der vor ihr auf dem Schreibtisch stand. Sogleich meldete sich ihr knurrender Magen, der seit gestern Abend keine Nahrung mehr aufgenommen hatte. Besorgt dachte Hilda an ihren Vater. Wie mochte es ihm gehen? Sie nahm sich eine mit Käse belegte Brötchenhälfte und biss hungrig hinein. Es war ja niemand bei ihr, den sie hätte fragen können, ob sie sich von dem Frühstücksteller nehmen dürfe. Ihr Hunger ließ aber jegliche Bedenken und Anstand fallen und ihr Gefühl sagte ihr, das Frühstück sei extra für sie zubereitet worden. Während sie hungrig kaute, nahm sie erneut das Handy zur Hand und las nun die Antwort ihrer Mutter. Froh registrierte sie, dass ihre Mutter schon auf dem Weg zu ihr sein musste.

Anni und Gerald waren bereits gute zwei Stunden gefahren, als Annis Handy klingelte und eine fremde Frauenstimme sich meldete. „Frau Ihben, ich hatte bei Ihnen zuhause angerufen und diese Handynummer von Herrn Willts bekommen." „Ja, das ist unser Betriebshelfer, Hans Willts." Anni war verwundert, worum es gehen mochte. Die Frau sprach weiter. „Frau Ihben, es geht um Ihren Ehemann. Er hat am Morgen einen Schlaganfall erlitten." „Um Gottes willen, wie geht es ihm denn und wo ist jetzt meine Tochter?" Anni war erschrocken und total verwirrt. „Ihrer Tochter geht es so weit gut. Die Schwestern kümmern sich um sie. Sie hat natürlich alles live miterlebt und ist dementsprechend aufgewühlt und besorgt. Ihr Mann war zum Zeitpunkt des Schlaganfalls im Bad und ist mit dem Kopf auf das Waschbecken geschlagen. Es kann eine Hirnblutung nicht ausgeschlossen werden. Er wurde mit dem Rettungswagen ins Klinikum Duisburg gefahren. Wäre es Ihnen möglich, noch heute herzufahren?"

„Wir sind schon auf dem Weg, da wir meine Tochter heut nach Hause holen. So gegen zwölf Uhr werden wir ankommen, haben Sie eine Telefonnummer für mich, wo ich Auskunft über den Zustand meines Mannes erhalte?" Nervös kramte Anni bereits in ihrer Tasche nach Schreibzeug, doch die Frau am anderen Ende sagte ihr, dass man ihr erst vor Ort Auskunft geben würde, wenn sie sich ausweisen würde. Anni bedankte sich vorerst für die Bemühungen, sie in Kenntnis gesetzt zu haben, und beendete das Gespräch. „Was ist denn passiert?" Gerald, der dem Gespräch gelauscht hatte, aber dem Ganzen nicht korrekt hatte folgen können, sah besorgt zu Anni rüber. Anni war bereits dabei, die Handynummer ihrer Tochter zu wählen, und antwortete ihm: „Heinz hatte am Morgen einen Schlaganfall, wodurch er mit dem Kopf auf das Waschbecken geschlagen ist. Genaueres konnte mir die Frau aber nicht sagen, ich rufe nun erst mal Hilda an." Beide machten nun ernste, besorgte Gesichter und wussten diese Schreckensnachricht nicht einzuordnen. Hilda wollte gerade die Handynummer ihrer Mutter wählen, als ihr Handy bereits klingelte und den Kontakt ihrer Mutter zeigte. „Hallo, Mama, ich wollte dich gerade anrufen." „Hilda, was ist denn passiert bei euch, eine Frau hat gerade bei mir angerufen und mir von Papas Schlaganfall berichtet." Besorgt hörte Anni nun, dass ihre Tochter am anderen Ende zu schluchzen begann. „Hilda, mein Kind, alles gut, beruhige dich, mein Mädchen, wir sind schon auf dem Weg zu dir, Gerald fährt mich." „Gerald kommt mit? Schön, dass er sich kümmert, aber vielleicht sollte Papa es nicht erfahren, ich weiß ja nicht, wie es ihm geht." Hildas Stimme klang gebrochen, sie kämpfte mit den Tränen. „Nein, natürlich nicht, Hilda, das würde ihn nur zusätzlich aufregen. Wie geht es ihm denn, war er bei Bewusstsein?" Anni war absolut ahnungslos und wollte sich ein genaueres Bild machen. „Nein, Mama!" Nun schluchzte und weinte Hilda eine Weile, während ihre Mutter beruhigend auf sie einredete. „Es war alles voller

Blut und sein Gesicht sah ganz schief aus." Anni hatte das Handy laut gestellt und sie und Gerald sahen sich erschrocken an, nachdem sie Hildas Worten gelauscht hatten.

Anni sprach nun wieder beruhigend auf ihre Tochter ein und auch Gerald brachte vom Fahrersitz her einige liebevoll beruhigende Worte mit ein. Als Anni vernahm, dass eine freundlich klingende Frauenstimme sich ihrer Tochter angenommen hatte, beendete sie das Gespräch mit den Worten: „Wir sind in Kürze bei dir, Hilda, und dann werden wir in Erfahrung bringen, wie es Papa geht."

Die Schwester, die zu Hilda ins Schwesternzimmer getreten war, sprach freundlich auf Hilda ein und bekräftigte sie, sich tüchtig vom Frühstücksteller zu stärken, welches extra für sie zurechtgemacht worden war. Hilda war tatsächlich sehr hungrig und nahm das Angebot dankend an. „Meine Mutter ist schon auf dem Weg hierher, ich werde mal gleich meine Tasche packen gehen." Hilda wollte fertig zur Abreise sein, wenn ihre Mutter vor Ort sein würde. „Das Bad wurde gesäubert, aber ich werde dich sehr gerne begleiten, wenn du nicht alleine im Zimmer sein möchtest," sagte die freundliche Stimme der Schwester, welche nicht dieselbe war, die am Morgen erste Hilfe bei ihrem Vater geleistet hatte. Hilda nahm auch dieses Angebot dankend an. Sie wollte den Raum, in dem sich am Morgen so Schreckliches abgespielt hatte, nicht alleine betreten.

Hilda nahm sich erneut ein halbes, mit Käse belegtes Brötchen und trank den Früchtetee, den ihr die Schwester mit Honig gesüßt hatte. Noch eine Weile unterhielt sie sich mit der Schwester, die interessiert zuhörte, während Hilda von ihrem Zuhause erzählte, und als Hilda vom kleinen Weihnachtswelpen ihrer Freundin Sina berichtete, zeigte sie der Schwester die Fotos von dem kleinen Beagle, die sie auf ihrem Handy gespeichert hatte. Die Schwester war natürlich auch entzückt von dem süßen Tierchen, zudem gab sie sich alle Mühe, Hilda etwas aufzumuntern. Als Hilda später dann mit gepackten Sachen im Eingangsbereich saß, war die Schwester während der ganzen Zeit bei ihr geblieben und hatte ihr zudem noch ein kleines Lunchpaket zugesteckt. Hildas Freude war groß, als sie ihre Mutter und Gerald durch die große elektrische Schiebetür in die Klinik treten sah. Sie stand sofort von ihrer Bank auf und lief auf ihre Mutter zu. Nun liefen ihr die Tränen nur so über die Wangen. Sie konnte es nicht unterdrücken. Auch Anni lief auf Hilda zu und breitete die Arme aus, um ihre Tochter darin einzuschließen. Gerald, der neben Anni lief, umarmte sie beide, Mutter und Kind. „Es tut mir so leid, was du da miterleben musstest, Hilda." Anni und auch Gerald strichen ihr immer wieder über das Haar. „Vielen Dank, dass Sie sich so lange um Hilda gekümmert haben." Anni sah nun die Schwester an, die mit dem Gepäck hinter Hilda hergelaufen war. „Na, das war doch selbstverständlich." Sie lächelte ein wenig und reichte Anni dann einen Zettel, den sie in der freien Hand hielt. „Das ist die Adresse der Klinik, in die man Ihren Mann gebracht hat. Es ist nicht weit von hier",, sagte sie. Anni nahm den Zettel entgegen und bedankte sich. „Haben Sie eine Ahnung, ob mein Mann ansprechbar ist oder wie es ihm geht?" „Es tut mir leid, Frau Ihben, meine Kollegin hat am Vormittag nur kurz mit der Intensivstation gesprochen und Ihre Kontaktdaten durchgegeben, dabei jedoch keine Auskunft erhalten." Anni seufzte. Die Schwester reichte Anni noch eine kleine Tasche mit einigen Wertsachen von Heinz, unter anderem auch sein Handy, und dann bemerkte sie, dass das Patientenzimmer unter Verschluss gehalten würde, Anni jedoch jederzeit Zugang haben würde. Dann machten sich die drei auf den Weg zur Klinik.

Wenig später standen sie an der Information der Klinik Duisburg und erkundigten sich nach Heinz Ihben. Die Frau hinter dem Schalter gab freundlich Auskunft und erklärte kurz den Weg zur Intensivstation. Sie würde auf der Station Bescheid geben und die Familie von Herrn Ihben ankündigen. Vor dem Zugang zur Intensivstation betätigte Anni den Klingelknopf und die drei warteten auf Antwort. Nach kurzer Zeit wurde die Haupteingangstür geöffnet und eine Krankenschwester trat heraus. „Sind Sie Familie Ihben?", fragte sie. „Ich bin Frau Ihben und das ist meine Tochter Hilda. Herr Jakobs ist ein Freund der Familie", antwortete Anni und wies dabei auf Gerald. „Ich hoffe, Sie haben Verständnis dafür, dass wir vorerst lediglich Sie als Ehefrau hineinlassen können?" Die Krankenschwester setzte einen mitfühlenden Blick auf. „Das ist kein Problem. Hilda und ich, wir warten hier draußen auf dich, Anni." Enttäuscht blickte Anni Gerald und Hilda an und meinte dann: „Vielleicht wollt ihr zwei so lange irgendwo etwas essen gehen? Ich schreibe, wenn ich wieder draußen bin." „So machen wir es, oder Hilda?" Gerald lächelte Hilda ermutigend zu, Hilda lächelte zurück und befand es als gute Idee. Bevor Anni der Schwester durch den Eingang in die Station hineinfolgte, umarmten Mutter und Tochter sich noch einmal und schenkten sich einen aufmunternden Blick.

Gerald und Hilda suchten die Cafeteria im Erdgeschoß der Klinik auf und bestellten sich Heißgetränke. Sie wollten das Gebäude nicht verlassen, wollten sofort erreichbar sein, wenn Anni die Intensivstation wieder verließ. Hilda hatte kein gutes Gefühl, was den Gesundheitszustand ihres Vaters betraf, und wollte keine unnötige Zeit verstreichen lassen, um Gewissheit zu haben.

Während Anni der Stationsschwester folgte, erkundigte sie sich bei ihr nach dem Gesundheitszustand ihres Mannes. Die Schwester erklärte Anni, dass es sehr ernst um ihren Ehemann stand, sie aber Genaueres im Gespräch mit dem behandelnden Arzt erfahren werde, mit dem sie vorab sprechen könne. Anni bekam nun von der Schwester einen blauen Kittel und eine blaue Haarhaube gereicht, die sie zum Schutz des Patienten vor unnötigen zusätzlichen Viren oder Bakterien überzog. Dann führte die Schwester Anni in einen Raum mit einem großen Sichtfenster, durch das sie direkt in ein Krankenzimmer sah mit einem Krankenbett darin. In dem Bett sah sie eine Person liegen, die sie erst im zweiten Moment als Heinz, ihren Ehemann, erkannte. Sein Gesicht war von Schläuchen und Kabeln verdeckt. Anni lief ein Schauer über den Rücken. Es war ihr, als läge dort ein Fremder in diesem Bett und nicht der Mann, den sie einmal geheiratet hatte.

Nun trat ein Mann zu Anni und der Schwester in den Raum. Er trug ebenfalls die grüne Schutzbekleidung so wie Anni und die Krankenschwester. Er stellte sich Anni vor als Herr Doktor Schneider, der Stationsarzt der Intensivstation, und begann sogleich über den Zustand des Patienten zu berichten.

„Frau Ihben, ich kann Ihnen leider keine guten Nachrichten übermitteln", begann er und räusperte sich kurz, bevor er weitersprach. „Ihr Mann hat einen Schlaganfall erlitten, der zur Lähmung einer Körperhälfte führte. Deshalb stürzte er, dabei schlug er schwer mit dem Kopf auf das Waschbecken. Der Aufschlag führte zum Schädelbruch und zu einer dadurch bedingten Hirnblutung. Wir haben sofort operiert, jedoch war das Gehirn zu lange ohne Sauerstoff, wodurch schwere Hirnschäden verursacht wurden. Wir müssen davon ausgehen, dass ihr Mann diese erhebliche Hirnverletzung nicht überleben wird."

Anni wurde bleich. Es riss ihr kurz den Boden unter den Füßen weg und die Schwester fasste an ihre Schultern und führte sie zum einzigen Stuhl in dem Raum.

„Warum hatte er einen Schlaganfall?", fragte Anni nach einer Weile und fand die Frage im selben Moment unpassend. „Ich meine, wie kam es dazu?", ergänzte sie.

„Ihr Mann hatte seit der Beinamputation mit Bluthochdruck zu kämpfen. Das könnte die Ursache des Schlaganfalls sein, aber ein Schlaganfall kann nun einmal jeden treffen." Der Stationsarzt sah Anni ernst ins Gesicht. „So eine Beinamputation kann zu einem Trauma führen und nicht selten führt dies bei Menschen zu Folgeerkrankungen, aber direkt eine Ursache benennen kann man hierbei nicht", führte er seine Erklärung fort.

„Es tut mir sehr leid, Frau Ihben, aber Sie werden sich von ihrem Mann verabschieden müssen." Die Aussage hämmerte in Annis Kopf, die Tränen brachen Bahn und alle Sorgen und Ängste der vergangenen Monate brachen aus ihr heraus. Fassungslos hielt sie das Gesicht in beiden Händen und weinte wie ein kleines Kind. Immer wieder wimmerte sie Worte wie „Das ist alles nicht wahr, es kann einfach nicht wahr sein!". Wie viel Leid und Not sollte sie denn noch ertragen? Sie konnte einfach nicht mehr, die Welt hatte sich gegen sie verschworen, so dachte sie.

„Heiland im Himmel, was hab' ich getan? Wofür werde ich bestraft?" Mit nassen Augen und schmerzverzerrtem Gesicht sah sie an die Decke des Raumes und gab sich insgeheim selbst die Antwort. Ich habe enttäuscht und hintergangen, dachte sie, ich habe es nicht anders verdient.

„Kommen Sie, Frau Ihben, ich begleite Sie hinein zu Ihrem Mann." Die Schwester stand neben Anni und fasste an ihre Schulter, Anni sah mit verweinten Augen und verzweifeltem Blick in das Gesicht der Krankenschwester. „Ich kann nicht, nicht heute," sagte sie gequält. „Ich muss hier raus, es tut mir leid!" Die Schwester reagierte auf Annis Entscheidung mit Verständnis und erklärte ihr, dass es eine ganz natürliche Reaktion sei.

Kurze Zeit später trat Anni durch die Eingangstür der Intensivstation hinaus auf den Flur. Sie lehnte sich gegen die Wand und holte tief Luft. Eine Weile stand sie so da und überlegte, wie sie Hilda diese Nachricht beibringen sollte. Anni zerbrach innerlich bei dem Gedanken, ihrer Tochter erklären zu müssen, dass sie sich vom Vater verabschieden musste. Wenn sie schon am Ende ihrer Kräfte war, wie sollte das Kind es denn ertragen?

Es tat ihr alles so unglaublich leid. Ihren Mann, der sein Leben lang geschuftet hatte, für den Hof alles gegeben hatte, sich selber und seine eigenen Bedürfnisse immer hintangestellt hatte, musste nun dieses Schicksal treffen. Kurz hatte er während seiner Rehazeit erfahren dürfen, was das Leben wirklich ausmacht, hatte Freiheit erleben dürfen und hatte es genossen. Leider nur für kurze Zeit, dachte Anni und die Traurigkeit schien sie zu erdrücken. Es kamen zwei Krankenschwestern den Flur entlanggelaufen, bemerkten ihre Benommenheit und boten Hilfe an. Nun raffte Anni sich auf, bekundete, sich so weit wohlzufühlen, nur eine schlimme Nachricht verarbeiten zu müssen, und zog das Handy aus der Tasche, um Gerald zu kontaktieren. Die Schwestern wünschten mit besorgten Mienen alles Gute und bekräftigten Anni, es nicht zu scheuen, um Hilfe zu bitten, falls es nötig wäre. Dann liefen sie weiter. Anni wählte Geralds Kontakt und schrieb: „Ich bin wieder draußen, wo seid ihr zwei? Ich habe die schlimmsten Nachrichten!"

Gerald, der sich kaum konzentrieren konnte vor Sorge um Anni und die Dinge, die sie hinter verschlossenen Türen auf der Intensivstation durchleben würde, bemerkte Annis Nachricht sofort. Die Worte, die er las, erschreckten ihn in hohem Maße. Schnell schrieb er ihr zurück.

Hilda, die auf seine Handlung am Handy aufmerksam wurde und ihn fragend ansah, berichtete er, dass die Mutter auf dem Weg zu ihnen in die Cafeteria sei.

Nun kam sie auch schon in die Cafeteria gelaufen und nach Geralds kurzem Winken auf die beiden zugelaufen. Gerald erschrak, als er Annis aschfahles Gesicht bemerkte, und auch ihre gebeugte Körperhaltung ließ nichts Gutes erahnen.

„Wie geht es Papa?" Auch Hilda hatte natürlich bemerkt, dass das Erscheinungsbild ihrer Mutter nichts Gutes verhieß, und war sogleich alarmiert, welch schlimme Nachricht ihre Mutter erreicht hatte. Während Anni sich zu den beiden an den Tisch setzte, sah sie ihrer Tochter tief in die Augen, wobei ihre eigenen vor Schmerz flackerten und sich schließlich mit Tränen füllten. Anni konnte lediglich den Kopf schütteln, sie brachte kein Wort heraus. Gerald fasste nach ihrer Hand. Auch er rang nun mit den Tränen, während Anni mit der freien Hand ihre Augen bedeckte. Hilda stand auf, beugte sich hinunter zur Mutter und umschloss deren Schultern mit beiden Armen.

„Ich habe es gefühlt, Mama, schon als ich ihn am Boden fand, habe ich es gefühlt, dass es schlimm um ihn steht." Hilda flüsterte in das Haar ihrer Mutter und hielt sie dabei so fest, als müsse sie diese auffangen, sodass sie nicht in die unendliche Tiefe stürze. Anni beruhigte sich etwas, nahm die Hand von den Augen und atmete schwer. „Wir werden uns von Papa verabschieden müssen." Sie brachte den kurzen Satz kaum heraus, doch er tat seine Wirkung. Nun begann auch Hilda, bitterlich zu weinen, und Gerald stand auf, um Mutter und Tochter fest in die Arme zu schließen. Es brach ihm das Herz, die beiden so leiden zu sehen. Er selber wusste schließlich nur zu gut, durch welche Hölle sie nun würden gehen müssen, und er schwor sich, er würde alles Menschenmögliche tun, um seinen beiden liebsten Menschen auf dieser Welt den stärksten Halt zu geben, den er nur geben konnte.

23.

Nach einer gefühlten Ewigkeit, die die drei an dem kleinen Tisch in der Cafeteria gesessen, geredet, geweint hatten, hatte Anni sich etwas gefangen und begann, die nächsten Tage zu planen. Sie würde zuallererst Hans kontaktieren und ihn über die schreckliche Lage in Kenntnis setzen. Sie würde bis zum Schluss vor Ort bleiben, an Heinz' Seite, egal wie lange dies sein würde, bekundete sie, und Gerald und Hilda stimmten ihr mit bestem Gewissen zu.

Gerald bekundete, sich so viel Zeit wie möglich für sie beide freizuschaufeln und volle Unterstützung zu geben.

Das Telefonat, das Anni dann mit Hans, dem Betriebshelfer, führte, wurde aufs Extremste emotional. Anni brachte die Worte kaum heraus, immer wieder brach ihr die Stimme und Hans, der fassungslos am anderen Ende lauschte, wollte es nicht glauben, was Anni ihm da zu erzählen versuchte. Er hatte doch am frühen Morgen noch mit Heinz geschrieben wegen einer Entscheidung, die es zu treffen galt. Es war doch erst wenige Stunden her. Ihm fehlten die Worte, er stand regelrecht unter Schock.

Am Ende des Gespräches bekundete Hans dann auch seine volle Unterstützung und wünschte Anni und Hilda alle Kraft der Welt.

Anni kontaktierte die Besitzerin der Ferienwohnung und war froh, als diese bekundete, die Wohnung sei noch bis zum Neujahrstag für sie frei. Nun trat ein Mann mit betrübter Miene zu ihnen drei an den Tisch. Anni erkannte Wolfgang, den Heinz hier in der Reha als guten Freund gewonnen hatte. Er war gerade von der Familie in die Klinik zurückgekehrt und hatte von dem Unglück am Morgen erfahren. Er erkundigte sich vorsichtig nach dem Zustand seines Freundes. Auch er war fassungslos und wurde bleich bei Annis Auskunft, Heinz würde den Schlaganfall und die Folgen des dadurch bedingten Sturzes nicht überstehen. Anni stellte ihm Gerald als Freund der Familie vor und Wolfgang erkundigte sich, wie Anni alles schaffen wollte, wie es weiter gehen sollte. „Erst einmal habe ich ja Hans, den Betriebshelfer. Ich konzentriere mich jetzt vorerst auf die Gegenwart, noch ist Heinz unter uns und wer weiß, manchmal geschehen auch Wunder." Anni sah gedankenverloren in die Ferne und alle anderen am Tisch stimmten ihr mit voller Überzeugung zu. Noch war Heinz am Leben, und solange das so war, würde keiner irgendeine Entscheidung treffen oder über die Zukunft nachdenken.

Am nächsten Morgen meldete sich die Intensivstation bei Anni auf dem Handy mit der traurigen Nachricht vom Ableben ihres Mannes noch während der Nacht. Ein Organversagen hatte letztendlich zum Tode geführt, wobei die Hirnströme von Heinz zum Abend hin so gering geworden waren, dass ein Erwachen gänzlich unmöglich gewesen wäre und es somit für alle Beteiligten auch als Erlösung betrachtet werden sollte. Anni war gerade aufgestanden und war, um Gerald und Hilda nicht zu wecken, dabei gewesen, sich Kaffee zu machen, als das Handy klingelte. Es war gerade sechs Uhr früh.

Sie und Hilda waren noch am späten Nachmittag des gestrigen Tages an das Krankenbett des Vaters und Ehemannes getreten. Betroffen hatten sie bemerkt, dass er so fremd wirkte, so verzerrt und verkabelt, kaum zu erkennen. Der Stationsarzt hatte ihnen erklärt, dass er nichts mehr wahrnehmen könne von seiner Umwelt, die Hirntätigkeit so gering sei, dass keine Sinne mehr Funktionen zeigten. Trotzdem hatte Anni das Gefühl gehabt, als wäre er anwesend im Raum und kommuniziere mit ihnen. Es war, als hätte er mit allem abgeschlossen und würde in Frieden gehen wollen. Es war ihr, als ginge sein Geist durch den Raum und strömte dieses Gefühl aus, sie hatte es ganz nah und ganz deutlich spüren können. Hilda hatte ihr später Ähnliches berichtet. Sie hatte das Gefühl gehabt, er stünde neben ihr, während ein warmes Gefühl sie durchströmt hatte, und hätte geflüstert, sie solle nicht traurig sein, alles hätte seinen Sinn und er würde immer über sie wachen. Anni war froh gewesen über Hildas Äußerung, denn sie sorgte sich, was die schrecklichen Erlebnisse der letzten Monate und dazu dieser Schicksalsschlag am Ende mit ihrer Seele machen würden. Dieses Gefühl, das Hilda am Bett ihres Vaters widerfahren war, würde sie stärken, hatte Anni zuversichtlich gedacht.

Trotzdem war dieses Telefonat, diese Frauenstimme im Hörer, die ihr sagte, ihr Mann, Heinz Ihben sei tot, nicht mehr am Leben, nicht mehr auf dieser Welt, ein Schock für sie. Plötzlich lief ein Film ab vor ihrem inneren Auge. Damals, als sie und Heinz sich kennenlernten, sie waren einmal verliebt gewesen, doch das harte Leben auf dem Hof hatte die Liebe erstickt. In dem Alltag von Arbeit, Frustration und Verantwortung ohne Auszeit war kein Liebesleben möglich gewesen. Anni fühlte sich plötzlich als Opfer der Landwirtschaft. In ihr stieg eine Wut auf die Landwirtschaft auf. Die Stimme der Frau holte sie ins hier und jetzt zurück, und Anni entschuldigte sich für ihren Aussetzer. Die Frauenstimme war auf außergewöhnliche Art und Weise verständnisvoll und freundlich und wies auf die Seelsorge des Klinikums hin. Anni bedankte sich mit der Bemerkung, es sich überlegen zu wollen. Die Frau erklärte Anni, wie es nun weitergehen würde, und nannte ihr eine Uhrzeit am Nachmittag, die sie zum persönlichen Gespräch für nun erforderliche Maßnahmen nutzen könne. Dann beendeten sie das Gespräch.

Anni gingen tausend Sachen durch den Kopf, doch auf keine einzige konnte sie sich so recht konzentrieren. Sie ließ in Gedanken die vergangenen Monate Revue passieren. Hatte es alles genau so kommen sollen, wie es passiert war, dachte sie plötzlich. Erst der schwere Unfall ihres Mannes, dann plötzlich, wie aus heiterem Himmel, taucht Gerald nach gut elf Jahren wieder in ihrem Leben auf, die plötzliche räumliche Trennung von ihrem Mann und nun dieses schreckliche Ende mit dessen Tod.

Liebevoll wanderten ihre Gedanken nun zu Gerald. Was hatte sie nur für ein unsagbares Glück, diesen lieben Menschen wiedergefunden zu haben. Ihr wurde warm ums Herz, wenn sie daran dachte, wie sehr er sie liebte, und er hatte die Zeit dazu, es ihr zu zeigen. Das war ein ganz neues Gefühl in Annis Gefühlswelt und sie fühlte sich so lebendig wie nie zuvor. Ja, trotz dieses Schicksalsschlags, trotz des Todes ihres Ehemannes fühlte sie sich lebendiger denn je. Was wäre sie nun in dieser Situation ohne Gerald, wie würde es ihr gehen, dachte sie, doch das mochte sie sich kaum vorstellen. Sie würde wahrscheinlich keine Kraft aufbringen können, um weiterzumachen und um stark zu sein, auch für Hilda oder vielmehr gerade für ihr Kind Hilda, ihr und Geralds gemeinsames Kind Hilda. Gerade für sie musste sie stark sein. Nun bemerkte Anni zum ersten Mal, seit es Hilda gab, dieses unbändige Glücksgefühl darüber, dass Gerald Hildas leiblicher Vater war. Niemals zuvor wollte sie überhaupt daran denken, dass dies der reinen Wahrheit entsprach, und nun, nun hatte sich plötzlich alles verändert und es hatte sich so rasant verändert, dass Anni fast schwindelig wurde bei dem Versuch, alles fassen zu können.

Anni wurde aus ihren Gedanken gerissen, als sie bemerkte, dass sich die Schlafzimmertür öffnete. Ganz genauso leise und vorsichtig wie sie zuvor trat Gerald hinaus und zog die Tür hinter sich leise wieder ins Schloss. Er kam nun auf Anni zugelaufen, während er sie besorgt musterte. Anni saß noch mit dem Handy in der Hand am Küchentisch, der Kaffee, noch unberührt, war mittlerweile kalt geworden. Gerald trat hinter Anni und schlang die Arme um sie, während er sich vornüber beugte und ihr Haupt küsste. „Was tust du hier denn so allein in aller Herrgottsfrühe?" Er flüsterte ihr ins Ohr. Anni schmiegte ihre Wange kurz an seine.

„Die Intensivstation hat mich soeben darüber informiert, dass Heinz heute Nacht verstorben ist." Mit ihren Worten drehte sich Anni um zu Gerald und sah ihm hilfesuchend in die Augen. Gerald erschrak bei ihren Worten, zog dann blitzartig einen Stuhl heran und setzte sich ihr gegenüber. Er fasste ihre Hand und bekundete ihr, wie leid es ihm täte, vor allem auch für Hilda.

„Ich werde dich stützen, so gut es irgend geht, und wir zwei stützen unsere Hilda", sagte er und bekräftigte es, indem er ihre Hand fester drückte.

Anni lächelte ihm dankbar zu und bemerkte auf melancholische Art und Weise, dass sie das Gefühl nicht loswerden würde, dass es alles gerade so hatte kommen sollen, und Gerald bestätigte ihr, dass er niemals an Fügung geglaubt hatte, in dieser Hinsicht aber schon vor Monaten komplett seine Meinung geändert hatte.

Sie tauschten eine Weile tröstende Worte aus, und als Gerald sich dann daran machte, frischen Kaffee aufzusetzen, trat Hilda zu ihnen in die Küche.

Hilda zeigte sich sehr gefasst, als Anni ihr mit wohlbedachten Worten erklärte, dass der Vater seinen Kampf verloren hatte. Ganz still und in Gedanken versunken trank sie von der heißen Schokolade, die Gerald ihr bereitet hatte. Manchmal sah sie ihrer Mutter in die Augen, wenn diese sprach, dann wieder blickte sie geistesabwesend auf die Tischplatte. Irgendwann erkundigte sie sich dann, wie man denn den Vater nach Hause bringen würde, und ihre Mutter erklärte ihr, hierzu am Nachmittag die Klinik aufzusuchen und alles Weitere abzuklären. Hilda gab sich damit zufrieden und versank wieder in ihre Gedankenwelt.

Anni und Gerald hatten sich darauf geeinigt, dass es besser sei, wenn Anni alle nun zu führenden Gespräche und Handlungen allein durchführen würde. Um Hilda nicht zusätzlich zu belasten, sollte sie außen vor gehalten werden. Somit suchten Hilda und Gerald erneut die Cafeteria der Klinik auf. Anni suchte die Intensivstation auf. Dort erklärte man ihr, dass die Leiche ihres Mannes in der hauseigenen Leichenhalle untergebracht sei, wo der Amtsarzt bereits eine erste Leichenschau durchgeführt hatte. Eine Einäscherung der Leiche, so erklärte man ihr, wäre in diesem Fall das Einfachste, da die Urne privat transportiert werden dürfe. Die Einäscherung selber könne achtundvierzig Stunden nach Eintritt des Todes durchgeführt werden. Anni befand dies als bestmögliche Lösung und willigte dem ein, sodass alles hierfür in die Wege geleitet wurde. Die Asche ihres Mannes würde sie dann zuhause in der Familiengrabstätte der Familie Ihben beerdigen lassen. Die so beschlossene Angelegenheit brachte sie auf behutsame Weise ihrer Tochter bei, die den Erklärungen ihrer Mutter mit schmerzverzerrtem Gesichtsausdruck folgte. Jedoch nickte sie immer wieder und sah betroffen auf die Tischplatte. Es waren schlimme Momente und Gespräche, die in diesen Stunden die drei und vor allem Hilda belasteten. Jedoch waren sie unumgänglich und mussten so geführt und durchgestanden werden, wie sie kamen. Am Abend beschlossen sie, ein gutes Essen ins Ferienhaus kommen zu lassen und erneut die Situation mit Gesprächen abzusegnen.

Es war dann Gerald, der vorschlug, Hilda erst einmal mit nach Hause zu nehmen, da er wegen des Geschäftes unabkömmlich war und sich am nächsten Tag vorerst wieder auf die Heimreise begeben musste. Im ersten Moment hatte sich Hilda gesträubt und argumentiert, die Mutter nicht alleine lassen zu wollen. Doch Anni überredete ihre Tochter, mit Gerald zu fahren, um kurzzeitig einen Tapetenwechsel zu bekommen und abschalten zu können, zumal auch Sina, Hildas beste Freundin, sich sehr freuen würde, die Freundin endlich wiedersehen zu können. Sina hatte von Hilda erfahren, was passiert war, und nachdem sie sich ihrer Mutter anvertraut hatte, hatte die wiederum Anni kontaktiert, auch um Hilfe anzubieten. Hilda würde entscheiden können, ein oder zwei Tage bei der Freundin zu übernachten oder bei Gerald in seinem Gästezimmer. Er würde sie am Tag einfach mit ins Geschäft nehmen, hatte er bemerkt. Dort wäre genug zu tun und Hilda würde bestmöglich abgelenkt sein.

Hilda hatte sich dann letztendlich überreden lassen, mit nach Hause zu fahren. Jedoch wollte sie lieber bei der Freundin sein, zumal auch die Anwesenheit des kleinen Weihnachtswelpen verlockend war.

Hilda hatte sich dann auch gefreut der Gewissheit wegen, schon am nächsten Tag nach dem Frühstück in die Heimat zu fahren, und direkt ihre Freundin kontaktiert.

Sina war sofort voller Vorfreude gewesen und hatte fleißig Pläne geschmiedet, was sie beide alles Schönes machen würden. Hilda war gerührt darüber gewesen, wie eifrig ihre Freundin alles versuchte, sie aufzumuntern und in ihr auch wieder ein wenig Freude aufkommen zu lassen.

Anni und Gerald hatten es für das Beste befunden, ihre neu gewonnene Zweisamkeit vorerst geheim zu halten. Erst mal stand es außer Frage, dass die Leute reden würden, und auch Hilda wollten sie Zeit geben. Es war so schon alles schwer genug. Während Hilda, die in ihrem Zimmer in der Ferienwohnung noch Fernsehen geschaut hatte, erschöpft dabei eingeschlafen war, hatte Anni in der Nacht kaum Schlaf gefunden. Zu aufgewühlt war sie gewesen, und krampfhafte Überlegungen, wie es in Zukunft mit dem Hof weitergehen sollte, taten das Ihre. Sie würde den Hof nicht gänzlich aufgeben, hatte sie Gerald bekundet. Sie würde Hans, dem Betriebshelfer, einen guten Pachtvertrag anbieten, der mit dem Geld aus der Lebensversicherung ihres Mannes, welches sie für Begleichungen und Reduzierung einiger Kredite nutzen wollte, möglich sein würde. Den Gedanken hatte sie schon am Nachmittag gefasst.

Gerald hatte sie bewundert für den Mut, jedoch auch bemerkt, dass es erst mal abzuwarten sei, wie Hans zu der Sache stand. Zudem wollte Gerald nicht, dass Anni die Zukunft weiterhin mit harter, zeitraubender Hofarbeit verbringen würde, zumal sie sich Hans als mitarbeitende Arbeitskraft anbieten wollte. Jedoch Anni wiederum wandte ein, sie wäre es ihrem Mann schuldig, den Hof nicht gänzlich abzugeben. Sie fühle sich einfach verpflichtet, den Betrieb zumindest fürs Erste zu sichern. Gerald hatte sich verständnisvoll gezeigt, jedoch eingewandt eingreifen zu wollen, wenn er merken würde, die Sache wachse ihr über den Kopf. Anni hatte daraufhin wieder dieses wohlig warme Gefühl gehabt, das Gerald ihr nur zu oft gab, und sie hatte sich in dem Moment so stark gefühlt, als würde sie an seiner Seite alles schaffen können.

Es war ein kalter, nebliger Tag im Januar gewesen, an dem die Urne von Heinz Ihben beigesetzt wurde. Außer Anni, Gerald und Hilda waren noch einige wenige Nachbarn und Berufskollegen von Heinz anwesend gewesen. Anni hatte die Blicke der Nachbarn gespürt, die an ihr und Gerald, wie sie da vorn in der Kirche gesessen hatten, gehaftet hatten. Sie wusste um den Klatsch und Tratsch derer, in welchem Verhältnis sie und dieser Chef vom Einkaufscenter wohl stehen mochten, ließ es aber an sich abprallen. Schließlich brauchte sie die Meinung anderer nicht zu kümmern. Jeder sollte erst einmal vor der eigenen Türe kehren. Anni war glücklich über die positive Entscheidung von Hans hinsichtlich ihres Pachtangebotes gewesen. Die Zukunft würde es zeigen, ob es eine gute Lösung war, und Hans hatte bekundet, zusätzlich den Studenten Stefan mehr mit einbeziehen zu wollen, sodass Anni sich immer, wenn nötig, freie Zeit nehmen könne. Hans hatte sehr wohl bemerkt, wie das Verhältnis zwischen Anni und diesem Gerald Jakobs zu sein schien. Er hatte jedoch Anstand genug, sich nichts anmerken zu lassen. Auf eine Art und Weise war er sogar ganz froh darüber gewesen, denn er hatte im Vorfeld große Sorge gehabt, wie Anni die Kraft aufbringen solle, diesen Schicksalsschlag zu verkraften. Auch hatte er es wohlwollend aufgenommen, als Anni ihm berichtet hatte, mit Hilda gemeinsam eine Psychotherapeutin aufgesucht zu haben. Er wusste ja um Hildas Sensibilität, und auch Anni brauchte in dieser Hinsicht professionelle Hilfe, hatte er bekräftigt.

Der Tag der Beerdigung zog dahin und weitere Tage gingen und das Leben fügte sich wieder in geregelte Bahnen und es war gut so, wie es war. Schicksale passierten und mussten bewältigt werden und dann kamen auch wieder gute Zeiten und diese guten Zeiten genossen sie nun alle drei, Anni, Gerald und Hilda.

Warmer Kartoffelsalat

Für 5 Personen

Zutaten:
1 kg Kartoffeln, vorgegart
1 mittlere Zwiebel, fein hacken
etwas frische Petersilie
300 g Frischkäse mit 250 ml Milch verrühren
1 Tl Salz hinzu
4 hart gekochte Eier zum Belegen
Käseaufschnitt

Zubereitung:
Frischkäsemix mit den Zwiebeln und der Petersilie über die zuvor in Scheiben geschnittenen Kartoffeln geben, mit Ei und Käseaufschnitt belegen,
das Ganze ca. 30 min im Backofen backen
mit Umluft bei 160 Grad

FÜR AUTOREN A HEART FOR AUTHORS À L'ÉCOUTE DES AUTEURS MIA KAPΔIA ΓΙΑ ΣΥΓΓΡ
FÖR FÖRFATTARE UN CORAZÓN POR LOS AUTORES YAZARLARIMIZA GÖNÜL VERELIM SZÍ
PER AUTORI ET HJERTE FOR FORFATTERE EEN HART VOOR SCHRIJVERS TEMOS OS AUTO
ÖINKERT SERCE DLA AUTORÓW EIN HERZ FÜR AUTOREN A HEART FOR AUTHORS À L'ÉCOU
BCEЙ ДУШОЙ К АВТОРАМ ETT HJÄRTA FÖR FÖRFATTARE Á LA ESCUCHA DE LOS AUTOR
MIA KAPΔIA ΓΙΑ ΣΥΓΓΡΑΦΕΙΣ UN CUORE PER AUTORI ET HJERTE FOR FORFATTERE EEN H
ÖINKÉRT SERCE DLA AUTORÓW EIN HERZ FÜR
ÃO BCEЙ ДУШОЙ К АВТОРАМ ETT HJÄRTA FÖR

Die Autorin

Sonja Bohlen ist 46 Jahre alt und laut eigenen Aussagen eine leidenschaftliche Romanleserin. „Hilda vom Hof" ist ihr erster Roman und basiert auf wahren Begebenheiten.

Sonja Bohlen wuchs selbst in einer anderen Welt auf als der, die sie in ihrem Roman beschreibt. Ihr Vater war im Tiefbau tätig, was mit geregelten Arbeitszeiten und regelmäßigen freien Wochenenden einherging. Sie machte eine Ausbildung zur Einzelhandelskauffrau und arbeitete eine Zeit lang in der Autoindustrie. Ihr Leben sollte sich drastisch ändern, als sie 1999 heiratete und von nun an auf einem Bauernhof, einem Milchviehbetrieb, lebte.

Von einem Leben mit geregelter Arbeits- und Freizeit kam sie in eines der Abhängigkeit, der Verantwortung und Aufopferung für den Betrieb. Sie hat eine Möglichkeit gefunden, mit diesem Leben zurechtzukommen, aber es ist ihr ein Anliegen, Außenstehenden nahezubringen, was die Bauern und ihre Familien tagtäglich leisten und ertragen müssen.

novum VERLAG FÜR NEUAUTOREN

Der Verlag

> *Wer aufhört*
> *besser zu werden,*
> *hat aufgehört*
> *gut zu sein!*

Basierend auf diesem Motto ist es dem novum Verlag ein Anliegen, neue Manuskripte aufzuspüren, zu veröffentlichen und deren Autoren langfristig zu fördern. Mittlerweile gilt der 1997 gegründete und mehrfach prämierte Verlag als Spezialist für Neuautoren in Deutschland, Österreich und der Schweiz.

Für jedes neue Manuskript wird innerhalb weniger Wochen eine kostenfreie, unverbindliche Lektorats-Prüfung erstellt.

Weitere Informationen zum Verlag und seinen Büchern finden Sie im Internet unter:

www.novumverlag.com